POLYGLOTT

ReiseBuch

Südfrankreich

Manfred Braunger

Inhalt

Themen

Gute Reise

Infoteil

Karten

▶ *Blick von der Corniche Sublime in den fantastischen Grand Canyon du Verdon*
▶▶ *Sanary-sur-Mer*

PHARMACI

Lavendel, Licht und Lebensfreude

SÜDFRANKREICH
Die in diesem Buch behandelte Region umfasst die Mittelmeerküste von Monaco bis nach Perpignan sowie ihr Hinterland. Kerngebiet sind die Departements Alpes-Maritimes, Var, Bouches-du-Rhône, Vaucluse, Gard, Herault, Aude und Pyrénées Orientales.

Südfrankreich – gleißende Sonne, kristallklares Licht, Landschaften wie von alten Meistern auf Leinwand gepinselt, braun gebrannte Männer mit Baskenmützen beim Boulespiel auf staubigen Dorfplätzen, Kleinstädte wie trutzige Raubritterburgen auf Hügelkuppen. Ein Landstrich voller Klischees, könnte man meinen. Das genauere Hinsehen zeigt jedoch, dass sich die Region trotz aller immer noch existierenden Postkartenidyllen in zurückliegenden Jahrzehnten verändert hat. Dieser Prozess begann nicht erst mit Kühltürmen von AKWs im Rhône-Tal. Schon in den 1960er-Jahren eroberten Fremdenverkehrsstrategen, Hoteliers, Touristen und Ferienhausbesitzer den Küstensaum zwischen Nizza und Perpignan, sodass mancherorts der Baubeton den gewachsenen Fels verdrängt hat. Brigitte Bardot machte am Strand von St-Tropez die Oben-ohne-Bademode gesellschaftsfähig. Unter dem Ansturm von Stars und Sternen aus Film und Showbusiness avancierte die Côte d'Azur zur glamourösen Bühne des internationalen Jetsets.

Um dieselbe Zeit entstanden an der Küste des Languedoc futuristische Urlauberhochburgen à la Grande Motte als Wegweiser in den Fremdenverkehr von übermorgen. Wo in tiefster Provinz früher Winzer und Olivenbauern unter sich waren, dröhnen heute Technorhythmen durch nachtschlafene Rebkulturen, wenn die Stadtjugend vom Saturday-Night-Fever geschüttelt zum Abtanzen in die Diskotheken aufs Land pilgert. Wer sich in die 2000 Jahre alte römische Arena von Nîmes begibt, hat nicht unbedingt ein antikes Kunsterlebnis im Sinn, sondern besucht vielleicht ein Konzert mit fetziger Salsamusik aus Lateinamerika.

Côte d'Azur – Promiküste nicht nur für Zocker

Seit Jahrzehnten sorgt Frankreichs renommiertester Küstenabschnitt weltweit für Schlagzeilen. Kein Wunder, ist er doch der Abenteuerspielplatz des internationalen Jetsets und der blaublütigen Schickeria. Mildes Wetter, reizvolle Landschaften, elegante Städte wie Nizza, Monaco und Cannes sowie eine Hotellerie und Gastronomie der Spitzenklasse bieten für viele Promis den geeigneten Rahmen, ihren extrovertierten Lebensstil vor Kameras in Szene zu setzen. Längst mischt sich Otto Normalverbraucher unter die Reichen, Schönen und Berühmten, um sich nach Herzenslust zu vergnügen. Auch hierfür könnte die Kulisse kaum besser sein: Gepflegte Strände, Galerien, Museen, Shopping-Paradiese, Kinos, manikürte Golfplätze, Tauchreviere sowie Festivals und Feten en masse machen den Abstecher auf die Bühne der mondänen Welt zu einem vergnüglichen Urlaub in Frankreichs berühmtester Openair-VIP-Lounge.

Urlaubstraum pur

Provence – Herz des Südens

Das Herzstück Südfrankreichs ist die Provence. Nicht allzu stressiges City-Life lässt sich mit Shopping-Trips, einem reizvollen Museumsbesuch, gemütlichen Nachmittagen in Straßencafés, echt provenzalischen Küchenerfahrungen, Abenden in proppenvollen Musikkneipen und der ein oder anderen Tour in die Natur verbinden.

Im Städtedreieck Avignon–Nîmes–Arles zeigt sich die Provence von ihrer unverwechselbaren Seite. Auf dem Wochenmarkt von Arles wecken das Aroma aus Hunderten von Gewürzsäckchen und der salzige Duft der Camargue die Sinne, um die typisch provenzalische Stadt mit ihren antiken Sehenswürdigkeiten und Restaurants zu entdecken. Nîmes bietet seinen Gästen Stadtatmosphäre mit einer reizvollen Mischung aus Alt und Neu, während Avignon mit Papstpalast, Festungsmauer und Altstadtgassen nicht nur das Mittelalter feiert, sondern im Sommer Tausende auf dem größten Theaterfestival der Welt empfängt.

!

Erholung von Strandpartys und langen Diskonächten verschaffen entrückte, von Wildblumenteppichen überzogene Küstengebirge wie das Massif des Maures und das Massif de l'Estérel, die fast direkt von der Wasserkante ansteigen.

Alpenregion – Dauerhoch für stramme Waden

Südfrankreich wird nicht nur von geschichtsträchtigen Städten und reizvollen Küstenlandschaften geprägt. Im Osten der Provence steigt das Terrain ins Hochland an, das sich vom Grand Plan de Canjuers südlich der Verdon-Schlucht bis zum Vence-Pass in den Voralpen erstreckt und aus ausgedehnten Kalksteinflächen besteht. Flüsse gruben Täler und Schluchten in das wasserdurchlässige Gestein – hervorragende Bedingungen für atemberaubende Abenteuer auf schäumenden Wildwasserstrecken und in tosenden Canyons. Die höchsten Erhebungen erreicht Südfrankreich in den Departements Alpes-de-Haute-Provence und Alpes-Maritimes. Die Bergregionen im Grenzgebiet zu Italien und besonders im Nationalpark Mercantour gelten selbst im Zeitalter des Massentourismus noch als weniger erschlossen als andere Gegenden. Auf Hochlagen über 1000 m haben Anhänger des weißen Sports bis ins Frühjahr Gelegenheit, ihrem liebsten Freizeitvergnügen zu frönen. Und auch in der warmen Jahreszeit finden Outdoor-Enthusiasten beste Voraussetzungen zum Wandern, Reiten und Bergsteigen.

Cevennen – Canyons, Höhlen, Hirtenpfade

Als im 20. Jh. das moderne Frankreich entstand, wurden die Cevennen offenbar vergessen. Die durch Hochebenen, Schluchten und Täler geprägte Landschaft am Südrand des Zentralmassivs scheint aus längst vergangener Zeit zu stammen – ein idyllischer Winkel für Naturliebhaber, die ihren Urlaub bei Höhlenerkundungen, verwegenen Ritten über Stromschnellen und Touren durch Schwindel erregende Canyons mit Adrenalinschüben anreichern wollen.

Languedoc – Sonnenküste für Salzwasser-Freaks

Die Lagunenseen der Languedoc-Küste zwischen La Grande Motte und Port-Barcarès sind für Windsurfer wie gemacht. Die Windverhältnisse kommen auch passionierten Profiseglern oder Anfängern zugute, die das Handwerk erst erlernen müssen. Mit fast zwei Dutzend FKK-Zentren gehört diese Küste zu den bedeutendsten Naturistengebieten Europas – kein Wunder in Anbetracht der Badequalitäten.

! Wo sich die östlichen Pyrenäen-Ausläufer im Salzwasser baden, bildet die **Côte Vermeille** mit malerischen Küstenorten wie Collioure und Banyuls-sur-Mer Frankreichs südlichstes Ende, von dem man über die Grenze nach Spanien blickt.

Pyrenäen – Bergeinsamkeit und Burgruinen

Straßen wie schmale Achterbahnen führen von der lebhaften Küstenstadt Perpignan in die Vorberge der Pyrenäen. Wer sich in die Abgeschiedenheit der Korkeichenwälder und Stoppelfelder quasi verirrt, entdeckt zwischen Weingärten und verstreuten Dörfern die Pfade der alten Katharer. Vom Schicksal gebeutelte Burgruinen, die an Adlerhorste erinnern, bilden mit ihrem geheimnisumwitterten Gemäuer magische Anziehungspunkte, die erkundet werden wollen.

Natur und Umwelt

Wer kennt sie nicht, die sympathischen Erkennungszeichen Südfrankreichs: kilometerlange Platanenalleen, ginstergelbe Bergflanken, silbrig schimmernde Olivenhaine und die nach Harz riechenden Schirmpinien, die mit ihren ausladenden Kronen kühlen Schatten spenden. Aber die Requisiten aus dem Fundus von Mutter Natur sind um das westliche Mittelmeer, auf den Hochlagen der Provence und im Hinterland der Côte d'Azur noch viel mannigfaltiger, als es diese Sinnbilder des Südens vermuten lassen.

Touren mit Glasbodenbooten bieten interessante Einblicke in die Unterwasserwelt: **Les Bateaux de la French Riviera,** Quai des Etats-Unis, 98000 Monaco, ☏ 04 92 16 15 15, FAX 04 92 16 14 61, E-Mail: aquavision@, Internet: www.net-state.com. Einstündige Fahrten ab Monaco-Hafen.

Die Meeresküsten

Unterschiedlicher als in Südfrankreich könnte die Meeresküste kaum sein. Von der felsigen, zerklüfteten Côte Vermeille am Fuß der Pyrenäen ziehen sich auf knapp 200 km Länge die fast endlosen Sandstrände des Languedoc bis an die Grenze der populären Camargue. Dieser Landstrich besteht aus einem Labyrinth aus salzigen Wiesen, Weihern, Lagunen, Wasserläufen und Sandbänken, die das Hinterland zum offenen Meer hin abschirmen. Zwischen Marseille und Cassis wiederum prägen tief in die kalkweiße Steilküste eingeschnittene Buchten (Calanques) mit smaragdgrünem Wasser und winzigen Kieselstränden den Mittelmeersaum, der an der Côte d'Azur von Landvorsprüngen, Halbinseln, vorgelagerten Inselgruppen und malerischen Buchten zergliedert wird.

Abenteuerliche Meeresfauna

Während die langen Sandstrände Südfrankreichs am Mittelmeer zum Baden wie geschaffen sind, eignen sich die felsigen Zonen etwa an der Côte d'Azur und an der Côte Vermeille hervorragend, um die spannende und vor Lebendigkeit strotzende Unterwasserwelt kennen zu lernen. Meeraale, von denen die Weibchen über 3 m lang werden können, Langusten, Seesterne, Fischschwärme aus neonbunten Korallenfischen und Zahnbrassen, Muränen, missmutig dreinschauende Drachenköpfe und stattliche Gestreifte Zackenbarsche machen das Meer zu einem abenteuerlichen Freilichtzoo.

Zu den faszinierendsten Meeresbewohnern gehören die Tintenfische, die in etwa das Prinzip des Düsenjets aufs Wasser übertragen. Wenn sie durch ein bewegliches Rohr im Kiemenraum einen starken Wasserstrahl ausstoßen, schwimmen sie bei Gefahr mit erstaunlichem Tempo und unter Abgabe einer Tintenwolke rückwärts davon. Auf der Suche nach Krebsen, Garnelen und Fischen bedienen sie sich nicht nur ihrer acht sichtbaren Fangarme, sondern lassen zwei weitere verborgene Arme hervorschnellen, wenn Beute in Sicht ist.

Wirklich recht seltsam kommt der Knurrhahn daher. Er scheint bei der Nahrungssuche auf seinen Brustflossen über den Meeresboden zu schreiten. Seinen Namen trägt er zurecht, denn spezielle Muskeln, die auf der Schwimmblase liegen, erzeugen ein knurrendes Geräusch. Taucher sind

Kilometerlange Platanenalleen sind typisch für die Provence

immer wieder von Hornkorallen begeistert, die in Tiefen zwischen 15 und 70 m vorkommen. Ihre leuchtend roten Fächer gehören nicht ins Pflanzenreich, sondern setzen sich aus Tausenden winziger Hohltierchen zusammen.

Weit unter den Tiefstmarken der meisten Taucher leben die Schnepfenfische, die man als Staubsauger des Mittelmeeres bezeichnen könnte. In bis zu 200 m Tiefe tastet sich der Fisch mit seinem langen Röhrenmaul über sandige Flächen des Meeresbodens und spürt auf diese Weise Beute auf. Könige des Mittelmeeres sind Wale und Delfine. Um ihre schrumpfenden Bestände zu schützen, wollen Frankreich, Monaco und Italien jetzt eine Schutzzone einrichten, die von der Corniche de l'Estérel bis in die Toskana und in südlicher Richtung bis nach Korsika und Sardinien reicht. In diesem Gebiet sollen 1000 Wale und 25 000 Delfine leben.

Publikumsliebling Flamingo

! Ein Paradies für Vogelfreunde sind der **Parc Ornithologique du Pont de Gau** (Straße D 570 bei Les Stes-Maries-de-la-Mer; tgl. 9 Uhr bis Sonnenuntergang) und die **Domaine de la Palissade** (zwischen Grand Rhône und Salin-de-Giraud; tgl. 9–17 Uhr).

Flora und Fauna der Camargue

Im Jahr 1975 zum nationalen Naturschutzgebiet erhoben und zwei Jahre später in die UNESCO-Liste der wertvollen Biosphären aufgenommen, gilt der Parc Naturel Régional de Camargue im Rhône-Delta als das bedeutendste Feuchtgebiet im gesamten Mittelmeerraum. Flache Salzsteppen wechseln sich ab mit Salzwasserlagunen, schmalen Wasserkanälen, winzigen Tümpeln und stattlichen Seen, unter denen der Etang de Vaccarès mit 6500 Hektar der weitaus größte ist. In dieser seltsamen Landschaft mit ihren Pferdekoppeln und Stierweiden gedeihen neben Strandkamillen, Gelben Schwertlilien, Mariendisteln,

Orchideen, Tamarisken, Strandwinden und Schilfrohr auch einige Pflanzenarten, die sich auf individuelle Weise an das salzhaltige Grundwasser und den Boden angepasst haben. Zu ihnen gehört der Queller, ein Gänsefußgewächs, dessen defensiv-kugelförmiger Wuchs darauf schließen lässt, dass es einem harten Überlebenskampf ausgesetzt ist. Ganz anders geht der violette Strandflieder mit den Umweltbedingungen um. Er besitzt an den Blättern spezielle Drüsen, mit denen er über die Wurzeln aufgenommenes Salz wieder ausscheidet.

Auch die Tierwelt ist durch große Artenvielfalt geprägt. Wegen ihrer fotogenen Gestalt und Farbe gelten in erster Linie rosafarbene Flamingos als Publikumslieblinge. Zehntausende dieser ranken und schlanken Vögel leben im Frühjahr und Sommer in der Gegend. Im Winter kehren sie ihrer südfranzösischen Heimat den Rücken zu, um die kalten Monate des Jahres im warmen Afrika zu verbringen. Schwarze Milane, Bussarde, Reiher, Uhus und Geier gehören ebenso zum Reich der gefiederten Camargue-Bewohner.

Hübsche **Souvenirs** sind mit Lavendelblüten gefüllte Beutel aus bunt gemusterten Provence-Stoffen, die man zuhause zwischen die Wäsche legt.

Das blaue Wunder der Provence

Das bekannte Zisterzienserkloster Sénanque auf dem Plateau de Vaucluse ist nicht nur seiner malerischen Lage und seiner Architektur wegen eine viel besuchte Sehenswürdigkeit. Zum reizvollen Ambiente tragen auch die umliegenden Lavendelfelder bei, die das historische Gemäuer zum Titelmotiv

Salziger Süden

Südlich von Aigues-Mortes türmen sich am flirrenden Horizont schneebedeckte Hügel in regelmäßiger Kegelgestalt auf. Schneebedeckt? Was aus einiger Entfernung wie eine Winterlandschaft aussieht, entpuppt sich aus der Nähe als aufgeschüttete Salzhalden einer Firma, die dieses weiße Gold in den Verdunstungsbecken der Camargue gewinnt. Salz ist in diesem Landstrich allgegenwärtig. Während das Meer mit ca. 36 g/l angereichert ist, schlägt das Wasser etwa im Etang de Vaccarès mit nur 7 g/l zu Buche, weil sich im See das Meer mit Süßwasser mischt. Bereits im 16. Jh. diente die Camargue der Salzgewinnung. Heute beläuft sich die Jahresproduktion auf knapp 1 Mio. Tonnen, wovon die Saline von Giraud in der südöstlichen Camargue den Hauptteil beisteuert.

vieler Provence-Publikationen machten. Kein Wunder, dass die blühenden Felder auch bei Hobbyfotografen hoch im Kurs stehen. Weitaus größere Anbaugebiete für Lavendel dehnen sich indessen an den Hängen des Lure-Gebirges in der Nähe von St-Etienne-les-Orgues und im Umkreis des 765 m hoch gelegenen Städtchens Sault aus. Mitten in der an einer Hügelflanke liegenden Ortschaft gibt es eine Terrasse, von welcher der Blick weit nach Nordwesten über das von Lavendelfeldern, Wiesen und Wäldern gefleckte Plateau de Vaucluse reicht. Ein weiteres Anbauzentrum liegt in der Nähe von Simiane-de-Rotonde, wo die Lavendelreihen mit ihrer exakten Geometrie eine ganze Ebene beherrschen.

Die Farbe Lavendelblau steht für die Provence

Die Blütezeit des Lavendels hängt nicht nur von der Sorte, sondern von der Witterung und der jeweiligen Höhenlage der Felder ab. In vielen küstennahen Gebieten zeigen sich die blauvioletten Blüten in Gärten und auf Verkehrsinseln schon Mitte Juni. In den höher gelegenen Anbaugebieten wie um Sault dauert es noch etwa zwei Wochen länger, bis das duftende Blau seine ganze Pracht entfaltet. Die heute meist maschinelle Ernte des Lavendels bzw. des verbreiteten Lavendelhybrids Lavandin beginnt im August und zieht sich bis in den Oktober hinein. Die zu Büscheln gebundenen Pflanzen lässt man aufgehängt ca. drei Tage lang trocknen, ehe die Duftstoffe mit unterschiedlichen Techniken destilliert werden.

Schon im Mittelalter war die Kraft und Wirkung des Lavendels bekannt. Der unverwechselbare Duft wurde zur Herstellung von Seifen, Parfums und kosmetischen Produkten verwendet. Man setzte die aus der

Pflanze gewonnenen Öle auch bei der Behandlung von Wunden und Brandverletzungen ein. Lavendel wirkt schmerzlindernd, krampflösend, entspannend, beruhigend und eignet sich zur Bekämpfung von Motten und Parasiten.

Die Garrigue

In der Provence gehört die Macchia-ähnliche Garrigue zu den unverwechselbaren Vegetationszonen. Sie breitet sich auf mageren, über wasserdurchlässigem Kalkgestein liegenden Böden aus, wo es trocken und heiß ist wie etwa am Rand des Lubéron und auf dem Plateau de Vaucluse. Am schönsten sind diese Gegenden im Frühjahr, wenn die unterschiedlichen Ginsterarten, Zistrosen, Orchideen und Disteln zwischen den lichten Baumbeständen farbenprächtige Blumenteppiche ausbreiten. Zu den Kennzeichen der Flora gehören in Gestalt von stachligem Gestrüpp wachsende Kermeseichen, Wacholder, unterschiedliche Lilienarten, Rosmarin und Thymian, die nach kurzen Gewitterregen ganze Landschaften wie etwa nördlich von Nîmes und nordwestlich von Montpellier in aromatische Schnuppergärten verwandeln. Die Pflanzen schützen sich mit unterschiedlichen Mitteln gegen die zum Teil brütende Hitze bzw. gegen die Verdunstung. Das Steinkraut besitzt behaarte Blätter; die Blätter von Rosmarinsträuchern sind so schmal, dass man sie für Nadeln halten könnte.

Die Plaine de la Crau

Eine ganz andere Landschaft dehnt sich im Rhône-Delta aus. Zwischen Arles und dem Etang de Berre zieht sich die Route National 568 wie ein am Zeichenbrett gezogener Strich schnurgerade durch die Plaine de la Crau. Flach wie ein Bügelbrett dehnt sich die

! Beim **Corso de la lavande** ziehen am ersten Samstag und Montag im August Folkloregruppen und üppig mit Lavendel geschmückte Festwagen durch Valréas (Informationen beim Office de Tourisme, ☏ 04 90 35 04 71).

!

Duft der Provence
Lavendelbetriebe mit Besucherprogramm:
Ferme lavandicole (Château du Bois, 84400 Lagarde-d'Apt, ☏ 04 90 76 91 23); Lavendelfarm mit Fußwegen durch die Felder.
Distillerie Lavande (84400 Lagarde-d'Apt, ☏ 04 90 75 01 42); Führungen durch eine Lavendeldestillerie.

seltsame Ebene zwischen Rhône-Mündung und Alpilles aus. Herkules, so die Legende, bat im Kampf gegen seine Feinde seinen Vater um Hilfe. Jupiter ließ daraufhin einen Kieselregen über diesem Landstrich niedergehen, der das steppenartige Land in die steinigste Weidefläche der Welt verwandelte. In Wirklichkeit handelt es sich bei den bis zu 15 m mächtigen Geröllschichten um Ablagerungen des Durance-Flusses zu einer Zeit, als sich der Wasserlauf noch nicht mit der Rhône vereinigt hatte.

Plaine de la Crau: Steine, nichts als Steine

Naturschutzgebiete

Der »windige Berg«, wie der Mont Ventoux schon von den Römern genannt wurde, ist heute Teil der von der UNESCO geschützten Biosphären des Planeten Erde. Daneben verteilen sich über Südfrankreich zahlreiche andere Gebiete, in denen der Schutz der Natur zu den obersten Geboten gehört. Dazu zählen die drei regionalen Naturparks Parc Naturel Régional du Lubéron, Parc Naturel Régional de Camargue und Parc Naturel Régional du Haut Languedoc. Die Parkverwaltung definiert ihre Aufgaben folgendermaßen: Bewahrung der Naturlandschaften und der Kulturgüter bei gleichzeitiger Verbesserung der wirtschaftlichen Situation der dort lebenden Bevölkerung. Neben den regionalen Naturparks liegen in der Region drei Nationalparks, die zum Schutz der Natur samt Flora und Fauna und zur Erhaltung bzw. Wiederherstellung traditioneller Wirtschaftsformen eingerichtet wurden.

Parc National des Cévennes

Der landschaftlich sehr vielfältige, auf Höhen zwischen 400 und 1700 m liegende Cevennen-Nationalpark befindet sich nordwestlich von Nîmes. Die nur dünn besiedelte Gegend in den südlichen Ausläufern des Zentralmassivs wird durch zwei sehr unterschiedliche Landschaftstypen geprägt: einerseits von windgebürsteten Hochflächen, die seit Urzeiten als Schafweiden genutzt werden und in ihrer Kargheit einen geradezu magischen Reiz ausstrahlen, andererseits von dem bis zu 600 m tief eingeschnittenen Tal des Tarn-Flusses, über dem steile Flanken mit blanken Felszacken aufragen, die wie Zinnen längst verfallener Ritterburgen aussehen. Manche uralte Dörfer verstecken sich am Flussufer hinter Felsen und bieten längst ländliche Gastlichkeit, weil sie schon vor Jahren von der eingeschworenen Gemeinde der Freizeitkanuten entdeckt wurden.

Neben der Erhaltung der Natur geht es im Cevennen-Nationalpark um den 1700 m hohen Mont Lozère auch darum, traditionelle Bereiche der Wirtschaft wie etwa die Viehzucht durch eine entsprechende Unterstützung der Bauern zu erhalten bzw. wiederherzustellen. Auch im Reich der Tiere bemüht sich die Parkverwaltung, zu ursprünglichen Bedingungen zurückzukehren. In den 1940er-Jahren begannen die letzten Geier von den Grands Causses zu verschwinden. Ursache war die gnadenlose Jagd auf Wölfe, Füchse und Feldhasen, die hauptsächlichen Nahrungslieferanten der fliegenden Aasfresser. Anfang der 1970er-Jahre und verstärkt seit 1992 zog die Parkverwaltung Gänse- und Mönchsgeier (Kuttengeier) auf, die z. B. in der Jonte-Schlucht erfolgreich ausgesetzt wurden und sich heute auf über 240 Exemplare belaufen.

Parc National du Mercantour

Die beiden Departements Alpes-Maritimes und Alpes-de-Haute-Provence teilen sich diesen Park im

!

Einen Eindruck von der Crau-Steppe bekommt man südlich von St-Martin-de-Crau. Von der Straße 54 biegt eine Nebenstrecke Richtung Vergières in ein typisches Naturschutzgebiet ab.

! Eine ausgezeichnete Informationsquelle über die Cevennen ist das **Centre d'Information du Parc National des Cévennes** (Château de Florac, 48400 Florac, ☏ 04 66 49 53 01).

Hinterland der Côte d'Azur, der sich ca. 130 km weit an der italienischen Grenze entlangzieht bzw. sich im Argentera-Park auf italienischem Territorium fortsetzt. Die schroffen, über 3000 m hohen Gipfel, grüne Almen und einsame Täler sind für den Verkehr relativ wenig erschlossen. Im ausgehenden 20. Jh. wehrte sich eine Initiative von Umweltschützern aus Frankreich und Italien erfolgreich gegen den Bau einer Autobahn durch dieses Wanderparadies, weil durch das Projekt die weitgehend unberührten Täler Tinée und Stura zu Transitkorridoren verkommen wären und dies unerträgliche Belastungen für die dort lebenden Menschen und die Umwelt zur Folge gehabt hätte.

! **Familien-Trekking** mit deutschsprachiger Reiseleitung im Mercantour-Park: **TTH-Reisen,** Nagelshof 24, 22559 Hamburg, ☏ (0 40) 81 18 63, Internet: www.topteamnatour.de/katalog.familien.trekking-frankreich.html.

Vor etwa 30 Mio. Jahren begann sich die Bergwelt durch den Zusammenstoß der eurasischen mit der afrikanischen Kontinentalplatte zu heben. In jüngerer erdgeschichtlicher Vergangenheit trugen eiszeitliche Gletscher mit ihrer Hobelkraft zur Gestaltung bei, ehe sich während der vergangenen 2000 Jahre durch das Abschmelzen der letzten Eispakete zahlreiche Bergseen bildeten, die heute zum Reiz der Gebirgslandschaften beitragen. Der 1979 gegründete Nationalpark besitzt eine artenreiche Flora mit rund 2000 verschiedenen Pflanzenarten, darunter Enzian und Edelweiß. Steinadler, vom Aussterben bedrohte Bartgeier, Lämmergeier und Turmfalken malen ihre Kreise in den Himmel, während sich auf grünen Bergflanken Murmeltiere, Füchse und Hermeline tummeln und hoch über der Baumgrenze wilde, aus Korsika wieder eingeführte Bergschafe, Gäm-

Wiedergeburt der Esskastanie

Im Parc National des Cévennes spielte im Mittelalter die Esskastanie seit Einführung der Bäume durch Benediktinermönche im 12. Jh. bei der Ernährung der Bevölkerung eine wichtige Rolle. Die Früchte wurden zu Mehl zermahlen, roh, eingeweicht und gebacken gegessen, aber auch zu einem *bajanat* genannten Brei verarbeitet. Zwei Epidemien rotteten fast die gesamten Baumbestände aus. Seit einigen Jahren wird gezielt aufgeforstet, weil die einschlägigen Wälder in den Cevennen auch zum Gleichgewicht der Natur beitragen. In den vergangenen Jahrzehnten stellte die Parkverwaltung Bauern 2500 Hektar Land für Kultivierung neuer Esskastanienwälder zur Verfügung, um einen traditionsreichen Agrarsektor vor dem Untergang zu retten.

sen und Steinböcke einen adäquaten Lebensraum finden. Braunbären sind so unnahbar, dass man sie nur mit Glück zu sehen bekommt. 1992 wurden im Park erstmals nach langer Zeit wieder zwei wilde, wahrscheinlich aus Italien zugewanderte Wölfe gesehen. Der Bestand erhöhte sich bis heute auf ca. 30 Exemplare. Neben der Flora und Fauna gehören die Zeugnisse prähistorischer Menschen zu den Hauptattraktionen des Parks. Die Vallée des Merveilles (»Tal der Wunder«) gilt mit Tausenden Felsritzzeichnungen zurecht als Europas größtes Freilichtmuseum der Frühgeschichte.

Im Nationalpark Mercantour

Parc National de Port-Cros

Das hügelige Port-Cros ist die kleinste unter den drei so genannten Goldenen Inseln im Golf von Hyères, ein stilles, romantisches Plätzchen weitab von Autoverkehr und Stadthektik. Besucher sind auf die eigenen Beine angewiesen, denn Autos und Fahrräder sind nicht erlaubt. Das 4 km lange und 3 km breite Eiland mit seinen fünf historischen Forts wurde 1963 in einen Nationalpark verwandelt und lockt mit einer prächtigen Unterwasserflora vor allem Schnorchler und Taucher an. Im kristallklaren Meer wurde ein kostenloser Unterwasser-Naturlehrpfad ausgeschildert, auf dem man Korallenbänke und Seegraswiesen kennen lernen kann. Er beginnt am Strand von La Palud und endet auf dem Eiland Rascas. Passionierte Wanderer umrunden die Insel Port-Cros auf dem einstündigen Sentier des Plantes. An ihm liegen historische Befestigungsanlagen wie Fort du Moulin und Fort de L'Estissac sowie die malerische Bucht von La Palud.

Umweltprobleme

So malerisch sich Südfrankreich auch präsentiert: Umweltprobleme stellen wie anderswo auch hohe Anforderungen an Naturschützer, Konzerne, Stadtplaner und Bevölkerung. In den Fischereihäfen entlang der Mittelmeerküste fallen zum Verkauf angebotene Fischkutter ebenso ins Auge wie die immer bescheidener werdenden Fangmengen etwa auf dem Fischmarkt am Vieux Port in Marseille. Über die Medien ist längst bekannt geworden, dass ein Großteil der in Restaurants angebotenen Fische keinen einzigen Schwanzschlag im Meer taten, sondern in Aufzuchtstationen ihr Dasein fristeten. Aber die Fischerei ist nicht das einzige Krisengebiet. Menschliche Eingriffe haben die Natur auf vielfältige Weise aus dem Gleichgewicht gebracht, was sich in der Region auf unterschiedliche Art und Weise ausdrückt.

Auf dem 45-minütigen Unterwasserlehrpfad **Sentier sous-marin** beträgt die Wassertiefe maximal 10 m. Man kann sich auch von erfahrenen Schnorchlern begleiten lassen (Auskunft beim Touristenbüro im Ankunftshafen, ☎ 04 94 01 40 70; Mitte Juni bis Mitte Sept.).

Schutz der Küstenlandschaften

Die Idylle der französischen Mittelmeerküste östlich von Marseille ist auf vielen Abschnitten trügerisch. Ungebremste Bautätigkeit, Abwässer, Industriesiedlungen und der Massentourismus haben sowohl der Côte d'Azur als auch anderen Küstenstrichen Frankreichs enorm zugesetzt. Da aber etwa 10 % der Bevölkerung Frankreichs am Meer leben, stellen die insgesamt 5500 km langen Küsten des Landes einen bedeutenden Lebens- und Wirtschaftsraum und gleichzeitig einen vitalen Naturraum für viele Pflanzen und Tiere dar. Seit 1975 kaufte die staatliche Küstenschutzbehörde Conservatoire de l'Espace littoral et des Rivages lacustres deshalb insgesamt 58 000 Hektar Land an über 420 unterschiedlichen Stellen auf, um es vor Verbauung und Erschließung zu schützen.

Zu den größeren küstennahen Naturreservaten gehören heute zwei interessante Gebiete. Der Parc Naturel Régional de Camargue ist ein Rückzugsgebiet für über 320 Vogelarten, europäische Biber und ein gutes Dutzend Reptilienarten. Beim Réserve Banyuls et de Cerbère an der Côte Vermeille handelt es sich um einen 6,5 km langen Küsten- und Meeresstreifen, der 1974 als erstes Unterwassergebiet Frankreichs unter Schutz gestellt wurde und in dem sich bis heute die ursprünglich bedrohte Flora und Fauna erstaunlich schnell erholte. Über Unterwasserwiesen aus Neptungräsern und Bänken aus Rot- und Grünalgen tummeln sich Hummer, Langusten, Mittelmeer-Seequappen, Seepferdchen, Katzenhaie und Riesenhaie, deren Bestände in den 1970er-Jahren auf ein Besorgnis erregendes Niveau gesunken waren.

Traumhaft schön gelegen ist die Insel Port-Cros an der Côte d'Azur

Killeralgen auf dem Vormarsch

Hinter dem lateinischen Namen *Caulerpa taxifolia* verbirgt sich eine in den fernen Tropen beheimatete Schlauchalgenart, die 1984 vermutlich durch Unachtsamkeit bei der Reinigung des Aquariums von Monaco ins Mittelmeer gelangte. Hervorragende Lebensbedingungen ließen die langblättrige, dekorative Meeresalge hauptsächlich zwischen Menton und Cap d'Ail schnell bis in Tiefen von über 35 m wuchern, was verheerende Folgen hatte. Wo sich die hartgesottene Domina ausbreitete, verdrängte sie alle anderen Pflanzen und hinterließ eine ökologische Einöde.

Raubbau an den Wäldern

Schon von weitem ist das kahle Haupt des knapp 2000 m hohen Mont Ventoux im Département Vaucluse zu erkennen, der bei konditionsstarken Radsportlern als unerbittlicher Trainingspartner zugleich beliebt und gefürchtet ist. Als der Dichter Francesco

Petrarca im Jahr 1336 den Berg bestieg, wuchsen Pinien, Eichen und Zedern an seinen Flanken. Schon zu Beginn des 19. Jhs. war von der grünen Pracht kaum mehr etwas übrig, weil der Schiffsbau Baum um Baum verschlungen hatte. Auch andere Landesteile waren vom Raubbau so stark betroffen, dass die ehemaligen Waldlandschaften Südfrankreichs heute noch große Lücken aufweisen. Am Mont Ventoux setzten Anfang des 20. Jhs. Aufforstungsprojekte mit Kiefern und Libanonzedern ein, sodass dort nachgewachsene Wälder existieren, die Reh- und Schwarzwild sowie vielen Vogelarten und Bergpflanzen einen adäquaten Lebensraum bieten. Auch an der Nordflanke des Petit Lubéron wurde um 1860 ein neuer Wald aus Zedern gepflanzt, wie sie vergleichsweise im marokkanischen Atlasgebirge heimisch sind.

▶ Sonnenblumen im Lubéron
▼ Fliegende Feuerwehr

!

Ein interessanter Lehrpfad mit aufschlussreichen Informationstafeln führt durch den Zedernwald in der Nähe von Bonnieux bzw. Lacoste. Er beginnt 2 km außerhalb von Bonnieux an der Route de Cadenet und dauert ca. zwei Stunden.

Alle Jahre wieder: Waldbrände

Wenn im Frühsommer am Golf von Fréjus Piloten mit ihren Löschflugzeugen im Tiefflug Wasser aufnehmen und es hinterher aus 100 m Höhe wieder in riesigen Fontänen abwerfen, handelt es sich keineswegs um ein Spektakel, das zur Unterhaltung der am Strand liegenden Badegäste abgehalten wird. Eingeweihte wissen, dass es sich bei dieser fliegenden Feuerwehr um ein Spezialtraining für die bevorstehende Waldbrandsaison handelt. Denn in den heißesten Monaten wälzt sich Jahr für Jahr eine verheerende Feuerwalze durch das Hinterland der Côte d'Azur. Wenn die Hitze Kiefernwälder ausdörrt, genügt eine weggeworfene Zigarette oder eine liegen gelassene Glasscherbe, um eine Feuersbrunst zu entfachen. Durch die Entvölkerung vieler Berggebiete und die damit verbundene Eliminierung von Ziegen und Schafen, die die Waldböden abfressen, kann Buschwerk und Unterholz wuchern und dementsprechend wie Zunder brennen. Wo wiederum Waldbrände die Vegetation dezimieren, liegt der Boden blank und kann durch Wind bzw. Regenfälle in kürzester Zeit abgetragen werden.

Klima und Reisezeit

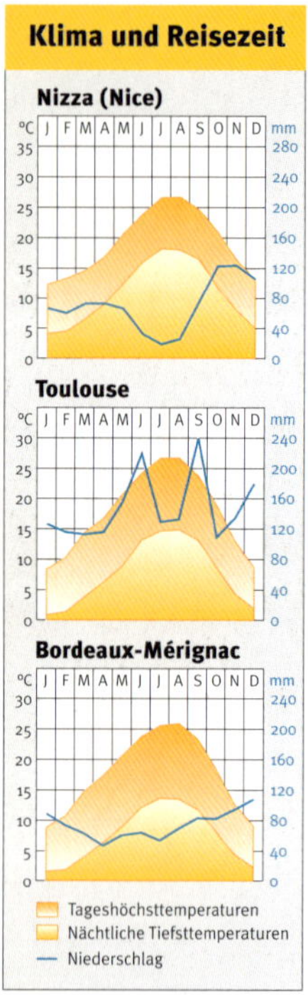

Der August ist in Frankreich kein Monat wie jeder andere. Gäbe es keine ausländischen Touristen, könnte an den Grenzen getrost das Schild »Bis auf weiteres geschlossen!« aufgehängt werden. Der Grund: Bevölkerung und Geschäftswelt machen fast zeitgleich Urlaub.

Urlaubsland mit Sonnengarantie

Die wichtigsten Wettermacher der Region sind das Mittelmeer und der Atlantik. Die riesigen Wassermassen mildern im Sommer die Hitze, im Winter geben sie die gespeicherte Wärme ab, sodass die Temperaturen etwa an der durch Küstengebirge nach Norden abgeschirmten Côte d'Azur kaum unter acht Grad Celsius fallen und sich manche Pflanzen zwischen Dezember und Februar in schönster Blüte zeigen.

Dem milden Wetter verdankt die Gegend ihren Ruf als Winterziel. Weiter im Landesinneren wird es auf den Hochlagen nicht selten empfindlich kalt. Was den Wintersport dort zum unvergesslichen Erlebnis macht, sind eine kristallklare Luft und ein prächtig blauer Himmel. Wenn die niedrigen Temperaturen weichen, setzen im Spätwinter bzw. im Frühjahr Re-

Zwei windige Typen

Fast in der gesamten Region kann der kalte Mistral im Frühjahr und Sommer ein unangenehmer Reisegefährte sein. Mit Böen und einem Elan von bis zu 100 km/h fegt er durch das Rhône-Tal bis ins Languedoc-Roussillon.

Der heiße Rivale des eisigen Mistral ist der aus Afrika kommende Scirocco. Mit lähmender Schwüle fällt er über die südfranzösischen Küstenstriche her und treibt die Menschen entweder in abgedunkelte Wohnungen oder ins Meer.

genfälle ein, die eine Voraussetzung für die üppige Blütenpracht ab etwa Anfang April bilden.

Bestes Badewetter herrscht an den südfranzösischen Küsten im Juli und August bei durchschnittlichen Tagestemperaturen zwischen 25 und 30, zum Teil sogar über 30 Grad Celsius. Auch in der weiter vom Meer entfernten Provence und im Languedoc-Roussillon kann man mit ähnlichen Verhältnissen rechnen. Nizza verzeichnet pro Jahr über 2800 Sonnenstunden, der Küstensaum des Languedoc-Roussillon sogar 3000 – mehr als das Doppelte als beispielsweise in Hamburg. An den Badestränden sind diese hohen Temperaturen gut zu ertragen, weil ständig eine leichte, kühle Brise weht. Im Juli enden die heißesten Tage gelegentlich mit heftigen Gewittern.

Die beste Reisezeit

Am dekorativsten präsentiert sich die Region in den Monaten Mai und Juni. Die Blüte der Mandel- und Aprikosenbäume in der nördlichen Provence ist um diese Zeit zwar vorbei, aber in den Tälern und auf den niedrigeren Berghängen zeigen sich Wildblumen, Büsche und Sträucher von ihrer prächtigsten Seite und schmücken das »Imperium der Sonne«, wie der provenzalische Schriftsteller Frédéric Mistral seine Heimat nannte. Außerdem sind die beiden Monate eine relativ ruhige Zeit mit niedrigeren Preisen. Ähnliches gilt ab Mitte September und für den Oktober.

Unter folgender Adresse bekommt man Informationen zur aktuellen Wetterlage: www.meteo.fr.

! Vorsicht am Strand: die UV-Belastung ist auch bei bedecktem Himmel hoch – ein gutes Sonnenschutzmittel gehört deshalb zur unverzichtbaren Badeausrüstung.

Geschichtlicher Überblick

700 000 v. Chr. In der Höhle L'Escale bei St-Estève Janson dokumentieren archäologische Funde, dass der Mensch das Feuer beherrscht.

4650 v. Chr. Courthezon im Vaucluse ist die älteste neolithische Siedlung der Provence. Den Bewohnern ist bereits die Töpferei bekannt.

900–600 v. Chr. Um die Mündung der Rhône in das Mittelmeer existiert eine keltisch-ligurische Zivilisation.

600 v. Chr. Phönizische Seefahrer gründen Massilia, das spätere Marseille. Um dieselbe Zeit entsteht Arles.

124 v. Chr. Konsul Sextius Calvinus gründet mit Aquae Sextiae, dem späteren Aix-en-Provence, die erste römische Stadt Galliens südlich der Alpen. Damit beginnt die Eroberung und Kolonisierung der Region durch Rom. Sechs Jahre später wird das Herz Südfrankreichs zur Provincia romana.

3.–5. Jh. Das Christentum fasst in Südfrankreich Fuß. Erste Klöster entstehen.

476 Das Jahr markiert das Ende des Weströmischen Reichs.

507 Frankenkönig Chlodwig I. erobert mit burgundischer Hilfe das Westgotenreich bis zu den Pyrenäen.

536 Die Provence kommt unter fränkische Herrschaft.

843 Im Vertrag von Verdun wird das Reich Karls des Großen aufgeteilt. Die Provence fällt an Kaiser Lothaire I, der 855 daraus ein Königreich formt und es seinem Sohn vermacht.

947 Die Provence wird Teil des Königreichs Burgund, das sich vom Hochrhein bis ans Mittelmeer erstreckt.

1032 Burgund verliert die Provence an das Hl. Römische Reich Deutscher Nation.

1209 Ein 30 000 Mann starkes Heer aus Nordfrankreich unter der Führung von Simon de Montfort fällt im Languedoc ein und kämpft gegen die Albigenser.

1244 Nach zehnmonatiger Belagerung durch ein 6000 Mann starkes Kreuzfahrerheer unter dem Oberbefehl des Seneschalls von Carcassonne, Pierre de Arcis, kapituliert die Festung von Montségur. Damit ist das Schicksal der Katharer besiegelt.

1309–1376 Philippe IV zwingt Papst Clemens V., sich in Avignon niederzulassen. Avignon wird zum Mittelpunkt des katholischen Christentums bzw. zum Exil von sieben aufeinander folgenden Gegenpäpsten.

1409 Gründung der Universität in Aix-en-Provence.

1434–1480 Unter dem »guten König« René d'Anjou erlebt die Provence ihr strahlendes goldenes Zeitalter.

1501 In der Provence bildet Louis XII das erste Parlament, das über juristische Funktionen hinaus auch bestimmte politische Rechte beansprucht.

1539 Französisch wird zur Sprache der Administration in der Provence.

1554 Die Bevölkerung von Marseille wächst auf über 30 000 Einwohner an.

1566 Am westlichen Mittelmeer entsteht der Hafen Sète.

1598 Die seit 1560 andauernden Religionskriege enden durch das Edikt von Nantes, das den Protestanten Glaubensfreiheit gewährt.

1659 Mit dem Pyrenäen-Vertrag kommt das zuvor zum spanischen Königreich Aragón gehörende Roussillon unter französische Herrschaft.

1666–1681 Der Canal du Midi wird zwischen Mittelmeer und Atlantik gebaut.

1685 Die Aufhebung des Edikts von Nantes vertreibt bis zu einer halben Million Hugenotten aus Frankreich und legt bislang von ihnen dominierte Wirtschaftsbereiche lahm.

1720 Bei einer Pestepidemie verliert Marseille die Hälfte seiner Bevölkerung.

1789 Die Französische Revolution setzt sich auch in Südfrankreich durch.

1815 Napoléon I verlässt die Insel Elba und macht sich über Grasse, Digne-les-Bains und Gap (Route Napoléon) auf den Weg nach Paris.

1838 In Aix-en-Provence kommt der berühmte Maler Paul Cézanne zur Welt.

1860 Bei einer Volksabstimmung entscheidet sich die bislang italienische Grafschaft Nizza zum Anschluss an Frankreich.

1878 Der schottische Schriftsteller Robert Louis Stevenson wandert zwei Wochen mit einem Lastenesel durch die Cevennen.

1904 Der provenzalische Schriftsteller Frédéric Mistral wird mit dem Nobelpreis für Literatur ausgezeichnet.

1947 In Cannes findet das erste Filmfestival statt.

1956 Fürst Rainier von Monaco heiratet den Hollywoodstar Grace Kelly.

1982 Fürstin Grace von Monaco kommt bei einem Autounfall ums Leben.

1997 Monaco feiert das 700. Jubiläum der Familiendynastie der Grimaldi.

1998 Marseille ist einer der Austragungsorte der Fußballweltmeisterschaft.

1999 Die Einwohner von Marseille feiern das 2600-jährige Bestehen ihrer Heimatstadt.

2000 Der 1909 m hohe Mont Ventoux ist wieder einmal Etappenziel der Tour de France und beweist sich als ein Höhepunkt auf der »Tour der Leiden«.

Menschen in Südfrankreich

!

Neue Horizonte
Die Zeiten, als Südfrankreichs wirtschaftlich gesehen der Dritten Welt zugeordnet wurde, sind längst vorbei. Dynamische Wachstumspole wie etwa die Stromversorgung im Rhône-Tal, der Tourismus oder der Hightech-Park in Sophia-Antipolis an der Côte d'Azur zeigen, wie sehr sich die Arbeitswelt der Region in den vergangenen Jahrzehnten veränderte.

Ob es am reichlichen Knoblauchgenuss, am Olivenöl, an der sauberen, salzigen Luft oder an den beiden Hauptzutaten des Alltagslebens, Muße und Geselligkeit, liegt: Die Statistik behauptet, dass die Einwohner Südfrankreichs im Durchschnitt fünf Jahre älter werden als ihre Landsleute weiter im Norden. Dass der Landstrich zwischen Côte d'Azur und Pyrenäen auch lebensverlängernde Auswirkungen auf Urlauber hat, ist unbewiesen.

Lifestyle auf dem Vormarsch

Für lange Zeit galt der Süden als Frankreichs ländlicher, altmodischer Hinterhof. Aber die Region hat aufgeholt. In den Städten reibt man sich verwundert die Augen in Anbetracht von Schaufenstern voller Edelmode aus Paris. Wo vor wenigen Jahren noch Handwerker beim Gläschen Weißwein mit filterlosen Zigaretten die Wände von Vorstadtkneipen nikotingelb tünchten, sind heute mit Computertechnik ausgestattete Internet-Cafés und Cyberbars auf Kunden aus aller Welt eingestellt, die sich ihre E-Mails abholen oder elektronische Post verschicken wollen.

Viele Obst- und Gemüsebauern haben längst verlernt, wie man mit Pflug und Pflanzenschutzmittel umgeht, weil sie ihre Kulturflächen zu Camping- und Parkplätzen umwandelten. In Diskotheken und Klubs werden die brandaktuellsten Hits aufgelegt, was den Schluss zulässt, dass die jungen Leute sich längst nicht mehr an alten Traditionen orientieren, sondern den modernen Lifestyle anvisieren.

DJ statt Ziegenhirte

In manchen Dörfern etwa entlang der Route des Grandes Alpes fühlt man sich wie in die kargen Kulissen eines melancholischen Alpendramas versetzt. Ausgetretene Steinstufen, zerbröckelnde Häuserfronten aus Bruchstein, blinde Fenster und umgestürzte Kreuze auf Bergfriedhöfen erscheinen einem wie Erinnerungsstücke an eine von Mühsal und Entbehrung geprägte Vergangenheit. Hie und da herrscht Endzeitstimmung auf den winzigen Dorfplätzen, wo die Alten schon längst unter sich sind. Daran vermag auch die Schönheit der Landschaft und die Anziehungskraft der Berggipfel nichts zu ändern. Ähnlich sieht es in den Cevennen aus, wo der Wind durch aufgegebene Schafställe pfeift und Immobilienmakler versuchen, alte Gehöfte an stadtmüde Aussteiger zu verscherbeln.

In Scharen verließen in den letzten Jahrzehnten junge Leute ihre Heimatdörfer und wanderten in Städte ab. Der Grund dafür ist zum einen im Reiz der modernen Zivilisation zu suchen, zum anderen im Damoklesschwert des wirtschaftlichen Strukturwandels, d. h. im Mangel an lohnenden Jobs. Außer widerborstigen Bergbauern und chancenlosen Sennen buckelt heute kaum mehr jemand auf tennisplatzgroßen Parzellen.

Leere Bergdörfer, wachsende Küstenstädte

Das moderne Schlagwort, das seit Jahrzehnten hauptsächlich die Südwestalpen und die Cevennen prägt, heißt Entsiedlung. Dieses Phänomen hat neben ausgestorbenen Alpentälern und verlassenen Bergdörfern noch eine ganz andere Konsequenz, nämlich die zunehmende Verstädterung der nicht weit entfernten Mittelmeerküste. Kasinoarbeitsplätze und steuerliche Vergünstigungen in Monaco ließen das 30 000 Einwohner große Fürstentum schon vor Jahren aus den Nähten platzen. Als auch der letzte Quadratmeter an den Hanglagen verbaut war, wurde der Küste Land durch Landaufschüttung abgewonnen, womit die Fläche des Kleinstaates um über 20 % vergrößert wurde. Nizza, die Grande Dame der französischen Riviera, hatte um 1860 ca. 40 000 Einwohner, heute sind es im Ballungsgebiet 475 000, von den gewaltigen Besuchermassen ganz abgesehen, die Jahr für Jahr über die Stadt hereinbrechen.

Leidenschaft Boule

Sanfter Tourismus – eine Chance?

Wie kann der Fortbestand bedrohter Gemeinden in den strukturschwachen Gebieten Südfrankreichs gesichert werden? Als ein Modellfall haben sich einzelne Gebirgsdörfer erwiesen, in denen sich der Tourismus zur Haupteinnahmequelle entwickelte. Hintergrund dieser Entwicklung ist der wachsende Wunsch der Gesellschaft, in den Alpen die malerischen Lebensräume zu erhalten. Damit ging eine wirtschaftliche Neubewertung dieser Landstriche einher. Mit großflächigen

Betrieben können lokale Produzenten nicht konkurrieren, aber sie können sich Existenzen aufbauen, in denen sie sich kraft ihres Naturkapitals bzw. ihrer Standortvorteile durchsetzen können.

Eine Nische für solche Existenzen ist nach Meinung von Experten der Ökotourismus. Sowohl die Cevennen als auch die Südwestalpen wurden in den vergangenen Jahren als Wanderparadiese entdeckt. Viele Menschen fanden im Wandertourismus einen Arbeitsplatz, ob als Hüttenwirt, bei der Wegeinstandsetzung oder in der Hotellerie und Gastronomie.

! Die Internationale Alpenschutzkommission **CIPRA** in Liechtenstein befasst sich seit langem aus unterschiedlichen Blickwinkeln mit der speziellen Problematik der Gebirgsregionen (Im Bretscha 22, 9494 Schaan, ☏ 00 42 32 37 40 30 FAX 00 42 32 37 40 31, E-Mail: cipra@cipra.org).

Wegkreuzung der Völker

Südfrankreich und speziell die Provence waren immer ein Durchgangsland, eine europäische Wegkreuzung, an der Händler, Heere und Völker ihre Spuren hinterließen, sich vielfältige Einflüsse bemerkbar machten und Kulturen vermischten. Rund die Hälfte der heute gut vier Millionen Provenzalen wurden beispielsweise nicht in der Provence, sondern anderswo geboren.

Natürlich unterscheiden sich die Menschen dort von denen in anderen Regionen des Landes. So existieren nach wie vor kleine Nischen, in denen sich Einwohner der alten, nach und nach untergehenden okzitanischen Sprache bedienen und damit demonstrieren, dass der Süden für sie immer noch ein eigener Kulturraum ist. Auch gibt es Unterschiede im Muster des sozialen Zusammenlebens, die ihre Wurzeln im römischen Recht haben. Viele Städte und Dörfer der Region verwalteten sich schon vor Jahrhunderten mehr oder weniger selbst im Sinne einer Fortführung der alten, von den Römern geschaffenen Gemeindeordnung. Solche Ansätze von Autonomie reichten aber auch in den individuellen Bereich hinein, indem z. B. Frauen aller Gesellschaftsschichten schon viel früher größere Freiheiten im Umgang mit ihrem Eigentum genossen als ihre Schwestern im feudalistischen

Norden. Jeder weiß, dass solche Besonderheiten Ausdruck einer langen und wechselvollen Geschichte sind. Einblicke in die typische provenzalisch oder katalanisch geprägte Lebensart tragen deshalb zum Reiz des Südens bei.

! Viele schöne Trachten sind im volkskundlichen **Museon Arlaten** in Arles ausgestellt (Rue de la République, Hôtel de Laval-Castellane, ☏ 04 90 96 08 23; ◷ Juni/Aug. 9.30–13 und 14–18.30 Uhr, sonst verkürzte Zeiten).

Brauchtum

Ausdruck südfranzösischer Lebensart sind die vielen Feste (S. 63 ff.), die Traditionen und das überlieferte Brauchtum. Wenn die Menschen in der Provence, im Languedoc-Roussillon und an der Côte d'Azur feiern, tragen manche von ihnen noch alte Trachten wie etwa die Tracht von Arles. Während die Männer mit Leinenhose, weißem Hemd, Weste und Filzhut relativ schlicht daherkommen, kleiden sich die Frauen mit prächtigen, langen, bunten Röcken, häufig einem gestickten Brusttuch und einer aus bedrucktem Baumwollstoff bestehenden Haube. Lang geschnittene Handschuhe bedecken die Unterarme und lassen die Fingerspitzen frei.

Eine lange Tradition haben die Santons. Die bemalten Figuren stellen Menschen in traditioneller Kleidung bei unterschiedlichen Tätigkeiten oder aber Heilige dar, wie sie in Krippen verwendet werden. Sie sind aus gebranntem Ton hergestellt, der in den Landstrichen um Marseille und Aubagne vorkommt. Ob es sich um Figuren oder um Erzeugnisse wie typische Krüge, Amphoren, Teller und Schüsseln handelt, die Töpferei hat in der Provence eine bis in vorchristliche Zeit zurückreichende, in manchen Ortschaften Südfrankreichs sogar eine über 2000-jährige Tradition.

Okzitanisch

Auch wenn die meisten Provenzalen nicht in der Provence, sondern anderswo geboren wurden, gibt es heute Anzeichen für eine Renaissance der okzitanischen Sprache, zu der das Provenzalische gehört. Nachdem der französische Zentralismus Jahrhunderte lang darauf ausgerichtet war, sprachliche und kulturelle Eigenständigkeiten von Minderheiten zu unterdrücken, setzte diesbezüglich in der französischen Politik im Zuge der europäischen Einigung ein Umdenken ein. Offenbar sieht die Regierung in Regionalsprachen keine Gefahr mehr für die Amtssprache Französisch und für den Zusammenhalt der Republik und erlaubt Schülern, im Wahlfach das Provenzalisch zu lernen, weil Regionalsprachen als wichtiger Teil des kulturellen Erbes gesehen werden.

Für ihre Schönheit sind die Frauen aus Arles berühmt

Katalanischer Akzent

In den Pyrenäen ist ein Spanischlexikon im Reisegepäck kein sinnloser Ballast. Wer mit offenen Augen durch den Süden reist, entdeckt Lebensarten und Mentalitäten, die man eigentlich eher südlich der Pyrenäenkette suchen würde. Die Nachbarschaft der Iberischen Halbinsel färbt sprachlich und kulturell deutlich ab. Die Geschichte auch. Bis 1659 war das heutige Département Pyrénées Orientales Teil des spanischen Königreiches Aragón, ehe es unter französische Herrschaft kam. An der Côte Vermeille und im Pyrenäen-Hinterland sind zweisprachige Straßen- und Ortsschilder in Französisch und Katalanisch unübersehbar. Perpignan heißt bei den Einheimischen Perpinyà, und der pittoreske Küstenort Collioure kommt ziemlich unfranzösisch auch als Cotliure daher. In dieser Zweisprachigkeit kommt neben dem historischen Erbe auch noch et-

!

Auf vielen Autos im Roussillon sieht man ovale, rotgelb gestreifte Autoaufkleber mit einem »C« in der Mitte. Sie symbolisieren die französische Verbundenheit mit Katalonien.

was anderes zum Ausdruck. Seit spätestens Anfang der 1990er-Jahre, als sich Barcelona für die Olympiade 1992 zu rüsten begann, strahlt der wachsende wirtschaftliche und kulturelle Einfluss der Metropole über die Pyrenäen nach Norden aus. Dort gelten katalanisch gefärbte Trends und Moden als schick und Erfolg versprechend.

Paella und Sardana

Paella ist eine Spezialität des Südens

Gleichgültig, ob es sich um die berühmte Zigeunerwallfahrt in Les Stes-Maries-de-la-Mer oder eines der zahlreichen Straßenfeste im Languedoc-Roussillon handelt: Riesige Pfannen voller duftender Paella und vor Kälte beschlagene Glaskrüge mit selbst gemachter Sangria sind immer dabei. Wenn die Einwohner im südlichen Teil Frankreichs feiern, unterscheiden sie sich nicht sonderlich von ihren Nachbarn südlich der Pyrenäen. Das betrifft nicht nur das Kulinarische. Auch der traditionelle Sardanatanz mit seiner recht komplizierten Choreografie geht auf katalanische Ursprünge zurück.

!

Bei der Sardana fassen sich die Tänzerinnen und Tänzer an den Händen und formen einen oder mehrere Kreise. Die begleitende Musik wird von einer *copla* genannten Kapelle gespielt.

Toro, toro!

Nirgendwo geht die tiefe Seelenverwandtschaft zwischen Südfranzosen und Katalanen so weit wie im Stierkampf. Selbst im weiter entfernten Arles und Nîmes ist die alljährliche *feria* ein durch und durch spanisches Fest. Ihre wichtigsten Mitwirkenden sind wendige, schwarze Stiere und nicht degenbewehrte Matadore, sondern ganz in Weiß gekleidete *razeteurs* die Helden der Veranstaltungen. Sie müssen dem Stier eine Kokarde zwischen den Hörnern entreißen.

Bei den Gralshütern der Gaumenfreuden

Natürlich haben amerikanische Imbissketten auch Südfrankreich längst erobert, und ohne ambulante Pizzabäcker sähe es in manchem Landstädtchen nach Sonnenuntergang kulinarisch ziemlich finster aus. Dennoch hat sich um das westliche Mittelmeer die große französische, regional eingefärbte Küche ihre uneinnehmbaren Gourmetbastionen erhalten. Man fährt vorbei an Kirschplantagen, Weinbergen und Gemüsefeldern. Mit Herzklopfen bummelt man über die üppigsten Märkte der Welt, auf denen sich appetitliche Feldfrüchte und Obstsorten zu Bergen auftürmen. Artischocken, Spargel, Erdbeeren, Aprikosen, Melonen, Zucchini, Bohnen, Tomaten und Trauben machen den Überfluss zum Prinzip. Zwei, drei Stände weiter schillern auf Eis gelegte Fische und exotische Schalentiere sowie verschiedenst eingelegte Oliven, in deren Duftzonen man plötzlich merkt, wie sich die eigenen Magenwände knurrend aneinander reiben.

Carpentras ist eines der »Rabasse«-Zentren, wie die Provenzalen **Trüffeln** nennen. Zwischen Mitte November und Mitte März werden sie auf dem Freitagsmarkt angeboten, auf dem sich viele bekannte Küchenchefs versorgen.

! Wer einen professionellen Trüffelsucher bei der Arbeit beobachten will, kontaktiert **Transhumance Voyages,** BP 984004, 84000 Avignon Cedex 1, ☎ 04 90 95 57 81, FAX 04 90 95 66 41.

Savoir vivre – ein Fest der Sinne

Die Sonne des Südens bringt die Sterne der französischen Küche so richtig zum Strahlen. Die Côte d'Azur würde ihrem Ruf als europäische Vorzeigeküste und als Treffpunkt des internationalen Jetsets nicht gerecht, wäre das Leben vor Ort und damit auch die Küche nicht von weltumfassenden Einflüssen geprägt. Die Nachbarschaft zu Italien und zur Provence sind ebenso spürbar wie zahlreiche ethnische Kochtraditionen. »Avant-Paradis« nannte der nordprovenzalische Dichter Paul Arène seine Heimat. Solchermaßen angesprochene vorparadiesische Zustände herrschen kulinarisch von der Côte d'Azur bis zu den Pyrenäen, weil die mediterrane Lebensart sowohl Hausfrauen als auch Küchenchefs hilft, den Kochlöffel zu schwingen.

A la niçoise

Beneidenswert üppig das Angebot der Wochenmärkte

Zu den Spezialitäten, die von Nizza aus ihren Triumphzug um die Welt antraten, gehört die *Salade niçoise.* Besonders an heißen Tagen schmeckt diese leichte Mahlzeit aus Paprikaschoten, Bohnen, Artischocken, Tomaten, Thunfisch, Sardellenfilets, Oliven, Kartoffeln und Kopfsalat mit einem Dressing aus Sherry- oder Balsamessig besonders gut. Dazu werden geröstete, mit Knoblauch eingeriebene Brotscheiben gegessen. Ebenfalls aus Nizza stammen die *Soupions à la niçoise.* Kleine Tintenfische werden mit einer Mischung aus Tomaten, Zucchini, Paprikaschoten, Auberginen, Knoblauch und Schalotten gefüllt und in einer Auflaufform mit Thymian in Olivenöl gegart.

! Für die provenzalische Knoblauchmayonnaise **Aïoli** nimmt man pro Person 2 Knoblauchzehen, 1 Eigelb, 3–4 EL Olivenöl, Zitrone, Salz und Pfeffer.

Deftig und bodenständig

Nicht selten kommt die südfranzösische Küche bodenständig, fast derb daher – in Zeiten überkandidelter Kochkünste für manche ein Lichtblick. Eine solche Spezialität sind provenzalische *Pieds et paquets,* also Lammfüße mit gefüllten Lammkuttel-Päckchen. In der Camargue steigt aus Töpfen der Duft der *Saucissons d'Arles* (gepfefferte Würstchen), die Durst auf Rotwein machen. Im Languedoc, Frankreichs Frühbeet, von dem jedes Jahr die ersten Pfirsiche, Kirschen und Salate kommen, schätzen die Menschen den Gemüseeintopf *Ratatouille*, ein aufwändiges Gemüsepotpourri aus Paprika, Zucchini, Auberginen und Tomaten.

Zu den herzhaften Küchenerzeugnissen zwischen Zentralmassiv und Pyrenäen gehören *Garbure* (Gemüseeintopf mit Gänseschenkel), *Tourrin* (Zwiebel- oder Knoblauchsuppe), *Foie gras* (Gänse- oder Entenstopfleber), *Rillettes* (Gänseschmalzfleisch), *Melsat* (eine Art Weißwurst), *Confit* (Gänse- oder Entenfleisch im eigenen Fett konserviert) und *Magret* (Entenbrust). Unter *Cassoulet* verstehen Kenner einen Eintopf mit weißen Bohnen, Speck und gegebenenfalls Gänsefleisch.

Die Ortschaft Apt im Lubéron ist ein Produktionszentrum für kandierte Früchte. Man bekommt sie z. B. im Fachgeschäft **Denis Ceccon** (24, quai de la Liberté, ☏ 04 90 74 21 90).

Raffiniert und lecker

Leicht und aromatisch wie eine frische Meeresbrise stimulieren im Schlaraffenland der Leckermäuler unendlich viele Spezialitäten die Geschmacksnerven. Manche Gerichte lassen einem schon allein bei der bloßen Erwähnung der Namen das Wasser im Mund zusammenlaufen: mit *Tapenade* (Olivenpaste) gefüllte Filets vom Kaninchenrücken, delikate Jakobsmuscheln mit frischem Ingwer, Garnelen mit Basilikumnudeln und grünem Spargel, Ringeltaube in Armagnac *(Palombes à l'Armagnac)*. Bei Langusten sollte man Vorsicht walten lassen, sofern das betreffende Lokal nicht für Qualität bürgt.

Oliven

Jedes Schulkind in der Provence weiß, dass frisch gepflückte Oliven nicht zum Verzehr geeignet sind. Grüne, vor der Reife gepflückte Früchte werden in Salzwasser gekocht und in Lake bzw. Essig eingelegt. Reife, bläulich bis schwarze Oliven werden oft ebenfalls in Salzlake gepökelt und danach in Lake oder Öl konserviert. Ob ursprünglich reif oder unreif: Die schon in biblischer Zeit bekannten Früchte lassen sich nach tausend Rezepten aromatisch einlegen, mit Knoblauch, Orangenschale, Fenchelsamen, Peperoni oder gefüllt mit Mandeln, Paprika, Anchovis oder Kapern. Am berühmtesten sind Oliven aus der Gegend von Nyons. Dort haben zahlreiche Kulturen überlebt, als 1929 und 1956 schwere Frosteinbrüche einen Großteil der provenzalischen Olivenhaine vernichteten.

Provenzalische Kräuterküche

Für Nordlichter ist die provenzalische Küche der Inbegriff des kulinarischen Südens – ein geradezu überbordendes, aus knackigen Gemüsen, diversen hellen Fleischsorten, fangfrischem Fisch und Geflügel komponiertes Fest, das durch drei Ingredienzien seine höheren Weihen bekommt: Knoblauch, Olivenöl und Kräuter wie Lorbeer, Fenchel, Minze, Safran, Koriander, Estragon und Sariette (Bohnenkraut). Entsprechend zubereitet gelten die Gerichte als gut verträglich und gesund.

Das magische Zauberwort, das durch provenzalische Küchen geistert, heißt *Herbes de Provence*. Selbst Amateure wissen, dass darunter Oregano, Rosmarin, Basilikum, Majoran, Salbei und Thymian zu verstehen sind. Diese aromatischen Stützen der regionalen Küche verleihen vielen Gerichten einen unverkennbar südfranzösischen Geschmack wie etwa der *Soupe au thym* (Thymiansuppe), der *Soupe au pistou* (Bohneneintopf mit Basilikumpaste), der *Soupe à l'Ail* (Knoblauch-Salbei-Suppe), der *Lotte au romarin* (Seeteufel mit Rosmarin) und den *Filets de rouget au basilique* (Rotbarbenfilets mit Basilikum). Auch gegrillte Lammrückenkoteletts sind ohne Kräuter der Provence nicht denkbar.

!

HOCHPROZENTIGES
Zum Verdauen oder als Abrundung nach einem schmackhaften Menü: Das hochprozentige Angebot reicht vom Veilchenlikör über den Walnussschnaps bis zum Armagnac.

Schwarze Diamanten

Sie sehen unscheinbar aus wie braune Erdklumpen und sind doch ein Vermögen wert. Trüffeln *(Tuber melanosporum)*, die hühnereigroß werden können, sind für einige wenige ein Riesengeschäft, und das hauptsächlich in der Provence. Ca. 80 % der Pilze werden wegen des idealen Klimas auf dem Plateau de Vaucluse geerntet. Die Gegend um den Mont Ventoux gehört zu den ertragreichsten Gebieten. Die Trüffeljagd der professionellen Sucher, die mit trainierten Hunden unterwegs sind, beginnt im November und endet im März. Ein Großteil der intensiv duftenden schwarzen Diamanten wird heute aber in eigens angelegten Wäldchen kultiviert. So unscheinbar die Pilze auch aussehen, manche Küchenchefs lassen sich ein Kilo der Spitzenqualität um die 1000 DM kosten.

Alles Käse

Edamer, Camembert und Parmesan kennt jeder, aber wie wär's mit Cantal bzw. Laguiole aus den Cevennen und Fourme, Cabecous und Pyrénées aus den Midi-Pyrénées bzw. aus dem Languedoc-Roussillon? Im Käseland Frankreich kommen einige der Köstlichkeiten aus den südlichen Landesteilen, darunter auch der weltbekannte Roquefort. Ein Verwandter ist der Bleu des Causses, der mit demselben Pilz beimpft wird, aber nicht aus Schafs-, sondern aus Kuhmilch besteht. Der in stattlicher Zylinderform, mit einer dicken, unebenen Rinde auf den Märkten auftauchende Cantal soll eine der ältesten Käsesorten der Welt sein. Schon die Römer ließen sich von dem je nach Alter milden, fruchtigen oder pikanten Geschmack des Kuhmilcherzeugnisses verzaubern.

Die Weine Südfrankreichs

Bevor Cäsars siegreiche Legionäre nach der Eroberung Galliens den Rückmarsch antraten, sollen sie ihren Sieg mit Wein aus der Provence begossen haben. Die roten Tropfen waren erstmals schon gut 600 Jahre zuvor von den Gründern von Marseille produziert worden. Heute genügt es, die in Nord-Süd-Richtung verlaufende Touristenrennstrecke Rhône-Tal bezwungen zu haben, um sich im Herzen Südfrankreichs ein erstes Gläschen genehmigen zu können.

Côte d'Azur und Hinterland

Von den wunderschönen Calanques im Westen bis zum Massif de l'Estérel im Osten dominieren Roséweine, die in der heißen Jahreszeit zum Essen am besten schmecken, weil sie leichter als Rotweine sind. Als ein hervorragender Standort hat sich über Jahrzehnte hinweg die Ortschaft Bandol erwiesen, wo die Trauben auf zwar nur kleinen Flächen in der Sonne des Südens reifen, sich aber zu eleganten Tropfen verarbeiten lassen. Dass die Einwohner von Cassis den an Ort und Stelle von einem guten Dutzend Winzern produzierten Weißwein zu 85 % selbst trinken, ist kein schlechtes Zeichen. Die restlichen 15 % werden an verwöhnte Gaumen nach England und in die USA exportiert.

Seit über 600 Jahren wird in Südfrankreich Wein gekeltert

Zentralprovence

Die bedeutendsten Anbaugegenden in der Provence sind die Departements Bouches-du-Rhône, wo überwiegend Roséweine produziert werden, und Vaucluse, wo man sich auf Rotweine spezialisiert hat. Viele Qualitätstropfen aus diesen Gebieten haben längst den Status AOC (Appellation d'Origine Contrôlée) erreicht und tragen so klingende Namen wie Baudel, Gigondas, Vaqueyras, Blanc-de-Cassis, Côtes-du-Ventoux, Lubéron oder etwa Coteaux-d'Aix und Coteaux Varois.

Eine wahre Weinhochburg ist die Ortschaft Châteauneuf-du-Pape inmitten von üppigen Weinbergen, aus denen hie und da ein Weingut herausragt. Dutzende Domänen, sehr häufig herausgeputzt wie Dornröschenschlösser, und Probierkeller, aus denen der für Kenner verlockende Geruch von feuchten Korken und Eichenholz strömt, laden zum Verkosten der lokalen Edelweine ein.

Der alkoholreiche, dunkelrote und sonnenverwöhnte Châteauneuf-du-Pape war schon im 14. Jh. am Hof der Päpste von Avignon ein geschätzter Tropfen. Heute wird er in etwa 300 Weingütern der Region angebaut, alljährlich von September bis Oktober geerntet und traditionell am Sankt-Martins-Tag, dem 11. November, gekeltert.

Languedoc-Roussillon

Weit in den Schatten wird die Provence vom Languedoc-Roussillon gestellt, wo mit 400 000 Hektar Fläche ca. 40 % der französischen Weinanbaugebiete liegen. Allein 20 Mio. Hektoliter Tafelwein entstehen dort Jahr für Jahr. Nachdem die Reblaus im 19. Jh. riesige Rebflächen in Südfrankreich vernichtet hatte, verlagerte sich der Weinanbau von alten Hängen in Tallagen mit mageren Böden, wo jahrzehntelang Weine hauptsächlich nach der Devise »Quantität vor Qualität« produziert wurden. Erst Anfang der 1980er-Jahre trat bei einzelnen Weinbauern und später auch bei größeren Gruppen ein Umdenken im Sinne von Klasse statt Masse ein. Dies ging einher mit der Auswahl neuer Rebsorten und veränderten, modernen Produktionsmethoden.

An der von der Sonne verwöhnten Côte Vermeille ziehen sich die Weinberge bis auf eine Höhe von 800 m die Flanken der Pyrenäen hinauf. Ein außergewöhnliches, trockenes Klima, steile Lagen und Schieferböden lassen über den Ortschaften Banyuls-sur-Mer und Collioure noble, qualitativ bemerkenswerte Rot- und Roséweine gedeihen.

!

AUSTERN
Die meisten in Südfrankreich angebotenen Schalentiere stammen aus dem Etang de Thau im Languedoc.

Alte und neue Architektur

In Südfrankreich betritt der Besucher uralten Kulturboden auch wenn man das in manchen Städten gar nicht glauben mag. In Montpellier z. B. ließ die Stadtverwaltung einen ganzen Bezirk umpflügen, um dem spanischen Stararchitekten Ricardo Bofill die Möglichkeit zur freien Entfaltung zu geben. Das streng geometrische Ergebnis erinnert an absolutistische Monumentalarchitektur, nur dass das Baumaterial nicht mehr aus behauenem Kalkstein, sondern überwiegend aus vorgefertigten Stahlbeton- und Glaselementen besteht. Auch in anderen Städten wie Nîmes, Nizza und Marseille ließen international renommierte Meister ihres Fachs ihre Architekturträume in Zement, Stahl und getöntem Glas erstarren. Manche wirken futuristisch wie Filmkulissen aus dem »Krieg der Sterne«. Neben moderner Stadtarchitektur gibt es in Südfrankreich natürlich auch noch die Spuren von Römern, romanischen, gotischen und barocken Baumeistern zu entdecken.

!

Das **Musée d'Ensérune** bei der Ortschaft Nissan-lez-Ensérune zeigt Grabbeigaben, Schmuck und Alltagsgegenstände aus allen Siedlungsperioden (tgl. außer Di: Jan.–März und Okt.–Dez. 13 bis 17.30 Uhr, April/Mai und Sept. 10–12.30 und 14–19 Uhr, Juni–Aug. 10–19.30 Uhr).

! **Unterhaltung**
In dem grandiosen Gemäuer des Amphitheaters in Orange finden jeden Sommer im Rahmen der berühmten »Chorégies«-Konzerte Aufführungen von Opern und Choralmusik statt.

Vor der modernen Zeitrechnung

Bereits 300 Jahre v. Chr. gab es Handelsbeziehungen zwischen der griechisch-iberischen Bevölkerung an der Küste des heutigen Languedoc und den Galliern. Südwestlich des heutigen Béziers existierte damals eine mehr als 10 000 Einwohner zählende Stadt, die wahrscheinlich 218 v. Chr. von Hannibal zerstört wurde, unter den Römern aber wieder kurzfristig Bedeutung erlangte, um im Lauf des 1. Jhs. n. Chr. endgültig von der Landkarte zu verschwinden. Wer die Überbleibsel vom **Oppidum Ensérune** besichtigen will, muss einen kleinen Hügel erklimmen, um den die Ruinenfelder und ehemaligen Regenwasserzisternen liegen. Vom Gipfel reicht der Blick auf den im 13. Jh. ausgetrockneten Montady-See. Das kreisrunde Areal wurde durch sternförmig angelegte Gräben wie ein Kuchen in Parzellen aufgeteilt und sieht aus der Höhe wie ein gigantisches Agrarkunstwerk aus.

Auf den Spuren der Römer

Die römische Arena in Nîmes

Amphitheater, Triumphbögen, 2000 Jahre alte Säulen, Totenstädte wie die Alyscamps in Arles, Votivgaben ... Noch heute zeugen die steinernen Kronjuwelen von den zivilisatorischen Leistungen und Lebensformen der alten Römer, deren Spuren in beinahe jeder Stadt Südfrankreichs zu finden sind. Hie und da sind es gerade antike Relikte, die modernere Sehenswürdigkeiten in den Schatten stellen und magische Anziehungspunkte des Tourismus bilden, wie zum Beispiel der **Pont du Gard.** Der hervorragend erhaltene, zwischen 40 und 60 n. Chr. erbaute Aquädukt versorgte einstmals Nîmes mit Wasser.

Das nicht weit entfernt gelegene Städtchen Orange besitzt zwei weitere berühmte Baudenkmäler aus der Römerzeit. An der Nationalstraße nach Bollène steht ein im ersten vorchristlichen Jahrhundert errichteter **Triumphbogen,** auf dem Kriegsszenen, nautische Geräte der damaligen Seefahrt, keltische Trophäen und antike Schmuckmotive abgebildet sind. Vermutlich wurde hier der Sieg Cäsars im Jahr 49 v. Chr. geehrt. Mitten im Zentrum steht das **Théâtre Antique** mit ausgezeichnet erhaltener Bühnenrückwand. Mit erhobenem Arm grüßt Augustus von einer zentralen Nische der gigantischen Theaterwand herunter – in Form einer 3,55 m großen Statue.

In St-Rémy-de-Provence und in Vaison-la-Romaine existierten zwischen dem 2. Jh. v. Chr. und dem 2. Jh. n. Chr. stattliche Siedlungen, von denen wunderschöne Relikte wie Marmorstatuen, Büsten, Mosaike und Säulen den Zeitenwechsel relativ gut überstanden haben. Das gilt auch für die beiden bekannntesten römischen Arenen in Nîmes und Arles. Bedeutendster Schatz aus der Römerzeit ist in Nîmes die aus dem 1. Jh. v. Chr. stammende und äußerst gut erhaltene **Maison Carrée.** 15 breite Stufen führen zur mit plastischem Bauschmuck verzierten Säulenvorhalle hinauf, die deshalb so harmonisch und lebendig wirkt, weil die Abstände zwischen den Säulen nicht einheitlich sind. Ursprünglich dem Kaiserkult vorbehalten, diente der Tempel in den folgenden Epochen unterschiedlichen Zwecken, zuletzt als Ausstellungsraum.

!

Musée de l'Arles Antique
Das in Arles beheimatete Museum gehört zu den besten Antikemuseen Frankreichs. Zu sehen sind Meisterwerke römischer Bildhauer und griechische Arbeiten wie eine Kopie der Venus von Arles (Bd Georges-Clemenceau, ☏ 04 90 18 88 88; 🕓 April bis Mitte Sept. 9–19 Uhr, sonst 9.30–12 und 13.30–18 Uhr).

Exotische Reminiszenzen

Wer sich für Architektur interessiert, findet in Fréjus nicht nur europäische, sondern auch exotisch angehauchte Baustile. Als während des Ersten Weltkriegs vietnamesische Soldaten zur Sicherung der französischen Küsten an die Côte d'Azur kamen, entschlossen sie sich 1917, kein Souvenir mit nach Hause zu nehmen, sondern in Frankreich eines zu hinterlassen. Die Pagode **Bouddhique Hong Hien** steht in einem fernöstlichen Garten mit zahlreichen Tierskulpturen als ein Beispiel traditioneller buddhistischer Bauweise. Die Pagode mag einige Jahre später aus Westafrika stammende Soldaten inspiriert haben, ihr Engagement ebenfalls mit einem Bauwerk im Stil ihrer Heimat zu dokumentieren. So entstand in den 1920er-Jahren die mit hohen Mauern und wehrhaften Türmen ausgestattete **Mosquée de Missiri.** Es handelt sich um eine Kopie der alten sudanischen Moschee von Djenné im mittleren Tal des Niger in Mali.

Romanik

Die ab dem 9. Jh. alle Lebensbereiche durchdringende christliche Idee führte auch in Südfrankreich zu einem ungeheuren Aufschwung in der Sakralbaukunst. Als bereits im 10. und 11. Jh. Tausende von Pilgern in Abbitte für ihr ewiges Seelenheil über Italien und Frankreich nach Santiago de Compostela in Spanien zogen, entstanden an den verschiedenen Routen des Jakobsweges auch in Südfrankreich die ersten einfachen Kirchen und Kapellen. Die eigentliche Blütezeit folgte zwischen 1125 und 1225, als sich die Einflüsse der römischen Antike und Elemente aus der Lombardei in der Hochromanik niederschlugen.

In der Nähe von Gordes liegt die Abbaye de Sénanque

Zu den schönsten Beispielen der damaligen Baukunst zählt die **Kirche St-Trophime** in Arles mit einem atemberaubenden Skulpturenschmuck des im späten 12. Jh. vollendeten Hauptportals. Seit das Kunstwerk restauriert und vom Staub der Jahrhunderte befreit wurde, offenbart es mit seinen Schmuckmotiven wieder das Genie alter provenzalischer Meister. Der Kreuzgang im angrenzenden **Cloître St-Trophime** steht dem in nichts nach. Ost- und Nordflügel dieser Insel der Stille sind von der Romanik geprägt, während Süd- und Westflügel die Handschrift gotischer Steinmetze erkennen lassen.

Das Kloster **Montmajour,** die drei zisterziensischen Schwesterklöster **Sénanque, Le Thoronet** und **Silvacane** gehören ebenfalls zu den großartigen Bauwerken der südfranzösischen Hochromanik. Richtungsweisend für die damalige Architektur war die

! **Eglise St-Trophime** (Place de la République; tgl. 9–12 und 14–19 Uhr). **Cloître St-Trophime** (Okt.–März 10–16.30 Uhr, sonst 9–12 Uhr).

grandiose Portalanlage der Kirche von **St-Gilles.** Die durch drei Portale gegliederte Fassade, die mit antikisierendem Figurenfries, reichhaltiger Figurenornamentik sowie einer durch zwei räumlich vorgelagerte Doppelsäulen auch in der Tiefe gestaffelten Architektur bestückt ist, beschreibt einen dramatischen Bilderbogen: vom Judaskuss bis zur Erschlagung von Abel durch seinen Bruder Kain und von der Vertreibung der Händler aus dem Tempel durch Jesus bis zur Jagdszene, bei der ein Zentaur einen Hirsch erlegt.

!

AUGENSCHMAUS FÜR ROMANIK-FREAKS

Einige der schönsten, vielgestaltigen und rein romanischen Abteien finden sich im Languedoc-Roussillon entlang der Pyrenäen; darunter die herrlich gelegene **Prieuré de Serrabone** mit einmalig gearbeiteter Marmortribüne (🕓 tgl. 10–18 Uhr), **St-Michel-de-Cuxa** mit mystisch anmutender Ringkrypta und künstlerisch hochwertiger Kapitellplastik des Kreuzgangs (🕓 tgl. 9.30–12, 14–18 Uhr, im Winter bis 17 Uhr) sowie **Ste-Marie-d'Arlès-sur-Tech,** deren kleiner Garten mit umliegendem Kreuzgang ein Idyllwinkel par excellence ist (🕓 tgl. 10–12, 14–18 Uhr; Juli/Aug. Sa und So geschl.). Die Wehrkirche von **Maguelone,** auf einer mittlerweile mit dem Festland verbundenen Insel bei Montpellier, besticht durch ihre Einfachheit und grandiose Raumwirkung (🕓 tgl. 9–19 Uhr).

Gotik

Wenn die Sonne vom wolkenlosen Himmel brennt, ist im Schatten des gotischen Kreuzgangs von **Fontfroide** die Kühle des Steins spürbar. Wahrscheinlich empfanden die Mönche der Abtei bei Narbonne ebenso, die schon vor Jahrhunderten bei ihren Gebeten an den mit filigranen Blattwerken geschmückten Kapitellen vorbeiwandelten. Das in einer fast toskanisch anmutenden Landschaft des Languedoc versteckte Kloster ist nur eines von zahlreichen Beispielen gotischer Meisterwerke. Obwohl dieser Stil im Süden Frankreichs nicht so schwelgerisch und prunkvoll ausfiel wie in anderen Landesteilen, gibt es sehenswerte Beispiele wie die von Licht und Leichtigkeit geprägte Kathedrale **St-Nazaire** in Béziers, der wunderschöne, Harmonie und Zeitlosigkeit ausstrahlende Kreuzgang der Kathedrale **Ste-Eulalie-et-Ste-Julie** in Elne, die Kathedrale **St-Sauveur** in Aix-en-Provence mit einem gotischen Mittelschiff und einem in der Region seltenen Portal im Flamboyantstil sowie natürlich Teile des **Palais des Papes** in Avignon. Mit seinen Nischen in Spitzbogenform, Zinnen und Türmchen strebt der kolossale Bau wie eine trutzige Wohnburg himmelwärts. Einen ähnlich wehrhaften Charakter besitzt die mit Wehrtürmen und Quergängen ausgestattete Kathedrale **St-Just-et-St-Pasteur** in Narbonne.

Mittelalterliche Festungen

Im 13. Jh. wurde **Aigues-Mortes** mit 6 m mächtigen Mauern samt Wehrgang und Ecktürmen in eine quadratische Stadtfestung verwandelt. Ihre Tauglichkeit musste sie nie unter Beweis stellen, weshalb sie heute noch genauso aussieht wie damals. Aber selbst das märchenhafte Aigues-Mortes kann dem Vergleich mit der Perle unter den mittelalterlichen Bastionen nicht standhalten: **Carcassonne** ist die am besten erhaltene Stadtburg Frankreichs, eine romantische Postkartenschönheit mit 52 Türmen und doppelter Wehrmauer von insgesamt 3 km Länge.

Vater Rhône und Mutter Durance im Giebel der Post in Aix-en-Provence

Renaissance und Barock

Die Renaissance setzte in Frankreich erst ab dem 16. Jh. ein, also gut hundert Jahre später als in Italien, konnte sich aber im Bereich des Sakralbaus so gut wie gar nicht durchsetzen und fand lediglich in einigen Schlossanlagen und Häusern reicher Händler ihre Vermischung mit gotischen Reminiszenzen, was in Frankreich zum wenig ausgeprägten französisch-manieristischen Stil führte.

Ähnliches wie für die Renaissance gilt für den Barock, der rund 50 Jahre später als in Italien den französischen Architekturstil beherrschte. Im Wesentlichen beschränkte er sich auf die Grafschaft Nizza, die damals zum Reich der Savoyer und damit zu Italien gehörte, wo der Barockstil seine Blüten trieb. Zu den Ausnahmen außerhalb Nizzas gehört z. B. der zwischen 1650 und 1730 erbaute **Erzbischofspalast** in Aix-en-Provence und die ab Mitte des 17. Jhs. erbau-

In den Tourismusbüros des Département Alpes-Maritimes gibt es ein ins Deutsche übersetztes informatives Buch über **Die Barockstraße von Nizza nach Ligurien.**

ten Hôtels (Stadtpalais), mit denen königliche Beamte, begüterte Adelige und aufstrebende Händler ihren sozialen und wirtschaftlichen Status zu dokumentieren suchten. An den prächtig geschmückten Fassaden lächeln fratzenhafte Gesichter und Masken von den Konsolen herunter, bärtige oder barbusige Statuen stämmen auf ihren mächtigen Schultern Balkone über den Eingangsportalen, hinter den Schaufassaden verbergen sich häufig idyllische Innenhöfe mit plätschernden Brunnen. Zu einem der Hauptvertreter dieser Profanarchitektur zählt der in Marseille geborene Baumeister Pierre Puget (1620–1694), der sich mit seinem strengen Barockstil u. a. in dem Bau des Armenasyls **Vieille Charité** in seiner Heimatstadt verewigte.

!

HÔTELS
Mit diesem Begriff werden vornehme Stadtpalais bezeichnet, die ab Mitte des 17. Jhs. in vielen größeren Städten Frankreichs gebaut wurden.

17. bis 19. Jahrhundert

Seit Mitte des 17. Jhs. gehören die Bürger- und Kommunalbauten in das Bild der Städtearchitektur. Typisch für solche Häuser, wie sie in den Altstadtstraßen etwa von Aix-en-Provence, Avignon, Nîmes, Marseille und Montpellier überlebt haben, sind kunstvolle und dennoch im Dekor minimalistisch gestaltete Fassaden, die sich im 17. und 18. Jh. durch die sparsame Anwendung von antiken – sprich klassizistischen – Ornamenten, schmiedeeisernen Brüstungen und mit Blattmotiven verzierten Balkonen auszeichnen.

Im 19. Jh. machte hauptsächlich Marseille mit einigen Neubauten auf sich aufmerksam. In Hafennähe wurde um 1852 die **Cathédrale de la Major** erbaut und als Frankreichs größter Kirchenbau seit dem Mittelalter gefeiert. Zirka 160 m höher als La Major, dient die **Basilique Notre-Dame-de-la-Garde** als weithin sichtbares Wahrzeichen der Stadt. Beide Kirchenbauten entwarf der Architekt Henri Espérandieu im neobyzantinischen Stil. Sein drittes Werk in der Stadt ist das 1869 vollendete neoklassizistische **Palais Longchamp** mit rauschenden Wasserkaskaden und verspielten Auffangbecken.

Auch in anderen Städten und an anderen Bauwerken machte sich der Historismus bemerkbar wie etwa an der zwischen 1875 und 1903 errichteten neoromanischen **Cathédrale** in Monaco oder dem im neomanieristischen Stil gehaltenen **Musée des Beaux-Arts** von 1878 in Nizza. Auch weltberühmte Architekturbeispiele im Stil der zum Prunk neigenden Belle Époque fallen in diese Zeit der unermüdlichen Bautätigkeit, darunter das Grandhotel **Negresco** in Nizza oder das 1878 von Charles Garnier entworfene **Casino** in Monaco.

Hôtel du Département in Marseille

Die Moderne

Eine Reihe neuer Materialien und neue Techniken waren für neue Formen im 20. Jh. von ausschlaggebender Bedeutung. Einer, der die Gestaltungsmöglichkeiten des Betons konsequent nutzte, war der aus dem schweizerischen La Chaux-de-Fonds stammende Charles-Edouard Jeanneret-Gris (1887–1965), der um 1917 den Namen Le Corbusier annahm. Zu seinen architektonischen Experimenten im Massenwohnungsbau gehört die zwischen 1947 und 1952 in Marseille errichtete **Unité d'Habitation.** Der gewaltige, zum Teil auf Stelzen ruhende Betoncontainer mit 337 Einheiten und mit Hotel, Geschäften und Restaurants, Freizeit- und Kommunikationseinrichtungen im 7. und 8. Stock wurde nach seiner Fertigstellung aus gutem Grund als neuer Denkansatz gefeiert. Alle Wohnungen waren mit den neuesten technischen Errungenschaften wie zentraler Wasserversorgung, Heizung, Klimaanlage, WC, Dusche, Gas, Telefon und Elektrizität ausgestattet – für damalige Verhältnisse in Frankreich keine Selbstverständlichkeit. Außerdem gab es auf der allen Hausbewohnern zugänglichen Dachterrasse Einrichtungen wie Turnhalle, Kinderhort mit Schwimmbecken, Bar, Freilichttheater und eine 300 m lange Joggingbahn. Le Corbusier selbst verglich sein Produkt mit einem überdimensionalen Flaschenregal.

! Der Le Corbusier-Bau **Unité d'Habitation** in Marseille liegt in der Nähe des Stade-Vélodrome am Boulevard Michelet.

In Marseille und anderswo ziehen längst andere Entwürfe der jüngeren Vergangenheit die Blicke auf sich. Der 1947 geborene englische Architekt Will Alsopp, der u. a. das World Trade Center in Nürnberg und den Fährterminal in Hamburg entworfen hatte, erbaute mit dem **Hôtel du Département Bouches-du-Rhône** in Marseille einen geradezu Aufsehen erregenden Verwaltungskomplex. Le Grand Bleu, wie der zwischen 1990 und 1994 entstandene Komplex wegen seines blauen Anstrichs auch genannt wird, besteht aus zwei quaderförmigen Bürogebäuden und einer zigarrenförmigen Konferenzhalle. Die einzelnen, aus Beton, Sonnenschutzglas, Holz und Stahl gefertigten Trakte sind durch Hängebrücken und Laufstege miteinander verbunden und demonstrieren, wie man durch einfallsreiche technische Lösungen zur flexiblen Nutzung eines Gebäudes beitragen kann.

!

Das **Hôtel du Département Bouches-du-Rhône** kann man nach Voranmeldung bei einer 90-minütigen Führung besichtigen (an der Kreuzung Boulevard Alexandre-Fleming und Boulevard du Maréchal-Juin, ☎ 04 91 21 18 69). **Carrée d'Art** (Place de la Maison Carrée, ☎ 04 66 76 35 70; ⏲ tgl. außer Mo 10–18 Uhr).

Zum Kreis der Stars der postmodernen Architekturszene zählt auch der 1935 geborene Brite Sir Norman Foster, der in der Nachbarschaft der römischen Maison Carrée in Nîmes das Kunstmuseum **Carrée d'Art** (1990–1993) inklusive Bibliothek, Mediathek und Kinderbibliothek entwarf. Foster wollte nicht nur mit dem Namen Carrée d'Art Assoziationen mit dem römischen Tempel wecken, sondern versuchte auch, das klare Konzept des antiken Oldtimers in seine eigene Komposition zu übernehmen, indem er das Gebäude mit gläsernen Treppen und Fassaden bzw. einem ins Untergeschoss reichenden Lichtschacht ausstattete.

Zauberer mit Pinsel und Palette

Das Licht Südfrankreichs, mal grell, mal kristallklar, mal sanft, mal farbenschwer wie durch Bernstein gefiltert, hat Malern schon immer den Kopf verdreht. Ende des 19. Jhs. avancierten Provence und Côte d'Azur zu einem Experimentierfeld der damals avantgardistischen Malerei. Zur damaligen Hoch-Zeit hoben Henri Matisse und Raoul Dufy den Fauvismus aus der Taufe, während ein paar Jahre zuvor Berthe Morisot, Claude Monet und Auguste Renoir an der Côte d'Azur dem Impressionismus immer stärkere Ausdruckskraft verliehen. Andere Künstler wie Georges Seurat, André Lhôte, Paul Signac, Louis Naterro, Pablo Picasso, Georges Braque, Fernand Léger, Marc Chagall, Wassily Kandinsky, Jean Cocteau, Kees van Dongen und Victor Vasarély ließen sich damals ebenso von der Region inspirieren. Und selbst im ausgehenden 20. Jh. hatte für manchen Maler der Süden seinen stimulierenden Reiz noch nicht verloren. Jahrelang lebte der damals wahrscheinlich erfolgreichste französische Maler Bernard Buffet (1928–1999) in Tourtour im Hinterland der Côte d'Azur. Seine berühmtesten und auf Postkarten, Posters und Dekodrucken millionenfach kopierten Bilder wie »Der traurige Clown« hängen als Originale in einigen der besten Kunstmuseen der Welt. Viele renommierte Galerien und Museen in der ganzen Welt widmeten dem berühmten Franzosen Sonderausstellungen und trugen damit zur kontroversen Diskussion um Kunst und Künstler bei. Buffet feierte seit den späten 1940er-Jahren mit seinen gegenständlichen Motiven und seinen in schwarzen Grafiklinien gefangenen Figuren zwar rauschende Erfolge, aber Kunstkritiker waren dem Publikumslieb-

Gauguin im Glas

Der Cocktail *Gauguin* besteht aus zwei Teilen Rum, jeweils einem Esslöffel Passionsfruchtsirup, Zitronensaft und Limonensaft.
Bei niedriger Geschwindigkeit in einem Mixer mit zerstoßenem Eis vermischen und in einem Glas mit einer Kirsche als Dekoration servieren.

ling in einer Zeit, in der abstrakte Kunst en vogue war, alles andere als wohlgesonnen und bezeichneten seine Bilder als Kitsch.

Van Gogh im Rausch der Farben

»Brücke von Arles« von Vincent van Gogh

Ob es am leuchtenden Supergelb seiner Sonnenblumen oder an der Dynamik seiner Bilder lag: Vincent van Gogh (1853–1890) gilt heute als Hausmaler der Provence, obwohl er Niederländer und nicht Südfranzose war. Fast könnte man meinen, er sei der erste gewesen, der die Wirkung von Farben auf der Leinwand erkannte.

Schwieriges Leben

Van Gogh kam im Februar 1888 nach Arles und blieb 15 Monate, in denen er über 200 ausdrucksvolle, an Farbintensität und Leuchtkraft kaum zu überbietende Gemälde wie »Die Sonnenblumen«, »Das gelbe Haus«, »Das Nachtcafé« und »Das Schlafzimmer in Arles« malte. In mehrfachen Variationen entstand »Le Pont de Langlois«. Die 1987 nachgebaute Brücke überspannt die Schleusenanlage an einem schmalen Kanal ca. 3 km südlich des Stadtzentrums von Arles. Sie gehörte zu van Goghs Lieblingsmotiven, wohl auch wegen der bunt gekleideten Frauen, die dort regelmäßige ihre Wäsche wuschen. Im Mai 1889 begab er sich freiwillig in die Nervenheilanstalt St-Paul-de-Mausole in St-Rémy-de-Provence, nachdem er sich in seiner Verzweiflung ein Ohr abgeschnitten hatte. Nach einer letzten Schaffensphase nahm er sich in Auvers-sur-Oise bei Paris das Leben.

!

INSPIRATION
»Ich bin in einer richtigen Arbeitswut, weil die Bäume blühen und weil ich einen provenzalischen Obstgarten von ungeheuerlicher Farbenfreudigkeit malen wollte.« (Vincent van Gogh an seinen Bruder Theo, Brief 473).

In den Fußstapfen van Goghs

Mit seinem Freund und Kollegen Paul Gauguin hatte van Gogh in Arles vergeblich davon geträumt, ein Künstlerzentrum zu gründen. Die Idee wurde aber von der **Fondation Vincent van Gogh** aufgenommen. Im Kulturzentrum der Stiftung sind nicht nur zeitgenössische Maler wie Olivier Debré, César, Jasper Johns, Antonio Saura, Fernando Botero und Francis Bacon, sondern auch Bildhauer, Schriftsteller, Dichter, Musiker, Modemacher, Fotografen und andere Künstler mit ihren Werken vertreten. Van-Gogh-Gemälde bzw. Ausstellungen über seine Werke und sein Leben sind im **Centre d'Art Présence van Gogh** zu sehen.

! **Fondation Vincent van Gogh** (Palais de Luppé, Rond Point des Arènes, Arles, ☏ 04 90 49 94 04; ◷ tgl. 10–19 Uhr). **Centre d'Art Presence van Gogh** (Hôtel Estrine, 8, rue Estrine, St-Rémy-de Provence, ☏ 04 90 92 34 72; ◷ März–Okt. und Dez. tgl. außer Mo 10.30–12.30 und 14.30–18.30 Uhr).

Paul Cézanne – Maler des Lichts

Ähnlich wie van Gogh wurde auch Paul Cézanne (1839–1906) vom strahlenden Licht der Provence in Bann gezogen. Im gutbürgerlichen Aix-en-Provence geboren und aufgewachsen, zog es ihn als Maler immer wieder in die Umgebung seiner Heimatstadt, hauptsächlich zum Bergmassiv Mont St-Victoire. Zu seinen Lieblingsplätzen gehörte das immer noch existierende **Café des Deux Garçons** am Cours Mirabeau in Aix-en-Provence.

Van Gogh rekordverdächtig!

Das bekannte New Yorker Auktionshaus Christie's geriet 1998 wieder einmal durch eine außergewöhnliche Versteigerung in die Schlagzeilen. Ein unbekannter Sammler erwarb das »Bildnis des Künstlers ohne Bart« für umgerechnet 120 Millionen Mark und machte es damit zum drittteuersten Gemälde der Welt. Das superteure Bild gilt als letztes vollendetes Selbstporträt van Goghs, das 1889 als Geburtstagsgeschenk für seine Mutter entstand, als der Künstler in der Heilanstalt von St-Rémy-de-Provence behandelt wurde.

Die Wiege des Fauvismus

Im Pariser Herbstsalon stellten 1905 eine Reihe von Malern Bilder aus, mit denen sie sich von der gegenständlichen Malerei des Impressionismus lösen wollten. Kunstkritiker hatten schnell einen

Spottnamen für die Gruppe gefunden: »les fauves« – die Wilden. Unter den Vertretern der neuen Richtung war neben Georges Braque, Raoul Dufy und Kees van Dongen auch Henri Matisse (1869–1954), der zu einem der bedeutendsten Malern des 20. Jhs. werden sollte. Einen entscheidenden Anstoß zur Entwicklung dieses neuen Stils bekam er 1904 durch seine Zusammenarbeit mit dem Pointillisten Paul Signac (1863–1935).

Ein Jahr später ließ er sich mit André Derain (1880–1954) in Collioure an der Côte Vermeille nieder. Neben Collioure ist hauptsächlich Nizza, wo Matisse starb, ein lohnendes Ziel für Anhänger des Malers. Seine Bilder sind im **Musée d'Art moderne et d'Art contemporain** und im eigens eingerichteten **Musée Matisse** zu bestaunen.

! **Musée d'Art moderne et d'Art contemporain** (Promenade des Arts, Nizza, ☎ 04 93 62 61 62; tgl. 10–18 Uhr). **Musée Matisse** (Av. des Arènes-de-Cimiez, Nizza, ☎ 04 93 81 08 08; tgl. außer Do 10–17, April–Sept. bis 18 Uhr).

Nouveau Réalisme

In Sète malten in den 1950er-Jahren Marquet, Desnoyer und Soulages. Ein Jahrzehnt später formierte sich dort um den in Nizza geborenen Yves Klein (1928–1962) der Nouveau Réalisme. Zu dieser Bewegung gehörten Jean Tinguely, César, Niki de Saint Phalle, Christo, Daniel Spoerri und Fernandez Arman. Sie griffen Ideen der Dadaisten auf und entwickelten so genannte Materialbilder aus Schrauben, Autoteilen, Werkzeug und Musikinstrumenten. Bekannt wurde Yves Klein u.a. dadurch, dass er 1958 am Strand in Nizza den Himmel signierte und sich

Kinogänger Cézanne?

Hat der berühmte Maler Paul Cézanne (1839 bis 1906) abgekupfert? Professor Dr. Heinrich Dilly, Universitätsprofessor für Neuere Kunstgeschichte und Kunsttheorie, stellte beim Studium einiger Cézanne-Gemälde wie etwa der »Kartenspieler« Ähnlichkeiten mit Filmszenen fest, wie sie von den Erfindern des Kinematographen, Auguste Lumière (1862–1954) und seinem Bruder Louis (1864 bis 1948), auf Film gebannt wurden. In einem amüsanten Buch mit dem Titel »Ging Cézanne ins Kino?« (Edition Tertium 1996) stellt der Wissenschaftler Gedankenspiele über etwaige geistige Verbindungen zwischen dem Maler und den beiden Filmpionieren an.

die Farbe Blau in seinen monochromen Bildern unter dem Markennamen IKB (International Klein Blue) patentieren ließ. Werke des Nouveau Réalisme sind in Nizza im **Musée d'Art moderne et d'Art contemporain** und im **Carré d'Art** in Nîmes zu sehen.

Neuere Bewegungen

Niki de Saint-Phalle schuf diese Figurgen für den Vorplatz des Theaters in Nizza

Robert Combas und Hervé di Rosa gehören zu den Begründern der Malereibewegung Figuration libre. Combas definiert diese Richtung als Fun-Malerei, weil sie Comic-Elemente in die Bildkompositionen miteinbezieht. Bilder von di Rosa entstanden zum Teil aus Lack und Emaille auf Holz oder aus Acryl auf Leinwand. Einige Werke der Figuration-libre-Kunst, die u. a. gesellschaftliche Phänomene wie Gewalt und Sexualität thematisiert, hat das Museum **Carré d'Art** in Nîmes erworben.

In Montpellier und in Nîmes machten in jüngerer Vergangenheit Maler wie Vincent Bioulès, Christian Jaccard, Daniel Dezeuze und Marc Devade auf sich aufmerksam, deren Werke u. a. im **Musée Picasso** in Antibes ausgestellt sind. Zu den Gründern dieser Gruppe, die sich Support-Surfaces nannte, gehörte auch Jean-Pierre Pincemin, der ursprünglich auf alten, ausgelaugten Brettern, Metallstücken und Stofffetzen aus Leinen malte. Ende der 1980er-Jahre wandte er sich der Skulpturenkunst zu, malte aber gleichzeitig weiter und verschaffte seinen Bildern, ähnlich wie seine Kollegen, mit kleinen Holzstückchen und anderen Gegenständen unübliche Oberflächen.

! Wer sich schon von Zuhause aus ein Bild der **Figuration libre** machen will, der findet eine aufschlussreiche Homepage über Robert Combas unter der Internetadresse www.combas.com.

Literatur

Literarische Bühne Südfrankreich

Alphonse Daudet beschäftigt sich in **Briefe aus meiner Mühle** und **Die wundersamen Abenteuer des Tartarin von Tarascon** (Reclam 1994) mit Charaktereigenschaften seiner Landsleute wie Eitelkeit, Bauernschläue und Humor.

!

Marcel Pagnol
Wie sein Freund Lili aus dem Roman »Eine Kindheit in der Provence » wurde der am 18. April 1974 verstorbene Schriftsteller, Dramatiker und Filmemacher auf dem Friedhof von La Treille unterhalb des Berges Garlaban zur letzten Ruhe gebettet.

Auf der Reise durch Südfrankreich stößt man unweigerlich auf die Namen von Dichtern und Schriftstellern. In den Cevennen ist die »Reise mit dem Esel durch die Cevennen« (Könemann, Köln 1997) von Robert Louis Stevenson (1850–1894), dem weltberühmten Verfasser des Abenteuerromans »Die Schatzinsel«, ein gern gelesener Klassiker. Der berühmte angloirische Romancier und Reiseschriftsteller Lawrence G. Durrell (1912–1990) lässt seinen Romanzyklus »Avignon-Quintett« (Rowohlt, Reinbek 1989 ff.) zum Teil in der Provence spielen. In einem anderen Werk mit dem Titel »In der Provence« stellt er die Region in den Mittelpunkt. Auch Peter Handke beschäftigt sich in »Die Lehre der Sainte-Victoire« (Suhrkamp, Frankfurt/Main 1994) mit dem Süden Frankreichs bzw. setzt sich mit den Gemälden Cézannes auseinander. Andere wie der in Nîmes zur Welt gekommene Alphonse Daudet (1840–1897), René Char (1907–1988) aus L'Isle-sur-la-Sorgue und Henri Bosco (1888–1976) aus Avignon betrachteten die Region nicht von außen, sondern aus dem Blickwinkel des Einheimischen. Berühmtester Roman mit Schauplatz Provence ist zweifellos der mehrfach verfilmte Abenteuerroman »Der Graf von Monte Christo« von Alexandre Dumas (1802–1870).

Peter Mayles Provence

»Man trinkt traumverloren einen Schluck Pastis, man beugt die Knie, die Kugel beschreibt eine lange Flugbahn in der Luft, bis sie auf dem Boden aufprallt und mit einem leisen Knirschen weiterrollt . . .«. Diese Beschreibung des Pétanque-Spiels stammt aus dem 1990 erschienenen Buch »Mein Jahr in der Provence« des britischen Journalisten und Schriftstellers Peter Mayle, der viele Jahre im provenzalischen Lubéron zubrachte und auch in Folgeromanen seine dort gesammelten Erfahrungen und erlebten Anekdoten mit spitzfindiger Feder zu Papier brachte. Dass bereits sein erstes Buch bei vielen Lesern eine wahre Provence-Begeisterung auslösen würde, hätte er sich wahrscheinlich nicht träumen lassen. Nachdem sein Buch in ca. 27 Sprachen übersetzt worden war, schlug über den provenzalischen Landstrich eine gewaltige Woge von Besuchern herein, die sich in romantischen Dörfern wie Cabrières, Bonnieux und Bioux an Mayles literarische Fersen hefteten.

Unterwegs mit Marcel Pagnol

Was Peter Mayles Leser fesselt und zu Provence-Fans macht, sind einfühlsame Beschreibungen von Land und Leuten, mit denen sich auch andere Literaten auseinandergesetzt haben. Zahlreiche ihrer Bücher, auch wenn sie zum Teil schon vor Jahrzehnten geschrieben wurden, wecken heute noch Reisesehnsüchte, weil man beim Lesen die Grillen der Garrigue zu hören und die salzigen Buchten der Côte d'Azur zu riechen glaubt.

»Ich bin in der Stadt Aubagne geboren, unter dem von Ziegen gekrönten Garlaban, zur Zeit der letzten Ziegenhirten ...« schreibt Marcel Pagnol (1895–1974) in seinem Roman »Eine Kindheit in der Provence«. Pagnol erzählt von seiner Kindheit, als er die Familienferien in einem abgelegenen Landhaus in der Garrigue-Landschaft nördlich seiner Heimatstadt Aubagne

Peter Mayle: **Mein Jahr in der Provence,** Knaur TB.
Marcel Pagnol: **Eine Kindheit in der Provence,** Langen/Müller.

verbrachte. Ein anderer literarischer Provence-Appetitanreger ist das Buch »Die Wasser der Hügel«. Pagnol wählte als Schauplatz ein Dorf auf der Hochebene bei Marseille, in dem es unter einem Berghof eine Quelle gibt. Um eben dieses Wasser rankt sich die Geschichte von Habsucht, Mord und Vertreibung.

! Im Hinterland von Aubagne zieht sich heute ein nach Marcel Pagnol benannter Wanderweg durch die abwechslungsreiche Landschaft, in der Pagnol-Leser auf so manches Déjà-vu-Erlebnis stoßen werden. Info: **Maison du Tourisme, Aubagne,** Av. Antide-Boyer.

Jean Giono und die Haute Provence

Die Provence und ihre Menschen stehen auch im Zentrum der Romane von Jean Giono (1895–1970). Er wuchs in Manosque am Fuß der Hochplateaus der Haute Provence auf. Diese zum Teil rauen, einsamen Gegenden entsprechen auch heute noch den Landschaftsbeschreibungen in Gionos Romanen.

Zu seinen berühmtesten Werken gehört »Der Husar auf dem Dach«. Das Buch schildert die Abenteuer des jungen italienischen Husarenoberst Angelo Pardi, der 1838 vor den Österreichern nach Manosque flieht, dort mit den Grauen der Cholera konfrontiert wird und die Marquise Pauline de Thus kennen lernt. Regisseur Jean-Paul Rappeneau verfilmte den dramatischen Stoff und setzte dabei mit den Südwestalpen ebenso wie Giono eine der schönsten Landschaften des Mittelmeerraumes in Szene.

Mistral und die Félibrige

Die von Frédéric Mistral (1830–1914) und den sechs jungen Poeten Roumanille, Brunet, Giera, Aubanel, Mathieu und Tavan im Jahr 1854 ins Leben gerufene Vereinigung Félibrige machte sich die Wiedererweckung der provenzalischen Sprache und die Erhaltung der regionalkulturellen Identität zur Aufgabe. Sie war auf französischem Boden die erste Organisation, die für regionale Ziele und somit für eine Dezentralisation kämpfte, wie sie dann im 20. Jh. von den großen politischen Parteien thematisiert und mit der Schaffung der Regionen zum Teil umgesetzt wurde. Der Name Félibrige stammt offenbar von *félibre* (Doktor), nur weiß niemand so recht warum. Der literarische Durchbruch gelang Mistral 1859 mit dem tragischen Werk »Miréio«, dem mit »Le Trésor de la Félibrige« das bedeutendste Referenzwerk der provenzalischen Kultur folgte. 1904 wurde der große Provenzale mit dem Nobelpreis ausgezeichnet.

Noch beeindruckender sind die Landschaftsbilder im Roman »Der Mann, der Bäume pflanzte«. Giono erzählt von einem Schäfer, der sich nach dem Verlust von Frau und Sohn in die Einsamkeit des provenzalischen Berglandes mit verlassenen Dörfern zurückzieht. Er findet erst wieder zu sich, nachdem er angefangen hat, Abertausende von Bäumen zu pflanzen, die am Ende die Menschen dazu veranlassen, in die Heimat zurückzukehren.

J. Giono: **Der Mann der Bäume pflanzte,** Sanssouci 2000.

Frédéric Mistral in Arles

Deutsche Exilliteraten

An der Außenwand des Touristenbüros in Sanary-sur-Mer hängt eine Tafel mit den Namen von 36 deutschen und österreichischen Schriftstellern, die nach der Bücherverbrennung in Berlin vor den Nazis nach Südfrankreich flohen. Berühmtheiten wie Thomas und Heinrich Mann, Golo, Klaus und Erika Mann, Ernst Bloch, Franz Werfel, Arnold Zweig, Ludwig Marcuse, Joseph Roth, Alfred Kerr und Bert Brecht machten Sanary-sur-Mer 1933 zur »heimlichen Hauptstadt der deutschen Literatur«, wie Ludwig Marcuse in seiner Autobiografie schrieb.

Das typisch mediterrane Flair von Sanary-sur-Mer mit schattigen Palmenalleen und im Hafen wippenden Fischerbooten könnte dazu verleiten, das Exil der Flüchtlinge als längerfristigen Traumurlaub am Mittelmeer zu betrachten. Aber weit gefehlt. Nach Ausbruch des Zweiten Weltkriegs erklärte man zahlreiche nach Frankreich geflohene Deutsche zu politisch verdächtigen Ausländern, und internierte sie. Anna Seghers verfasste über die tragische Situation der deutschen Emigranten den Roman »Transit« (Aufbau, Berlin 1993). Viele von ihnen lieferte die Vichy-Regierung nach der deutschen Besetzung an die Nazis aus. Lion Feuchtwanger wurde in der Ziegelfabrik Les Milles bei Aix-en-Provence interniert. Nachdem ihm die Flucht gelang, hielt er sich in Marseille versteckt, ehe er sich im September 1940 nach Los Angeles absetzen konnte. In seinen 1940 verfassten Tagebuchaufzeichnungen und Briefen »Der Teufel in Frankreich« (Aufbau, Berlin) dokumentiert er die Lagerzustände und seine Flucht.

Das Hôtel de La Tour war Domizil deutscher Exilliteraten

Ein ähnliches Schicksal war Walter Hasenclever (1890–1940) beschieden. Nach seiner Ausbürgerung lebte er in Nizza, wurde 1939/40 zweimal verhaftet und wieder freigelassen, ehe er sich das Leben nahm. Seine bitteren Erfahrungen verarbeitete er in seinem autobiografischen Roman »Die Rechtlosen« (1963 aus dem Nachlass heraus veröffentlicht).

Zur kritischen Situation der Deutschen im »überblauen Wonnesüden«, wie Thomas Mann die französische Küste bezeichnete, trugen aber nicht nur die äußeren Umstände bei, sondern auch Eifersüchteleien, ideologische Rivalitäten und finanzielle Unterschiede innerhalb der Literatengemeinde.

!

Einen kopierten Plan, gibt es beim Fremdenverkehrsamt. Er hilft in Sanary-sur-Mer bei der literarischen Spurensuche, wenngleich viele der damaligen Refugien dem Zahn der Zeit zum Opfer gefallen bzw. der Öffentlichkeit nicht zugänglich sind.

Feste und Veranstaltungen

Eingeweihte wissen, dass man Land und Leute am besten auf Festen und Festivals kennen lernen kann. Städte und Dörfer in Südfrankreich bieten solche Anlässe in Hülle und Fülle.

! In den Offices de Tourisme der Provence (Adressen siehe bei den jeweiligen Orten) liegt die kostenlose Broschüre **Provence – Terre de Festivals** auf. In ihr sind sämtliche Feste und aktuelle Veranstaltungen der Region aufgelistet.

Highlights

Einige Feste sind weit über die lokalen Grenzen hinaus bekannt. Die **Fête du Citron** (Zitronenfest) in Menton steht jedes Jahr im Februar unter einem anderen Motto. Auf Festwagen werden aus Zitronen und Orangen geformte Skulpturen durch die Straßen gekarrt.

Hohe Wellen schlägt im März in Nizza der **Karneval.** Bei Umzügen rollen prachtvoll geschmückte Festwagen durch die Straßen, ehe die tolle Zeit mit einem Riesenfeuerwerk als Finale beendet wird.

Im Mai pilgern aus ganz Europa Schaulustige zur berühmten **Pèlerinage des Gitanes** (Zigeunerwallfahrt) nach Les-Stes-Maries-de-la-Mer in der Camargue. Bei einer Prozession zu Ehren der im 19. Jh. zur Schutzpatronin der Sinti und Roma avancierten hl. Sarah werden Schreine und Reliquien durch die Straßen bis ins Meer getragen. Ebenfalls im Mai strömt die Welt des Films zum **Internationalen Filmfestival** nach Cannes. Jahr für Jahr reisen bis zu 20 000 Besucher zu diesem cineastischen Großereignis an die Côte d'Azur, um Leinwandstars und Regisseure aus nächster Nähe zu erleben. Für eine Woche im Mai wird Monaco anlässlich des alljährlichen **Grand Prix** zum Rummelplatz für Autofreaks aus ganz Europa.

Mitte Juli beginnt das bedeutende **Theaterfestival** in Avignon mit Schauspielaufführungen, Konzerten und Ausstellungen.

Veranstaltungskalender

◆ **Januar:** Fest und Prozession zu Ehren der hl. Dévote in Monaco, der Schutzheiligen des Fürstentums, die von der Bevölkerung hoch in Ehren gehalten wird.

Zigeunerwallfahrt in Les Stes-Maries-de-la-Mer

◆ **Februar:** Festival de Danse (Tanzfestival) in Avignon; Mimosenfest mit Blumenparade in Cannes; Trüffelmesse in Carpentras; Olivenölfest in Nyons.

◆ **März/April:** Feria zu Ostern in Arles mit den ersten Stierkämpfen des Jahres; Festival des Arts Baroques in L'Isle-sur-la-Sorgue mit Konzerten und Ausstellungen; Procession des pénitents de la Sanch (religiöse Prozession) in Perpignan und in Collioure mit rot gekleideten Kapuzenmännern.

◆ **Mai:** Festin des Cougourdons in Nizza mit traditionellen Tänzen; Fest der Guardians (Rinder- und Pferdehirten der Provence) mit Reiterschauspielen; Pfingst-Feria mit Stierkämpfen in Nîmes; Fest zu Ehren des hl. Tropez in St-Tropez; Festival de Musique de Jazz in Apt; Fayencen-Fest in Moustiers-Ste-Marie; Rosenfest in Grasse.

◆ **Juni:** Fête de la Tarasque in Tarascon, ein farbenprächtiges Fest zur Erinnerung an den Sieg der hl. Martha über ein legendäres Ungeheuer; Festspielsommer mit Konzerten, Theater- und Ballettaufführungen sowie Ausstellungen in Nîmes bis zum September; Klassische Konzerte und Chormusik im Schloss von Lourmarin bis August; Jazz Transfert mit internationalen Jazz-Interpreten in Marseille; Festival de Marseille mit musikalischen Darbietungen in Marseille; Orgelfest in St-Rémy-de-Provence; Feria in Perpignan; Internationales Tanzfestival in Montpellier bis August; Journée Jean Giono zu Ehren des Dichters in seiner Heimatstadt Manosque.

◆ **August:** Lavendelfest in Valréas, Sault und Digne-les-Bains; mittelalterliches Weinfest in Châteauneuf-du-Pape; Les Chorégies mit Opern- und Ballettabenden im antiken Theater in Orange; Festival International des Big Bands in Aix-en-Provence; Soirées d'Eté de Gordes mit klassischer Musik, Chansons, Theater und Lyrik in Gordes; Jazz-Festival in Juan-les-Pins; Feria in St-Rémy-de-Provence; mittelalterliches Fest in Carcassonne; Sardinen-Fest in Banyuls-sur-Mer; mittelalterliches Fest in Entrevaux; Feria in Collioure; Jazz-Festival in La Grande-Motte; Fiesta du Jazz in Salon-de-Provence.

◆ **September:** Reiserntefest in Arles; Régates Royales (Segelregatta) in Cannes.

◆ **Oktober:** Fiesta del Sud mit Tänzen aus vielen Ländern in Marseille; Prozession zur Segnung des Meeres in Les Stes-Maries-de-la-Mer; Weinfest in Béziers; Internationale Messe in Perpignan; Internationales Akkordeonfestival in Digne-les-Bains.

◆ **November:** Foire aux Santons (Krippenfigurenmesse) in Marseille; Nationalfest in Monaco mit großem Kulturprogramm.

◆ **Dezember:** Internationales Treffen der Heißluftballone in Forcalquier.

Langläufer können beim jeweils im Juli stattfindenden Halbmarathon von Sault zum 26 km entfernten Gipfel des 1909 m hohen Mont Ventoux ihre Kondition beweisen (Informationen beim Office du Tourisme, ☏ 04 90 64 01 21).

Stranderlebnisse

Für Südfrankreich-Touristen ist ein Urlaub ohne Strandleben und die damit verbundenen Erlebnisse am Meer nur halbe Sache. Côte d'Azur, Camargue und die 200 km lange Languedoc-Roussillon-Küste gelten als klassische Ziele für Bade- und Strandfans. Die kostbarsten Tage des Jahres lediglich in Gesellschaft von Lichtschutzfaktor 20 und von einem quadratmetergroßen Badetuch zu verbringen, ist ziemlich out, denn Wassersport, Beach-Volleyball und andere Freizeitvergnügen sind angesagt. Und wenn nur ein Katzensprung vom Strand entfernt noch Tanzlokale, Bars und Restaurants vorhanden sind, steht einem hippen Urlaub nichts mehr im Weg.

Im Sommer liegen die **Wassertemperaturen** an der Côte d'Azur zwischen 20 und 25 Grad Celsius. In der kalten Jahreszeit kühlt das Meer bis auf ca. 12 bis 13 Grad Celsius ab.

Unter Blauer Flagge

Seit 1986 bewertet die Stiftung für Umwelterziehung in Europa (FEEE) in 19 europäischen Ländern die Meeresstrände nach Kriterien wie Sauberkeit, Wasserqualität und Service für Urlauber, worunter Sicherheit, Spazierwege und Müllbeseitigung zählt. Gute Strände werden alljährlich neu mit der Blauen Flagge ausgezeichnet.

!

Zu den blau beflaggten Stränden gehören z. B. La Ciotat, St-Cyr, Bandol, Hyères, Le Lavandou, Ste-Maxime, Cannes, Antibes, Argelès-sur-Mer, Port-Barcarès, Port-la-Nouvelle und Cap d'Agde.

Strände mit Pfiff

Goldfarbener puderzuckerfeiner Sand so weit das Auge reicht? Bunte, runde Kiesel, die vom Wellengang unablässig in Bewegung gehalten werden? Oder schroffer, von der schäumenden Brandung ausgehöhlter Fels? Frankreichs Mittelmeerküste könnte abwechslungsreicher kaum sein. Sandige, flache Abschnitte finden sich in erster Linie an der

Küste des Languedoc-Roussillon und der Camargue. Von Felsen eingerahmte, zum Teil aus Kiesel bestehende Strände gibt es an der Côte Vermeille, in den Calanques und an der Côte d'Azur.

An der Côte d'Azur

Südlich von Hyères reicht die Presqu'Ile de Giens einige Kilometer weit ins Meer hinaus. Auf der östlichen, windgeschützten Seite liegen die beiden südlichsten Strände der Côte d'Azur, Plage de la Capte und Plage de la Bergerie, die von der Straße D 97 leicht erreichbar sind. Die beiden von hohen Pinien gesäumten Strände fallen nur sachte ins Meer ab und schaffen damit geradezu ideale Voraussetzungen, um mit Kindern baden zu gehen.

Antibes bietet seinen Gästen eine weite Sandbucht

Wasserratten finden auf der Insel Porquerolles die schönsten Winkel mit einer geradezu paradiesischen Wasserqualität. Gleich östlich der Ortschaft liegt eine weit geschwungene Bucht, die man vom Fährhafen über einen Küstenpfad in fünf Minuten erreichen kann. Zu den abseits gelegenen Traumstränden gehört die Plage Blanche an der Pointe du Grand-Langoustier im äußersten Westen der Insel, ein idyllischer Flecken mit puderfeinem Sand. Zum festländischen Bademekka hat sich die Küste zwischen Le Lavandou und Pramousquier entwickelt.

In den 1960er-Jahren wurde die Küste um St-Tropez durch Brigitte Bardot und dort verkehrende Partygrößen wie Gunter Sachs und François Sagan zum Rummelplatz der internationalen Schickeria. Daran hat sich bis heute nichts geändert. Wer allerdings glaubt, an öffentlichen Stränden wie Plages de Pam-

! Die für die Öffentlichkeit zugänglichen Strände an der Côte d'Azur sind fast alle kostenpflichtig. Eine Tagespauschale von 60 bis 80 FF schließt die Benutzung von Liege, Sonnenschirm und Dusche ein.

pelonne, Plage de Tahiti und Plage des Salins auf Schritt und Tritt über Promis zu stolpern, irrt sich gewaltig. Längst ziehen sich Stars und Sternchen in private Strandanlagen zurück oder steuern mit ihren Jachten abgelegene Küstenabschnitte an.

Postmoderne Hotelarchitektur in Juan-les-Pins

In der Camargue

Die Naturlandschaft der Camargue besitzt auf 60 km Länge einen Meeressaum aus feinem Sand, der nur an einigen wenigen Stellen verbaut ist. Les Stes-Maries-de-la-Mer besitzt einen zwar relativ langen, aber schmalen Badestrand, an dem im Mai die berühmte Zigeunerwallfahrt inmitten von Zehntausenden Besuchern endet. Naturbelassen sind die Strände östlich der Stadt, wo das feuchte Hinterland durch einen 20 km langen Damm vom offenen Meer abgeschirmt wird. Südlich von Salin-de-Giraud bietet die Plage de Piémanson, bei Einheimischen auch unter dem Namen Plage d'Arles bekannt, die besten Bademöglichkeiten.

Languedoc-Roussillon

Sand, Sand, Sand ... Dieser Teil Südfrankreichs besitzt die längsten Sandstrände. Das nördliche Tor zum supertollen Strandreich bildet der 18 km lange Sandstreifen von Le Grau-du-Roi an der Grenze zur

Stadtstrände in Nizza

Wer nicht nur zum Baden, sondern zum Leutebeobachten an den Strand geht, sucht sich am besten Nizza aus. Am Quai des Etats-Unis reihen sich vor den Hotelpalästen Stadtstrände mit viel versprechenden Namen wie **Florida Beach** und **Blue Beach** aneinander. Auch **Lido Plage** empfiehlt sich. Die geforderte Eintrittsgebühr von 60 FF beinhaltet Umkleideraum, Strandzugang, Liegestuhl und heiße Dusche. Der Schatten unter einem bunten Sonnenschirm ist für zusätzliche 25 FF zu haben. Kulinarische Köstlichkeiten wie Gambas auf provenzalische Art werden im Strandrestaurant serviert. Noch renommierter ist **Neptun Plage.** Für drei Stunden auf dem Strand direkt vor dem Hotel Negresco muss man 65 FF berappen. Außer der Sonnenbestrahlung kostet alles andere extra.

Camargue. Imponierende Dünen mit zartem Strandhafer säumen den Küstenabschnitt beim Leuchtturm de l'Espiguette, an den die D 255 b als einzige Straße führt. Zwischen La Grande-Motte und Palavas-les-Flots sowie zwischen Sète und Valras-Plage umspült die Brandung fabelhafte Küstenabschnitte.

Zwischen Sète und Marseillan-Plage verläuft die Küstenstraße N 112 auf einer schmalen Sandbank zwischen dem Meer im Osten und dem gewaltigen Bassin de Thau im Westen. Der 14 km lange unverbaute Strand ist ein sandiger Abenteuerspielplatz für Selbstversorger. Westlich der Naturistenhochburg Cap d'Agde verläuft bis nach Valras-Plage ein weiterer Küstenabschnitt mit guten Bademöglichkeiten. In Valras-Plage mit seinen zahlreichen Drei- und Vier-Sterne-Campingplätzen kommen Zelt- und Wohnmobilfreunde voll auf ihre Kosten.

Südlich von Narbonne-Plage mussten Strände, an denen früher höchstens Fischerhütten standen, in den zurückliegenden Jahrzehnten Terrain an Kraftwerke, Industrieanlagen, Apartmentsiedlungen und Jachthäfen abtreten. Aber selbst im Umkreis von Port-la-Nouvelle, dem einzigen größeren Ort zwischen Sète und Port-Vendres, gibt es noch kilometerlange Sandstrände, an denen man Muscheln sammeln, baden und Sonne tanken kann. Das gilt auch für Orte wie Leucate-Plage, Le Barcarès, Canet-Plage und St-Cyprien-Plage. Wo die Sandstrände vom Languedoc-Roussillon im Süden enden, zeigt sich die Mittelmeerküste in Argelès-Plage nochmals von ihrer schönsten Seite.

! Die Badeorte entlang der Languedoc-Küste erwachen während der Saison zwischen Mai und Oktober zum Leben. Außerhalb dieser Zeit tut sich in den Ortschaften mehr oder weniger gar nichts. Dann kommen höchstens jene auf ihre Kosten, die genau dieses melancholische Flair genießen wollen.

Kleines Bade-Einmaleins

Die Wasserqualität an südfranzösischen Stränden wird seit Jahren von unterschiedlichen Organisationen kontrolliert und hat sich, wenn man den Expertisen glaubt, in den letzten Jahren verbessert. Temporär tauchen hie und da Probleme etwa mit Algen und Nesseltieren auf, die zum Teil auf natürliche Ursachen zurückzuführen sind. Grundsätzlich sollte man nur an offiziell ausgewiesenen Küstenabschnitten schwimmen gehen. Viele dieser Strände werden in der Hauptsaison beaufsichtigt. Tabu sollten für Badefreunde Hafenanlagen, Kanäle und Flussmündungen sein, weil dort die stärksten hygienischen Belastungen drohen.

An der Côte Vermeille

Dieser felsige Küstenabschnitt unmittelbar nördlich der spanischen Grenze besteht im Wesentlichen aus zerklüfteten Steilküsten, die hie und da kleine Buchten und malerische Ortschaften einrahmen. Einen wunderbaren Kieselstrand mit dem Namen Boramar, der nur einen Steinwurf von den Restaurants und Cafés der Hafenpromenade entfernt ist, besitzt Collioure. Schnorchelfans können sich im kristallklaren Wasser über den Meeresboden treiben lassen und die türkisgrüne Unterwasserwelt bewundern.

Am Strand von La Grande-Motte

Nahtlos braun

Freikörperkultur ist in Südfrankreich nach wie vor en vogue. Die größten textilfreien Ferienanlagen liegen im Languedoc. Unumstrittenes Zentrum der Adam-und-Eva-Badekultur ist Cap d'Agde. Bis nach Marseillan-Plage herrscht am lang gezogenen, gepflegten Sandstrand Minimalbekleidung, die aus Halsketten, Armbändern und Sonnenhüten besteht. Andere FKK-Zentren im Languedoc-Roussillon sind La Franqui nördlich von Cap Leucate und Port-la-Nouvelle. Südwestlich von Le Grau-du-Roi ist die Plage des Baronnets beim Phare de l'Espiguette ebenso Naturisten vorbehalten wie Pertuis-de-la-Comtesse beim Leuchtturm von La Gacholle ca. 20 km östlich von Les-Stes-Maries-de-la-Mer. Noch stärker abgeschottet ist die östlichste der Hyères-Inseln, die 8 km lange Ile du Levant. Um das Dorf Héliopolis im Westen existiert seit über einem halben Jahrhundert eine Naturistenkolonie, deren schönster Strand die Plage des Grottes ist.

Aktivitäten am Strand und zu Wasser

Aktiv, jung und dynamisch

Besonders gefragt sind heutzutage Strände, an denen alle nur erdenklichen Aktivitäten vom Beach-Volleyball über Wasserski und Windsurfing bis hin zu Paragliding angeboten werden und an denen zugleich die Abendunterhaltung durch Restaurants, Bars und Diskos gesichert ist. Beispiele dafür sind Urlauberhochburgen wie La Grande-Motte und Cap d'Agde im Languedoc, wo der Gast die Qual der Wahl zwischen zahlreichen Gourmet-Tempeln, Kasinos und Diskos hat. Wer Wert darauf legt, bleibt dort tagsüber sportlich keine Minute unbeschäftigt.

Ein heißer Flecken ist die Plage de Pampelonne auf der St-Tropez-Halbinsel, wo sich ein Inlokal an das andere reiht. Wer sich nachts nicht allzu sehr verausgabt hat, schafft es am Tag vielleicht an den Strand, wo man seine Standfestigkeit auf Wasserskiern oder beim Jetski beweisen kann.

Fast schon eine Institution in Sachen Aktivstrände ist die Küste um Le Lavandou. Auf einer Länge von einem Dutzend Kilometern reiht sich ein malerischer Mittelmeerabschnitt an den anderen.

Viele Strandvermieter bieten Liegen, Sonnenschirme, Erfrischungen, Speisen und Wassersportaktivitäten wie Gleitschirmfliegen (s. S. 83 f.), Wasserski und Jetski an (s. S. 80 f.). An allen zwölf Stränden von Le Lavandou ist maximale Sicherheit durch die Girls und Boys vom »Service National de Sauvetage en Mer« und die BademeisterInnen der »Compagnies Républicaines de Sécurité« gewährt.

Windsurferparadiese

Wo die Halbinsel Giens ins smaragdgrüne Mittelmeer ragt, liegt mit L'Almanarre eines der beliebtesten Windsurferreviere Südfrankreichs. In mehreren Surf-Shops kann man sich von ausgefuchsten Fachleuten beraten lassen und bekommt, sofern notwendig, auch Ausrüstung. Wenn der Mistral die Segel bläht, ist die Plage de la Bouillabaisse nordöstlich von Cavalaire-sur-Mer ebenfalls ein idealer Platz. Westlich von Marseille hat sich Cap Couronne bei der Ortschaft Carro einen Namen gemacht. Zwischen Sète und Marseillan-Plage sorgt der Mistral oder der Tramontane zwar häufig für geradezu stürmische Schubkraft, aber die Winde wehen ablandig und treiben leider auch ungeübte Surfer weit aufs Meer hinaus. Besser sind die Verhältnisse am Cap d'Adge, weil die Winde dort oft seitlich auf die Küste treffen.

Tauchen und Schnorcheln

Die Côte d'Azur samt ihren Inseln und die Côte Vermeille eignen sich für diese Wassersportarten am besten. Zwischen Marseille und St-Tropez liegen faszinierende Schiffswracks wie etwa die »Donator« oder die »Rubis« auf dem Meeresgrund, die neben Korallen und bunten Fischen Unterwassertouren zum Erlebnis machen. An manchen Tagen eignen sich die Gewässer der Küste wegen zu starker Strömungen nicht zum Tauchen. Als Alternativprogramm kann man dann eine Kaltwasserquelle in einer Höhle bei Cassis erkunden.

Tauchen

Vom Campingplatz »Calypso Giens« auf der Halbinsel Giens an der Côte d'Azur südlich von Hyères (mit Tauchbasis unter deutscher Leitung, ☎ 04 94 58 20 04) erreicht man ein Topgebiet an Tauchplätzen wie **Cimentier,** wo ein kleines Schiffswrack in einer Tiefe zwischen 4 und 12 m liegt, **Escambo** mit einer bis auf knapp 40 m abfallenden Steilwand und einem weiteren Wrack sowie **Sec de Murenes** mit einem wunderschönen Riff und einem Tauchrevier vor der Nationalparkinsel Port-Cros, wo sich ganze Schwärme von Zahnbrassen und Zackenbarschen tummeln.

Aktiv und kreativ

Langeweile ist ein hinterhältiger Urlaubskiller. Dass er keine Chance bekommt, liegt an einem selbst. An Möglichkeiten und Voraussetzungen für aktive und kreative Ferien fehlt es in Südfrankreich jedenfalls nicht.

Wanderkarten bekommt man selbst in den Zeitungsläden (Maisons de Presse) kleinerer Städte.

! Eine Institution in Sachen Wanderwege ist die **Fédération française de la Randonnée pédestre,** bei der man Informationsmaterial bestellen kann (14, rue Riquet, 75019 Paris, ☎ 01 44 89 93 90).

!

PYRENÄEN-WANDERUNGEN
Wandertouren mit eigener oder ausgeliehener Ausrüstung organisiert: **La Balaguère,** 65400 Arrens-Marsous, ☎ 05 62 97 20 21, FAX 05 62 97 43 01, E-Mail: balaguere@wanadoo.fr, Internet: www.balaguere.com

Sport zu Lande

Wandern

Zwischen Alpen und Pyrenäen erstreckt sich ein Netz von ausgewiesenen Fernwanderwegen (GR – Sentiers des Grandes Randonnées) und kürzeren Strecken (Sentiers des Petites Randonnées) über sämtliche Landesteile. Daneben gibt es auch thematische Wanderrouten wie etwa **Le Sentier Cathare** (GR 36), der von der Mittelmeerküste durch die historische Landschaft der Katharer in den Vorpyrenäen verläuft, oder den **Robert L. Stevenson Trail** (GR 70) durch die Cevennen. Eine weitere Wandermöglichkeit sind zum Teil ausgeschilderte Naturlehrpfade, auf denen man viel Interessantes über Geologie und Vegetation erfahren kann.

Die schönsten Wandergebiete liegen in Südfrankreich natürlich in topografisch abwechslungsreichen Regionen mit Bergen und Tälern. Eine leichte, mit blauen Wegzeichen markierte Rundtour von knapp 10 km Länge (3 Std.) beginnt im pittoresken Bergdorf Gordes und führt in einem Bogen durch die reizvolle Landschaft des Vaucluse-Plateaus zur alten Abtei von Sénanque, die inmitten von Lavendelfeldern liegt, und zurück nach Gordes. Nicht weit von Gordes entfernt birgt der Parc Naturel Régional du Lubéron ungeahnte Wandermöglichkeiten durch schattige Wälder und Wildblumenwiesen, von den Dörfern ganz abgesehen, die wie Festungen an den Berghängen kleben.

Ein populäres Wandergebiet ist auch die gesamte Gegend um den Mont Ventoux. Der Fernwanderweg GR 6 verläuft an der Nordseite des Bergmassivs, durchquert das Vaucluse-Plateau, den Lubéron und die Bergketten Ste-Victoire und Ste-Baume mit zahlreichen Abzweigungen auf andere Wanderwege. Die besten Informationen über das Wegenetz im Lubéron bekommt man in der **Maison du Parc** (60, pl. Jean-Jaurès, BP 122, 84404 Apt Cedex, ☎ 04 90 04 42 00, FAX 04 90 04 81 15, E-Mail: leroi@provenceweb.fr).

Im Grand Canyon du Verdon

Die Fernwege in den Seealpen sind nur zwischen Ende Juni und Anfang Oktober offen, weil außerhalb dieser kurzen Zeit mit Schnee zu rechnen ist. Das gilt etwa für die GR 52 von St-Dalmas-Valdeblore quer durch die Vallée des Merveilles im Nationalpark Mercantour nach Sospel und weiter Richtung Menton oder die durch ganz Europa führende GR 5, deren südlichster Abschnitt von St-Dalmas-Valdeblore nach Nizza führt. Im Nationalpark Mercantour organisiert das Unternehmen **Destination Merveilles** mehrtägige Wanderungen zu den schönsten Stellen (10, rue Mesures, 06270 Villeneuve-Loubet, ☎ 04 93 73 09 07).

! Im Internet findet man eine detaillierte Beschreibung des gesamten Routenverlaufs der **Lubéron-Tour** samt Höhenprofil (www.pacwan.fr/jfleroi/84/VLL/pratique.htm).

Biking

Radsportler müssen nicht unbedingt den Tour-de-France-Assen Lance Armstrong, Marco Pantani oder Jan Ullrich nacheifern und den Mont Ventoux im Sturm erobern. Durch den Lubéron etwa führt ein

100 km langer, harmloserer Radweg von Cavaillon nach Forcalquier. Ein ganz besonderes Vergnügen bereitet der Ritt im Sattel auf der Insel Porquerolles. Auf dem hügeligen Eiland mit Eukalyptusalleen und mannshohen Agaven sind Fußgänger und Radfahrer unter sich. Auch in der landschaftlich interessanten, aber flachen Camargue sowie im Hinterland der Languedoc-Roussillon-Küste lohnt es sich, auf kaum befahrenen Wegen in die Pedale zu treten..

Von Les Stes-Maries-de-la-Mer führt ein Radweg über einen Damm am Meer entlang zum 20 km entfernten Leuchtturm von Gacholle.

Informationsstellen

◆ **Fédération française de Cyclotourisme,** 5, rue Jean-Marie-Jégo, 75013 Paris, ☎ 01 44 16 88 88. Die Organisation gibt gut ausgearbeitete regionale Routenbeschreibungen heraus und dient als Informationsbörse.

◆ **Comité Départemental de Cyclotourisme des Alpes-Maritimes,** 22 bis, rue Trachel, 06000 Nice, ☎ 04 93 82 16 39. Informationsstelle des Departements über Radrouten.

◆ **Vélo Loisir en Lubéron,** BP 14, 04280 Céreste, ☎ 04 92 79 05 82, E-Mail: leroi@provenceweb.fr. Detaillierte Informationen über die Fahrradroute durch den Lubéron.

Radvermietungen und geführte Touren

◆ **Eurobike,** 1, rue Philippe-Lebon, 13200 Arles, ☎ FAX 04 90 49 52 85. Der Kunde kann unter 600 Rädern auswählen und sich geführten Touren anschließen.

◆ **Camargue Découverte,** Mas St-Bertrand, Route du Vaccarès (D 36 C), 13129 Salin-de-Giraud, ☎ 04 42 48 80 69. Radtouren unter professioneller Führung in interessante Winkel der Camargue, die man auf eigene Faust kaum findet.

◆ **Holiday Bikes,** Boulevard Marseille, 83150 Bandol, ☎ Fax 04 94 32 21 89. Vermietung von Mountainbikes und Motorrädern.

◆ **Holiday Bikes,** Avenue Président-Vincent-Auriol, 83980 Le Lavandou, ☎ 04 94 15 19 99. Vermietung von Mountainbikes.

Hoch zu Ross

Die Camargue ist ein Landstrich, in dem Urlaubsreiten in den letzten Jahren zu einem immer populäreren Vergnügen wurde. Reitställe gibt es dort en masse. Aber auch in anderen Landesteilen wie etwa in den Pyrenäen und im Hinterland von Nizza können sich Freizeitreiter in den Sattel schwingen.

Informationsstellen

◆ **Délégation Nationale au Tourisme équestre,** 9, bd Mac-Donald, 75019 Paris, ☎ 01 53 26 15 50. Diese Stelle gibt Informationen über die Reitmöglichkeiten in einzelnen Regionen und Departements heraus.

◆ **Comité Départemental pour le Tourisme equestre,** Maison du Tourisme, Avenue des Moulins, BP 3067, 34034 Montpellier Cedex 1, ☎ 04 67 67 64 45, Fax 04 67 67 71 77. Nützliche Infos über den Reitsport im Département Hérault.

Reitställe

◆ **Mas de Frigoules,** Route de Cacharel/ D 85 A, 13460 Les Stes-Maries-de-la-Mer, ☎ 04 90 97 52 92, Fax 04 90 97 51 41. Ein- bis mehrtägige Camargue-Ausritte.

◆ **Ecuries de Taxo,** Chemin Pas de Las Baques, 66700 Argelès-sur-Mer, ☎ 04 68 81 47 23. Ausritte am Strand und im Küstenhinterland.

Provenzalische Informationsbörse für Freizeitreiter: **Association Régionale de Tourisme équestre de Provence,** 28, pl. Roger-Salengro, 84300 Cavaillon, ☎ 04 90 78 04 49. Das **Comité Départemental du Tourisme du Vaucluse** (12, rue du Collège-de-la-Croix, BP 147, 84008 Avignon Cedex 1, ☎ 04 90 80 47 00) gibt eine nützliche Karte mit dem Titel »Tourisme équestre en Vaucluse« heraus«.

◆ **Equitation de Loisir,** Mousseillous, 66200 Elne, ☏ 04 68 22 58 90. Reitzentrum im Roussillon.

◆ **Centre Hippique,** Cami de la Mar, 66750 St-Cyprien, ☏ 04 68 21 18 10, FAX 04 68 37 19 72. Reitkurse auf Pferden und Ponys.

◆ **Centre Equestre Les Murettes,** Roquebrune-sur-Argens, 83520 La Bouverie, ☏ 04 94 45 41 42, FAX 04 94 45 41 08, E-Mail: murettes@netcourrier.com. Reitstall im Küstenhinterland der Côte d'Azur.

Ausritte in der Camargue versprechen großartige Naturerlebnisse

Golf

Witzbolde behaupten, Cannes sei eine Stadt inmitten einer gepflegten Golfanlage. Wahr daran ist, dass es an der Côte d'Azur tatsächlich viele wunderbare Parcours gibt, bei denen Architekten und Landschaftsgärtner alle Register ihres Könnens zogen – wie natürlich Mutter Natur mit grazilen Palmen, von Schilf bewachsenen Teichen und Oleanderbüschen im Blütenfeuerwerk.

◆ **Golf de la Grande-Motte,** Avenue du Golf, 34280 La Grande-Motte, ☏ 04 67 56 05 00, FAX 04 67 29 18 84, E-Mail: gmotte@mnet.fr, Internet: www.webmediterranee.fr/grandemotte. Die 100 ha große Anlage mit drei Parcours und zweimal 18 und einmal 6 Löchern gehört nach Meinung von Kennern zu den schönsten Plätzen Frankreichs.

◆ **Golf du Cap d'Agde,** 4, av. des Alizés, 34300 Cap d'Agde, ☏ 04 67 26 54 40. Anlage mit zwei Parcours mit 18 bzw. 9 Löchern, Restaurant und Golfshop.

◆ **Golf de Carcassonne,** Route de Saint-Hilaire, 11000 Carcassonne, ☏ 04 68 72 57 30. Platz mit 18 Löchern, Wasserflächen und einem kleinen, durch die Anlage verlaufenden Bach.

Wintersport

In den Hoch- und Seealpen im Hinterland der Côte d'Azur herrschen in der kalten Jahreszeit ideale Verhältnisse für einen Urlaub auf Brettern. Skipisten und Langlaufloipen finden Anhänger des weißen Sports auch in den Pyrenäen. Unter den stadtnahen Wintersportzielen in der Provence genießt der knapp 2000 m hohe Mont Ventoux seit 1923 große Popularität, als die ersten Wintersporteinrichtungen geschaffen wurden. Zwischen Dezember und April bestehen auf den Lagen über 1300 m gute Schneeverhältnisse und fantastische Aussichten auf mit weißen Mützen dekorierte Nadelwälder. Das gilt besonders für die Nordflanke mit dem Mont Serein, wo die Bergstation des höchsten Lifts auf 1818 m liegt.

Nur zwei Autostunden von den Badestränden in Nizza und Cannes entfernt, locken mehrere alpine Skigebiete Wintersportler ins weiße Vergnügen. Die bedeutendsten sind **Isola 2000** und **Auron.** Daneben gibt es mehrere kleinere Gebiete mit Abfahrten wie das auf 1450 m Höhe liegende Gréolières-les-Neiges, L'Audibergue, Turini-Camp d'Argent, La Gordolasque-Belvédère und Boréon-St-Martin-Vésubie. Zahlreiche Gemeinden legen in der kalten Jahreszeit Langlaufloipen an. Dazu gehören Andon, Caussols, Plateau, St-Martin-Vésubie und Thorenc.

! Informationen über das Skigebiet **Isola 2000** erhält man unter ☎ 04 93 23 90 01, über **Auron** unter ☎ 04 93 23 00 02.

Wassersport

Segeln

Segeln an der französischen Mittelmeerküste bedeutet zumeist Segeln an der Côte d'Azur, wo die meisten Charterstützpunkte liegen. Nirgendwo sonst im Mittelmeer befinden sich so viele Häfen und Marinas auf so kurzer Entfernung, und kaum irgendwo sind die Liegeplätze mit Strom, Wasser und Einkaufsgelegenheiten besser ausgestattet. Wer Jachten chartern will, muss mit überdurchschnittlich hohen Kautionen rechnen – und mit saftigen Liegegebühren.

Kurse für Anfänger und Fortgeschrittene gibt z. B. die staatliche Segelschule **Ecole Française de Voile** am Strand von Valras-Plage (☎ 04 67 32 15 57; Mo–Fr).

Segelschiffcharter bieten:

- **Centre Nautique Municipal,** Le Moure Rouge, 9, rue Esprit-Violet, 06400 Cannes, ☎ 04 92 18 88 88, FAX 04 92 18 88 89.
- **Soleil Rouge Yachting,** 74, quai du Port, 13001 Marseille, ☎ 04 91 90 60 67, FAX 04 91 90 46 21.
- **Cannes Station Voile,** Port de la Mourée Rouge, 06400 Cannes, ☎ 04 92 18 88 88, FAX 04 92 18 88 89, E-Mail: voileplongee@wanadoo.fr.
- **Sillages Ecole de croisière St-Raphaël,** BP 131, 83613 Fréjus Cedex, ☎ 04 94 40 83 80, FAX 04 94 52 04 92.
- **Club Nautique d'Antibes,** bd James-Wyllie, 06160 Antibes-Juan-les-Pins, ☎ 04 93 67 78 23.
- **Ecole de Voile,** Rue Capitain-Frégate-Vial, 06800 Cagnes-sur-Mer, ☎ 04 93 31 45 65.
- **Club Nautique de Nice,** Boulevard Franck-Pilatte, 06000 Nice, ☎ 04 93 89 39 78.

Neben Segelschiffen vermietet die **Société Nautique du Brusc** (Corniche-des-Iles, Le Brusc, BP 223, 83185 Six-Fours-les-Plages, ☎ 04 94 34 03 13, FAX 04 94 74 93 62) auch Meereskajaks.

!

Jim Morgan
Den 1885 in Rostock gebauten Zweimastsegler kann man im Hafen von La Napoule mieten. Er bietet Platz für acht Gäste. Der Haken: Selbst ein Kurztrip kostet mehrere tausend Mark.

Windsurfing

- **Funboard Center,** Plage de l'Almanarre, 83400 Hyères, ☎ FAX 04 94 57 95 33.
- **Mistral Center,** Route de Giens, Le Pousset, 83400 Hyères, ☎ 04 94 58 96 90, FAX 04 94 58 13 43.
- **Base Nautique,** Port Miramar, 83250 La Londe, ☎ 04 94 01 54 38.
- **Hawaii Surfing et Aloha,** Plage nord, 66750 St-Cyprien, ☎ 04 68 21 08 34.

Wasserski, Jetski und Parachuting

Im Port des Plaisance von La Londe-les-Maures (Côte d'Azur), an den Plages des Eléphants in La Nartelle bei Ste-Maxime (Côte d'Azur) und in Carnon-Plage

(Languedoc-Roussillon) kann man Wasserski laufen und seine Künste auf dem Jetski beweisen. Vor allem beim Jetski gibt es immer wieder Unfälle. Bevor man sich aufs Meer begibt, sollte man sich genau instruieren lassen, so z. B. bei **MSC-Yachting Ltd Succursale France** (10, rue Portalet, 83990 St-Tropez, ☎ 04 94 97 73 86, FAX 04 94 97 64 68, E-Mail: msc@admiweb.com), wo auch Kurse für Wasserski angeboten werden.

Jetski-Verleih gibt's bei folgenden Adressen:

- **Le Café de la Plage,** 1366, bd de la Marine, Le Ceinturon, 83400 Hyères, ☎ 04 94 66 46 76, FAX 04 94 66 47 27.
- **Jet Center,** Port de Canet, ZA Las Bigues, Canet-Plage, Nr. 3, ☎ 04 68 80 08 56, FAX 04 68 80 07 98.
- **Mistral Center,** Route de Giens, Le Pousset, 83400 Hyères, ☎ 04 94 58 96 90, FAX 04 94 58 13 43.

Die Küste des Languedoc ist ein Surfparadies

Tauchen

Wer sich für ein intensives Unterwassererlebnis begeistern kann, rüstet sich mit Brille und Schnorchel oder mit der Sauerstoffflasche aus.

- **Ecole de Plongée sous-Marine Le Poséidon,** 4, rue Martin-Seytour, 06100 Nice, ☎ 04 93 55 09 95, FAX 04 93 55 09 95. Tauchschule mit Reputation.
- **Port Vendres Plongée,** 7, quai de la République, 66660 Port Vendres, ☎ FAX 04 68 82 55 55. Anfänger können in geringen Wassertiefen trainieren, Fortgeschrittenen steht ein Revier mit Tiefen bis zu 45 m zur Verfügung, Ausrüstung wird gestellt.

◆ **Evasion Sport,** 75, av. Montredon, 13001 Marseille, ☏ 04 94 21 63 70, FAX 04 94 21 63 72, Internet: www.members.aol.com/gcinfos/eps/. Tauchlehrgänge und Kurse im Unterwasserfischen.

Hochseeangeln

◆ **Orca,** Quai Baptistin-Pins, 83980 Le Lavandou, ☏ 04 94 71 69 07, FAX 04 94 64 92 77, Internet: www.lelavandou.com/orca/dindex.htm; ◷ Juni–Okt. Das Schiff nimmt maximal fünf Personen an Bord und befährt das Gewässer um Inseln an der Côte d'Azur, man hat gute Chancen Thunfische zu angeln.

◆ **Le Chanteclair Roussillon,** Quai Arthur-Rimbaud, 66750 St-Cyprien, ☏ 04 68 21 44 91. Ausrüstung und Köder werden gestellt.

◆ **Passion du Large,** 06210 Mandelieu-La Napoule, ☏ FAX 04 94 19 37 25. Hochseeangeln und Fotosafaris auf dem Meer.

◆ **Le St-Honorat,** 205, Villégiales du quai d'Honneur, 66700 Argelès-sur-Mer, ☏ 04 07 36 69 29. Ausflüge entlang der traumhaft schönen Côte Vermeille.

!

Flusstouren in den grandiosen, 25 km langen **Gorges de l'Ardèche** können problemlos auf eigene Faust organisiert werden. Es gibt Bootsvermieter wie Sand am Meer, die ersten bereits in Vallon Pont-d'Arc.

Spielplatz Süßwasser

Wildwassertouren mit Kanu oder Kajak auf der weltberühmten Ardèche oder auf dem Tarn in den Cevennen, gemütliche oder pitschnasse Ritte auf dem Gummifloß auf schäumenden Flüssen oder eine Kanalfahrt per Hausboot – Südfrankreich hat für jeden Geschmack etwas zu bieten.

◆ **Acti-Raft,** 3, rue Mazeau, 04120 Castellane, ☏ 04 92 83 76 64. Wildwassertouren im Grand Canyon du Verdon.

◆ **Club Nautique La Cadeno,** St-Saturnin, 04360 Moustiers-Ste-Marie, ☏ 04 92 74 60 85. Rafting-Trips im Grand Canyon du Verdon.

◆ **Aqua Verdon Rafting,** Route Nationale, 04120 Castellane, ☏ 04 92 83 72 75. Das Unternehmen hat sich auf Floßtouren durch den Verdon-Canyon spezialisiert.

! Eine Informationszentrale für Paraglider ist das **Hotel Westminster** (14, av. Louis-Laurens, 06190 Roquebrune-Cap-Martin, ☏ 04 93 35 00 68, FAX 04 93 28 88 50, E-Mail: westminster@france.com, Internet: www.westminster06.com).

◆ **Gerlinde Ruff Hausboote,** Max-Reger-Weg 10, 71254 Ditzingen, ☎ (71 56) 9 36 93, FAX 1 84 33, E-Mail: gruff@ruff-hausboote.de, Internet: www.region-s.de/firmen/ruff/boote.htm. Vermietung von Hausbooten auf dem Canal du Midi.

In luftigen Höhen

Paragliding/Drachenflug/Fallschirmspringen

Parachuting vermittelt den besonderen Kick

Zirka 20 km nordwestlich von Sisteron ist die bei Laragne-Montéglin liegende 1313 m hohe Montagne de Chabre ein häufig frequentiertes Ziel für Paraglider und Drachenflieger. Auch die Ortschaft Gourdon etwa 15 km nördlich der Parfummetropole Grasse ist dieser Sport möglich. Zu den bekanntesten Plätzen in ganz Südfrankreich gehört die Ortschaft Roquebrune-Cap-Martin, wo sich vor allem in der kalten Jahreszeit Paraglider aus dem In- und Ausland ein Stelldichein geben.

◆ **Horizon Millau Vol Libre,** 6, pl. Foch, 12100 Millau, ☎ 05 65 59 78 60, FAX 05 65 59 78 59. Drachenflug- und Gleitschirmzentrum in den Cevennen.

◆ **Dinovol,** Le Moulin, Le Brusquet, 04000 Digne-les-Bains, ☎ 04 92 35 48 47. Paragliding-Schule.

◆ **Verdon Passion,** 04370 Moustiers-Ste-Marie; ☎ 04 92 74 69 77, FAX 04 92 74 60 71. Paragliding-Unternehmen mit Ausrüstungsverleih.

◆ **Ascendance Côte d'Azur,** Domaine de Val Riant, 06330 Roquefort-les-Pins, ☎ 04 93 77 64 24, FAX 06 61 42 08 64. Die professionell geführte Schule

! Die **Fédération Française de Vol Libre** (4, rue de Suisse, 06000 Nice, ☎ 04 97 03 82 82, FAX 04 97 03 82 83, E-Mail: ffvl@ffvl.fr) ist das französische Zentrum für Drachenflug.

für Gleitschirmflieger nördlich von Grasse bietet 3- bis 5-tägige Kurse an. Internet: www.ascendance06.com/lesite.html.

◆ **Aérogliss,** Base de Loisirs des Iscles, 04170 St-André-les-Alpes, ☏ 04 92 89 11 30, FAX 04 92 89 02 36. Der Jump-off liegt nordwestlich von St-André; der Landepunkt befindet sich am Ortsrand am Ende des Castillon-Sees.

◆ **Ecole Cumulus,** 32, av. Prince de Galles, 06400 Cannes, ☏ 04 93 38 25 92. Paragliding-Kurse. Den ersten Flug unternimmt man im Duo mit einem erfahrenen Lehrer.

Wetterbericht
Beim Canyoning sind zuverlässige Wettervorhersagen lebenswichtig.
Alpes Maritimes:
☏ 08 36 68 02 06;
Alpes de Haute Provence:
☏ 08 36 68 02 04.

Fallschirmspringen

Wer entweder in Nizza oder Mandelieu-La Napoule »in die Luft gehen« will, sollte sich vorab telefonisch nach Terminen bzw. dem Verleih von Ausrüstung erkundigen.

◆ **Cercle Parachutiste de Nice (C.P.N.),** 7, rue Gubernatis, 06300 Nice, ☏ 04 93 62 28 91.

◆ **Fun Parachute,** 06210 Mandelieu-La Napoule, ☏ 04 09 84 73 34, FAX 04 93 38 00 32.

! Zu den guten Informationsquellen über die besten Kletter- und Canyoning-Touren in den Alpes Maritimes gehört: **Grimp'Azzur,** 45, bd de la Madeleine, 06000 Nice, ☏ 04 93 97 14 33, FAX 04 93 96 17 43, E-Mail: p-gatta@ti.com, Internet: www.multimania.com/grimppg/.

Extremsport

Höher, weiter, tiefer ... Immer mehr Freizeitsportler versuchen ihre Belastungsgrenzen auszutesten, Hemmschwellen zu überwinden, neue Erfahrungshorizonte zu erreichen oder die nagende Adrenalinsucht zu stillen.

Canyoning

Der Extremsport entdeckte vor einigen Jahren eine neue Variation. Canyoning (»Schluchteln«) gehört gegenwärtig zu den populärsten Abenteuersportarten. Die Sucht nach Schlucht hat in den letzten Jahren zu zahlreichen tödlichen Unfällen geführt. Für Greenhorns ist deshalb unabdingbar, dass sie sich ausgebildeten und erfahrenen Führern anvertrauen. In Frankreich darf sich nur Canyoningführer nennen, wer als Bergführer eine Canyoning-Zusatzausbildung genossen hat.

Canyoning-Spezialisten sind:

- **Bureau des Guides du Val des Merveilles,** BP 12, 06430 Tende, ☎ 04 93 04 77 73. Canyoning im Mercantour-Nationalpark.
- **Lou Païs,** 1, rue Frédéric-Mistral, 06750 Séranon, ☎ 04 93 60 34 51, FAX 04 93 60 34 45. Die erfahrene Organisation veranstaltet Touren in den Alpes-Maritimes, im Pays de Grasse und in den Gorges du Loup nordöstlich von Grasse.
- **Team Aktiv GmbH,** Fabritiusstr. 31, 47829 Krefeld, ☎ (0 21 51) 48 01 25, FAX 47 50 51, E-Mail: r.deutzmann@teamaktiv.com. Organisation von Canyoning-Touren.
- **Séquence Evasion,** Parc St-Donat, Route Pont de Pierre, 06480 La Colle-sur-Loup, ☎ 04 93 32 06 93. Abenteuerliche Touren durch Schluchten.

Extremsport Canyoning

Klettern

Die Provence mit der Verdon-Schlucht und dem Hinterland der Côte d'Azur versetzt Kletterer aus aller Welt ins Schwärmen. Man kann eigene Routen suchen, klassische Vertikalen wählen oder an Kletterkursen teilnehmen. Zu den Highlights zählen die Kalkfelsen der Calanques östlich von Marseille in der Nähe des Städtchens Cassis, die sich direkt aus dem türkisfarbenen Meer erheben.

! Europäisches Kletterzentrum: **Centre Européen d'Escalade,** 3, rue des Alouettes, 94320 Thiais, ☎ 01 45 12 92 58.

◆ **Club alpin français,** 25, rue Victor-Clappier, 83000 Toulon, ☏ 04 94 46 26 63. Gute Informationsstelle für Klettertouren in den Canlanques.

◆ **Club alpin français,** 14, av. Mirabeau, 06000 Nice, ☏ 04 93 62 59 99. Informationen und Empfehlungen für Kletterrouten in den Seealpen.

◆ **Bureau des Guides du Val des Merveilles,** BP 12, 06430 Tende, ☏ 04 93 04 77 73. Klettertouren im Mercantour-Nationalpark.

Nur etwas für den Durchtrainierten

◆ **Bureau des Guides,** Rue Grande, 04120 La Palud-sur-Verdon, ☏ 04 92 77 30 50. Begleitete Klettertouren und Canyoning.

Bungee-Jumping

◆ **Pont de la Mariée,** Laurent Cottin, Gorges du Dalius, ☏ 04 93 73 50 29. Die 80 m hohe Brücke, von der man springt, befindet sich ca. 90 km nördlich von Nizza an der Straße D 902 etwa 5 km südlich von Guillaumes.

◆ **Latitude Challenge,** 40, av. de St-Antoine, 13015 Marseille, ☏ 04 91 09 04 10. Das Abenteuer findet jedes Wochenende außer im Juli und August in Pont-de-l'Artuby am Südrand der Verdon-Schlucht statt. Die Brücke ist 180 m hoch.

Im Wasserpark **Nautique Niagara** gibt es eine Kletterwand zum Trainieren (Route du Canadel, La Môle, ☏ 04 94 49 58 85; Juni–Sept. tgl. 10.30–19 Uhr).

Motorsport als Zuschauersport

Bekannteste Treffpunkt für Motorsportler in der Region ist Monaco, wo in den engen Straßen der Küstenstadt jedes Jahr der Grand Prix der Formel 1 ausgetragen wird und die Riviera-Schöne in Ausnahmezustand versetzt. Eine andere Rennstrecke liegt weiter westlich. Der knapp 5,8 km lange Circuit du Castellet Paul Ricard (ca. 25 km nordwestlich von Toulon beim Aérodrome du Castellet) entstand 1970 und hat seit damals mehrere Formel-1-Rennen erlebt. In den vergangenen Jahren fanden dort hauptsächlich große Motorradrennen wie etwa der Grand Prix von Frankreich statt.

! Der **Grand-Prix-Rennkurs** in Monaco wird durch 32 km Leitplanken, 14 000 m² Sicherheitszäune und 5400 als Aufprallschutz übereinander gestapelten Reifen gesäumt.

Höhlenbegehungen

In der Provence, im Hinterland der Côte d'Azur, in den Cevennen und im Roussillon gibt es Dutzende von Höhlen, die eine Märchenwelt aus Tropfsteinformationen bilden. In manchen sieht man über 30 000 Jahre alte Zeichnungen. Vor allem das Karstgebiet der südlichen Ardèche-Region wird von Hunderten Grotten und Höhlen durchzogen. An heißen Hochsommertagen sind die unterirdischen Zauberpaläste ideale Fluchtpunkte, um sich abzukühlen. Im Winter, herrschen in den Höhlen 13 bis 15 Grad Celsius.

Gib Gummi

Wenn der Hafen von Monaco so voll ist, dass nicht mal mehr ein aufblasbares Badeentlein einen Liegeplatz bekäme, kann das zugkräftigste motorsportliche Ereignis der Riviera nicht mehr weit sein. Riesige Menschenmassen drängen in die Innenstadt von Monte Carlo, wo sich der 3,367 km lange Rennkurs des Grand Prix von Monaco durch unübersichtliche Kurven und über rutschige Straßenmarkierungen zieht. »Großer Preis« wird von den Monegassen wörtlich genommen. Gleichgültig, ob es sich um ein besenkammerähnliches Hotelzimmer, um ein Croissant mit Kaffee oder um ein Glas Bier handelt: Die Renntage arten fürs Publikum in fürstliche Zahltage aus. Das scheint aber kaum jemanden abzuschrecken. Nach dem adrenalinträchtigen Spektakel hängen die Duftwolken von Abgasen und Reifenabrieb noch tagelang in den Straßenschluchten. Die Gewinner sind neben Rennfirmen und ihren Stars u. a. die Besitzer von Luxusapartments am Boulevard Albert, wo sich Start- und Zielgerade, Boxengasse und Fürstenloge befinden. Eine an reiche Sponsoren oder Zuschauer vermietete Wohnung kann während der Rennwoche bis zu 30 000 DM einbringen.

13
1941
G. BONNET
OPTIC 2000
MANDELIEU

OPTIC
2000

Lust auf Höhlenforschung?
In einigen Höhlen wie etwa Aven d'Orgnac (s. rechts) können sich Besucher als Speläologen betätigen und mit Seilabstiegen in unerschlossene Teile vordringen. Informationen gibt es bei der **Association Nationale des Exploitants de Cavernes Aménagées pour le Tourisme (ANECAT),** Secrétariat Grottes de la Balme-Mairie, 38390 La Balme-les-Grottes, ☎ 04 74 90 60 49, Fax 04 74 90 67 03, E-Mail: ANECAT@grottes.net, Internet: www.grottes.net.

◆ **Aven Armand,** 48150 Meyrueis, ☎ 04 66 45 61 31, Fax 04 66 45 67 38. Sie zählt zu den Highlights unter den südfranzösischen Höhlen, mit einem Wald aus Stalagmiten und einer unterirdischen Kathedrale, in der die Pariser Kirche Notre-Dame Platz fände. 🕓 März–Okt. tgl. 9.30–12 und 13.30–18 Uhr, Juni–Aug. 9.30–18 Uhr, sonst bis 17 Uhr.

◆ **Aven d'Orgnac,** 07150 Orgnac l'Aven, ☎ 04 75 38 62 51, Internet: www.guideweb.com/ardeche/orgnac/index.html. Diese Höhle gehört zu den bekanntesten und am häufigsten frequentierten in Frankreich. Sie besticht durch ihren einzigartigen Formen- und Farbenreichtum. 🕓 Juli/Aug. 10–18 Uhr, April–Juni und Sept. 9.30–12 und 14–18 Uhr, sonst bis 17 Uhr.

◆ **Grotte des Demoiselles,** St-Bauzille-de-Putois, ☎ 04 67 73 70 02. Manche Tropfsteinformationen in bis zu 120 m langen und 50 m hohen Sälen tragen Namen wie »Orgelbuffet« und »Königsmantel«. Besucher fahren auf Schienen in die Tiefe. 🕓 Juli–Aug. 9–18.30 Uhr, sonst 9–12 und 14–17 Uhr.

◆ **Grotte de la Madeleine,** 07700 St-Remèze, ☎ 04 75 04 22 20. Fabelhafte Tropfsteinbildungen. 🕓 April/Okt. 9–18 Uhr.

◆ **Grotte de Clamouse,** 34150 St-Jean-de-Fos, ☎ 04 67 57 71 05. In einem der gewaltigen, unterirdischen Säle, deren Wände mit Tropfsteinen aus Kalzit bedeckt sind, wird ein Licht-und-Ton-Schauspiel gezeigt. Neben Stalaktiten und Stalagmiten sind Decken und Wände im »Weißen Gang« mit schneeweißen Kristallen aus Kalkspat und Aragonit bedeckt. 🕓 Juli/Aug. 10–19 Uhr, sonst bis 17 bzw. 18 Uhr.

◆ **Grotte de Baume Obscure,** 3 km von St-Vallier-de-Thiey westlich von Grasse entfernt, ☎ 04 93 42 61 63. Die erst 1958 entdeckte Höhle ist zwar über 1 km lang, der begehbare Weg ist aber nur 500 m lang und führt in eine Tiefe von 50 m, wo sich neun Säle aneinander reihen. 🕓 Mo–Fr 10–17 Uhr, Sa/So/Fei 10–19 Uhr; Jan. geschl.

◆ **Grottes de St-Cézaire,** 15 km westlich von Grasse bei der Ortschaft St-Cézaire-sur-Siagne, ☎ 04 93 60 22 35. Fließendes Wasser hat über lange Zeiträume hinweg eine märchenhafte Unterwelt 40 m unter der Erdoberfläche zustande gebracht. 🕓 Juli/Aug. 45-minütige Führungen 10.30–18.30 Uhr, Juni und Sept. 10.30–12 und 14–18 Uhr, sonst verkürzte Zeiten.

◆ **Aven Grotte de la Forestière,** Route d'Orgnac, 07150 Vallon-Pont-d'Arc, ☎ 04 75 38 63 08. Über 60 Stufen steigt man in das stille Zauberreich hinunter, in dem es einen »Höhlenzoo« mit Lebewesen gibt, die dem dunklen und feuchten Lebensraum total angepasst sind. 🕓 Juli/Aug. 10–19 Uhr, April–Juni und Sept. 10–18 Uhr.

Höhlenexpeditionen veranstalten **Séquence Evasion** (Parc St-Donat, Route Pont de Pierre, 06480 La Colle-sur-Loup, ☎ 04 93 32 06 93) und das **Bureau des Guides et Accompagnateurs du Val des Merveilles** (BP 12, 06430 Tende, ☎ 04 93 04 77 73).

Fahrten mit dem Heißluftballon

◆ **La Provence en Ballon,** 13570 Barbentane, ☎ 04 90 95 53 28, FAX 04 90 95 54 50. Halbtägige Ballontouren mit unterschiedlichen Zielen das ganze Jahr über; günstige Wetterbedingungen vorausgesetzt.

◆ **Hot-Air Balloon Provence,** Le Mas Fourniquière, 84220 Gordes, ☎ 04 90 05 76 77, FAX 04 90 05 74 39, Internet: www.avignon-et-provence.com/ballooning. Fahrten mit deutschsprachigem Ballonführer im Département Vaucluse. Hinterher gibt es ein Champagnerfrühstück.

◆ **Provence en Ballon,** c/o Alain Gauche, Pierroux, 84220 Roussillon, ☎ 04 82 52 44 05, FAX 04 90 05 61 46, Internet: www.xsalto.com/provence-en-ballon. Fahrten im Ballonkorb über unterschiedliche Landstriche der Provence; günstige Wetterverhältnisse vorausgesetzt.

◆ **Ulysse Adventure,** c/o Jacques Massemin, ☎ 04 90 95 53 28, FAX 04 90 95 54 50. Ballonfahrten im Département Vaucluse.

! Weitere Informationen über Heißluftballon-Unternehmen sind erhältlich bei **France Montgolfière,** 16, pass. Main d'Or, 75011 Paris, ☎ 01 47 00 66 44.

Entspannt und kreativ

Mal- und Zeichenkurse

◆ **Zeitreisen GmbH,** Postfach 90 07 09, 60447 Frankfurt/Main, ☏ (0 69) 70 79 11 90. Die aus Offenbach stammende Künstlerin Brigitte Orth veranstaltet auf der Domaine de la Blaque in Varages ca. 60 km von Aix-en-Provence entfernt Workshops im Zeichnen, Malen und Modellieren.

Malen im Vaucluse

◆ **AixTraTours,** Klaus Grevelding, An der Kapelle 21, 52076 Aachen, ☏ FAX (02 41) 56 33 55. Malkurse in St-Rémy-de-Provence mit Unterbringung in Bungalowanlagen.

◆ **Naturfreunde Touristik GmbH,** 3100 St. Pölten, Heßstraße 4, ☏ (0 27 42) 3 57 21 10, FAX 3 57 21 19, E-Mail: naturfreunde@byronny.at. An der Côte d'Azur finden Malkurse unter der Leitung des Aquarellmalers Robert Trimmel statt.

Parlez-vous français?

◆ **Pro Linguis,** Bergstraße 60, 8706 Meilen-Zürich, ☏ (01) 9 23 72 72, FAX 9 23 62 42. Beratungs- und Anmeldestelle für Sprachkurse im Ausland. Die Kurse in Südfrankreich werden in Aix-en-Provence, Hyères, Montpellier, Nizza, Antibes, Cannes und Villefranche abgehalten.

◆ **Institut d'Enseignement de la Langue Française sur la Côte d'Azur,** 66, av. de Toulon, 83400 Hyères, ☏ 04 94 65 03 31, FAX 04 94 65 81 22, E-Mail: elfca@elfca.com. Seit 1975 existierendes Sprachinstitut mit modernen Sprachlabors.

Töpferkurse und Santons selbst gemacht

◆ **Puyharas,** Le Puy-de-Vial, 04150 Banon, ☎ 04 92 73 23 09, FAX 04 92 73 37 71. Kurse unter Anleitung einer ausgebildeten Töpfermeisterin, von der man auch das Glasieren und unterschiedliche Dekorationstechniken erlernen kann.

◆ **Terres et Lettres,** La Magnanerie, Rue de la Glacière, 13450 Grans, ☎ FAX 04 90 55 98 96. Drei- bis fünftägige Kurse mit maximal sechs Teilnehmern als Fortbildung oder Einführung in grundlegende Techniken inklusive Emaillieren und Brennen.

◆ **Maison des Jeunes et de la Culture Bellegarde,** 37, bd Aristide-Briand, 13100 Aix-en-Provence, ☎ 04 42 21 06 70. Wochenendkurse für Kinder ab sechs Jahren und Erwachsene nach Voranmeldung. Auch Santon-Herstellung.

◆ **Centre Culturel La Charité,** 84200 Carpentras, ☎ 04 90 63 46 35. Das Zentrum besitzt ein gut ausgerüstetes Atelier, in dem Kinder und Erwachsene das Töpfern lernen können.

◆ **Sophie Muller,** 34, bd Mirabeau, 13210 St-Rémy-de-Provence, ☎ 04 90 92 67 86. Professionelle Töpferkurse mit maximal fünf Schülern.

Kräutersammeln

Wer die wild wachsenden Kräuter sammeln will, findet sie etwa in der Garrigue-Landschaft nördlich von Montpellier. Auf der Straße D 986 fährt man Richtung St-Martin-de-Londre und biegt ca. 11 km vor dem Ort auf die D 113 nach Cazevieille ab. Von dort führt ein markierter Weg durch die Garrigue zum 658 m hohen Pic St-Loup mit fabelhaftem Rundblick bis zum Mittelmeer.

Eine typische Kräuterlandschaft dehnt sich auch unmittelbar nördlich von Nîmes um den 204 m hohen Pic de Guerre an der Straße D 418 aus. Nördlich des Gardon-Flusses gibt es sogar ein Dorf mit dem bezeichnenden Namen Garrigue (»Heideland«).

Kochkurse

Einblicke in die provenzalische Küche bekommen Teilnehmer eines halbtägigen Kurses, der in Avignon vom Küchenchef Jean-Marc Larrue veranstaltet wird (Anmeldungen: 9, rue de la Tour, ☎ 04 90 85 66 50). Die Stadt Arles veranstaltet Kochkurse in Verbindung mit einem Stadturlaub inklusive zwei Hotelübernachtungen (Informationen beim Office de Tourisme in Arles, ☎ 04 90 18 41 20).

Urlaub für Gesundheitsbewusste

> **!**
> **Die Lymphdrainage gehört heute zum kosmetischen Standard. Eine behutsame Streichelmassage sorgt dabei für den schnelleren Abfluss von Gewebeflüssigkeit und wirkt entschlackend.**

Die Zeiten ändern sich. Vitalität und Lebenskraft tanken ist längst nicht mehr von der Endzeitatmosphäre in die Jahre gekommener Kurbäder geprägt. Und schon gar nicht vom militärischen Reglement grobschlächtiger Bademeister. Spaß, Relaxen, Fitness und Beauty sind die Schlagworte, unter denen heute rangiert, was fit, gesund und faltenlos macht.

Wellness/Schönheitsfarmen

Wie wär's mit ein paar Verwöhnstunden während des Urlaubs? Etwa mit Aqua-Balancing – Entspannung im Wasser durch eine Kombination aus Bewegung, Musik und Farbenspiel? Oder mit Ayurveda, einer aus dem alten Indien stammenden Lehre, die Gesundheitsstörungen auf das Ungleichgewicht der drei energetischen Grundkräfte Vata, Pitta und Kapha zurückführt? Auch Biolifting, eine Gesichtsbehandlung mit Muskelstimulation, bietet sich an – von Reiki, einem japanischen Ansatz zur Stärkung der selbstheilenden Kräfte, einmal ganz abgesehen.

◆ **Institut Centre Loup Esthétique,** 42, bd St-Loup, 13010 Marseille, ☏ 04 91 89 78 87. BesucherInnen können unter einer Vielzahl von Methoden zur Behandlung von Gesicht bzw. Körper auswählen.

◆ **Centre de Soins Esthétiques,** Le Crystal, 64, bd Président-Wilson, 06600 Antibes-Juan-les-Pins, ☏ 04 93 67 59 74. Angebot einer ganzen Palette unterschiedlicher Wellnessprogramme.

◆ **Jacques Ghré Beauté,** 150, rue Paradis, 13006 Marseille, ☏ 04 91 37 63 63, FAX 04 91 37 00 93,

! **Au Grain de Beauté,** 34, rue Roger-Brun, 13005 Marseille, ☏ 04 91 78 05 18. Die Einrichtung versteht sich nicht nur als Schönheitssalon, sondern unterstützt auch die Gewichtsreduzierung.

E-Mail: JacquesGhre@francemarket.com. Von Maniküre über Epilation bis zu entspannenden Massagen.

◆ **Park Hotel du Casino,** Avenue Charles-de-Gaulle, 73100 Aix-les-Bains, ☎ 04 79 34 19 19, FAX 04 79 88 11 49. Zentral gelegenes, gut eingerichtetes Haus mit Hallenbad, Sauna, Whirlpool, Fitnessraum und Beautyfarm.

Thalassotherapie

Das Salzwasser des Mittelmeers ist nicht nur ein erfrischendes Bademedium, sondern auch ein Gesundheitstonikum und Beautyelixier schlechthin. Die perfektionierte Meerwasserbehandlung hat sich zur Vielzweckwaffe gegen rheumatische Beschwerden, Verkalkung und Auswirkungen von Stress entwickelt.

Wer noch nie ein arabisches Bad (Hammam) besucht hat, sollte die Chance wahrnehmen: **Hammam Rafik,** 1 A, rue de l'Académie, 13001 Marseille, ☎ 04 91 54 21 62; Mo–Do, Sa/So 9–18.30 Uhr, Fr 10–20 Uhr.

Was ist eigentlich . . .?

Unter dem Oberbegriff Wellness firmieren heute zum Teil exotische Methoden mit noch exotischeren Namen.

Aerosole: Meeresluft ist ein Cocktail aus Wasser, Salz und feinsten Partikeln, die von Pflanzen und Meerestieren stammen. Diese so genannten Aerosole können Erkrankungen der Atemwege heilen helfen.

Aqua-Training: Wassergymnastik entlastet Gelenke und Wirbelsäule und trainiert Muskeln.

Aromatherapie: Über Haut, Schleimhäute und Nase gelangen Duftstoffe von Blüten, Blättern, Nadeln oder Wurzeln ins Gehirn und wirken entspannend auf Körper und Psyche.

Balneologie: Heilkundliche Verfahren wie etwa Wasserbehandlungen, aber auch Bewegungsprogramme und Diäten.

Cellutron: Mit Niedrigstrom betriebenes Gerät zum Fett- und Zellulitisabbau an Bauch, Po und Oberschenkel.

Farblichttherapie: Da Hautzellen auf Farbstrahlungen reagieren, indem die Reize ans Gehirn weitergeleitet werden, können Farben Körper und Geist beeinflussen.

Fünf Tibeter: Fünf Bewegungsabläufe zur Aktivierung von Vitalität und Energiereserven.

Heliotherapie: Sonnenlichtbehandlung auf der Basis von UV-Strahlen.

Mega-Brain-Relax: Über eine Spezialbrille und Kopfhörer wirken Ton- und Lichtimpulse entspannend auf Gehirnfrequenzen ein.

Shiatsu: Japanische Heil- und Entspannungsmassage durch Akupressur zum Stressabbau.

Mittels aerosolhaltiger Luft, Seeklima, Meerwasser, Schlick und Algen wird die Haut mit Mineralien und Spurenelementen wie Kalzium, Magnesium, Jod und Eisen versorgt, was den Stoffwechsel anregt. Die Haut wird stärker durchblutet und mit mehr Feuchtigkeit versorgt, wodurch sich das Gewebe festigt.

◆ **Centre du Bien Etre,** 281, corniche Kennedy, 13007 Marseille, ☏ 04 91 52 61 61, FAX 04 91 52 33 34. Schlossähnliche Anlage in einem bewaldeten Park mit Blick aufs Meer – Entspannung pur.

◆ **Institut de Thalassothérapie de La Grande-Motte,** Le Point Zéro, BP 43, 34280 La Grande-Motte, ☏ 04 67 29 13 13, FAX 04 67 29 14 74.

◆ **Thalacap Camargue,** Institut de Thalassothérapie, Rue du Docteur-Cambon, 13460 Les Stes-Maries-de-la-Mer, ☏ 04 90 99 22 22, FAX 04 90 97 83 55, E-Mail: thalacap.camargue@wanadoo.fr, Internet: www.thalacap.fr.

! **Thermes Marins de Monte-Carlo,** 2, av. de Monte-Carlo, im Hôtel Hermitage, 98004 Monaco, ☏ (0 03 77) 92 16 40 40. Die Anlage rangiert unter den Toptenbädern der Thalassotherapie weltweit.

◆ **Thalasso Heliovital-Thalgo,** 25, av. Louis-Lumière, 83150 Bandol, ☏ 04 94 29 33 00, FAX 04 94 29 49 49, E-Mail: contact@ile-rousse.com, Internet: www.ile-rousse.com.

◆ **Les Bains de Mer de L'Estaque,** 149, plage de l'Estaque, 13016 Marseille, ☏ 04 91 46 06 69. In dieser Einrichtung wird aus dem Meer gepumptes Wasser für unterschiedliche Anwendungen aufgeheizt. Die therapeutischen Methoden reichen von Wassermassagen über Algentherapien bis zu fernöstlichen Methoden.

◆ **Thermes Marins de Monte-Carlo,** 2, av. de Monte-Carlo, im Hôtel Hermitage, 98004 Monaco, ☏ 00 377 92 16 40 40. Die erst in den 1990er Jahren eröffnete Anlage rangiert weltweit unter den Top-Ten-Einrichtungen für Thalasso-Therapie.

◆ **Domaine d'Aix Marlioz,** 111, av. Marlioz, 73101 Aix-les-Bains, ☏ 04 79 61 79 79, FAX 04 79 61 79 00, E-Mail: hotels@aix-marlioz.com, Internet: www.aix-marlioz.com/. Massagen, Algenwickel, Whirlpools, Akupressur, Hydrotherapie und Beauty.

◆ **Thalassa Mercure,** Route des Marines, Port Camargue, 30240 Le Grau-du-Roi-France, ☏ 04 66 73 60 60, FAX 04 66 73 60 50, E-Mail: H1947@accor-hotels.com, Internet: www.thalassa.com. 8 km östlich von La Grande-Motte und nah am Strand liegt das gut ausgestattete Hotel mit Beautyservice, Sauna und Hammam.

◆ **Hôtel Thalassotherapie,** 83606 Port Fréjus, ☏ 04 94 52 56 61, FAX 04 94 52 56 01, Internet: www.hotelthalasso-portfrejus.fr/Page1.html. Wellness- und Beautyzentrum in Küstenlage.

◆ **Catalogne,** Avenue de la Côte Vermeille, 66650 Banyuls-sur-Mer, ☏ 04 68 98 36 66, FAX 04 68 88 31 94, Internet: www.thalacap.com/insti.htm. Thalasso- und Wellnessprogramm.

!

Die alten Römer schufen mit dem Schwitzbad den Prototypus der heutigen Sauna. Allerdings beließen sie es bei einer maximalen Temperatur von ca. 65 Grad Celsius, um sich nicht zu überanstrengen.

Thermalbäder

◆ **Thermes Sextius,** Carré Pro, 55, cours Sextius, BP 30, 13101 Aix-en-Provence, ☏ 04 42 23 81 81, FAX 04 42 95 11 33, E-Mail: thermes.sextius@wanadoo.fr. Nachdem schon die Römer die Quellen genutzt hatten, genossen in jüngerer Vergangenheit Berühmtheiten wie Pablo Picasso und Winston Churchill die Thermen. Ende der 1990er-Jahre wurden sie umfassend renoviert.

◆ **Thermes d'Amélie-les-Bains,** 66113 Amélie-les-Bains, ☏ 04 68 87 99 00. Von jährlich 300 Sonnenstunden verwöhnter Thermalort am Fuß der Pyrenäen, in dem viele Anwendungen angeboten werden.

Spaß für die Familie

Kinder sind von Ferien an der Küste begeistert. Zwischen Baden und Sandburgenbauen lassen sich aber hin und wieder Stippvisiten in Aqua-Anlagen, in Vergnügungsparks und Vogel- bzw. Tierparks einstreuen, die den Urlaub noch um eine Spur attraktiver und kindgerechter machen.

Paradiese zum Plantschen

Parc Nautique Niagara, Route du Canadel, La Môle, ☎ 04 94 49 58 85. Super-Wasserpark mit eigenem Restaurant, sieben tollen Wasserrutschen, Heißwasserpools, Dampfbad, Trampolin und Kletterwand. ⌚ Juni–Sept. tgl. 10.30–19 Uhr.

- **Aquasplash,** neben Marineland (S. 99), ☎ 04 93 33 49 49. Für eine Abkühlung in der heißen Jahreszeit mit Wellenbad und einem Dutzend fetziger Rutschen genau das Richtige. ⌚ Juni–Sept. 10–19 Uhr.
- **Aquatica,** RN 98, Fréjus, ☎ 04 94 51 82 51. Zu diesem Komplex gehören ein Wellenschwimmbad, ein Openairkino und ein Restaurant. ⌚ Juni–Sept. 10–18 Uhr, Juli/Aug. bis 19 Uhr.
- **Aqualand,** ZAC des Pradeaux, 83270 St-Cyr-sur-Mer, ☎ 04 94 32 08 32. Parkanlage für Wasserratten. Wer Mut hat, stürzt sich die über 100 m lange Rutsche »Cobra« hinunter. ⌚ Juni–Sept. tgl. 9–18 Uhr.
- **Aqualand,** Mas Capellans, Route d'Argelès, 66750 St-Cyprien, ☎ 04 68 21 43 43. Größter Wasserpark an der Roussillon-Küste. ⌚ Juni bis Mitte Sept. 10–18 Uhr.
- **La Pyramide,** Rue de l'Equerre, 13800 Istres, ☎ 04 42 56 99 99. Man kann im Hallenbad oder im Freien schwimmen sowie den Wellenpool und die Bodybuilding-Einrichtungen in Anspruch nehmen. ⌚ Im Sommer tgl., im Winter Mi und Sa/So ab 9 Uhr.
- **Aquacity,** 13170 Les Pennes Mirabeau. Mehrere Pools, Sprungbretter und Wasserrutschen. ⌚ Ganzjährig außer in der zweiten Maihälfte.

Tiergehege und Aquarien

◆ **Réserve Africaine,** 15 km südlich von Narbonne östlich der RN 9 bei Sigean, ☏ 04 68 48 20 20, FAX 04 68 48 80 85. Das Gebiet ist in Sektionen aufgeteilt, durch die man im Auto fährt und die afrikanische Tierwelt, darunter Löwen, Geparden, Giraffen, Nashörner, Zebras, Strauße und Oryxantilopen, durch geschlossene Fenster aus nächster Nähe beobachten kann. ⏲ 9 Uhr bis Sonnenuntergang.

◆ **Marineland,** am Schnittpunkt der N 7 und der Strecke nach Biot, ☏ 04 93 33 49 49. Der Meerespark ist die große Attraktion der Gegend. ⏲ 10–18 Uhr Im Juli und August gibt es sogar Nacht-Shows. Ein trasparenter Acryll-Tunnel führt mitten durch das große Haifischbecken.

◆ **Parc Zoologique de Lunaret,** 50, av. d'Agropolis, 34000 Montpellier, ☏ 04 67 63 27 63. Im Norden der Stadt leben mitten in einer Garrigue-Landschaft 150 unterschiedliche Tierarten wie Geparden, Panter, Strauße und Zebras. ⏲ Mo–Sa 8–17 Uhr, in der Saison bis 19 Uhr.

◆ **Parc Animalier des Angles,** 66210 Les Angles, ☏ 04 68 04 17 20. In der Anlage leben Wildtiere, z. B. Wölfe und Hirsche wie sie in den Pyrenäen in freier Wildbahn vorkommen. ⏲ Mai–Okt. 9–18.30 Uhr.

◆ **Zoo-Jardin Exotique,** Quartier Pont d'Aran, 3 km außerhalb der Stadt, 83150 Bandol, ☏ 04 94 29 40 38. Tropischer Garten mit vielen Kakteen, exotischen Pflanzen, Lamas, Papageien, Pinseläffchen und Gibbons. ⏲ Mo–Sa 8–12 und 14–19 Uhr, So 14–18 Uhr.

La Jungle des Papillons, neben Marineland (s. o.), 06600 Antibes, ☏ 04 93 33 49 49. Vergnügungspark mit einem Schmetterlingsdschungel. ⏲ Tgl. 10 Uhr bis Sonnenuntergang.

◆ **Zoo Mont Faron,** bei der Bergstation der Seilbahn auf den Mont Faron bei Toulon, ☎ 04 94 88 07 89. Der 1968 gegründete Zoo mit Tigern, Schneeleoparden, Pumas und Zebras konzentriert sich auf die Nachzüchtung vom Aussterben bedrohter Tierarten. 🕓 Hochsaison 10–18.30 Uhr, Nebensaison 14–18 Uhr.

◆ **Le Village des Tortues,** RN 7, ca. 2 km außerhalb, 83590 Gonfaron, ☎ 04 94 78 26 41. Etwa 2500 Griechische Landschildkröten, wie sie früher in weiten Teilen von Südfrankreich verbreitet waren, können sich auf dem 2 ha großen Gelände frei bewegen. 🕓 März bis Nov. 9–19 Uhr.

◆ **Zoo de La Barben,** La Barben, ☎ 04 90 55 19 12. Flusspferde, Elefanten, Giraffen und sogar gefährliche Krokodile lassen sich bequem von einer Touristenbahn aus beobachten. 🕓 Tgl. 10–12 und 13.30–18 Uhr.

◆ **Zoo Cap Ferrat,** Villa des Cèdres, Chemin du Roy, 06230 St-Jean Cap Ferrat, ☎ 04 93 76 04 98. Mitten in einem tropischen Garten mit einer farbenprächtigen überbordender Vegetation leben Bären, Großkatzen, Krokodile und viele andere Tiere. 🕓 Tgl. 9.30–19 Uhr.

! Mehrere hundert der im Schildkrötendorf aufgezogenen Exemplare werden alljährlich im Massif des Maures auf freien Fuß gesetzt.

◆ **Aquarium des Roches Rouges,** Avenue du Gratadis, 83700 Agay, ☎ 04 94 82 77 94. Über drei Dutzend Becken mit kunterbuntem Meeresleben. 🕓 Mo bis Fr 11–18 Uhr, Sa/So 11–19 Uhr, Juli/Aug. 11–20 Uhr.

◆ **L'Aquarium du Laboratoire Arago,** Plage du Fontaulé, 66650 Banyuls-sur-Mer, ☎ 04 68 88 73 39. In über drei Dutzend Becken lernt der Besucher Flora und Fauna des Meeres, extrem große Langusten, Tintenfische, Muränen, Seeanemonen und Meeresschildkröten kennen. Das Aquarium zählt zu den besten seiner Art in Frankreich. Tgl. 9–12 und 14–18.30 Uhr, Juli/Aug. bis 22 Uhr.

Vergnügungsparks

- **Toon's Adventure,** Ile de Loisir, 34300 Cap d'Agde, 04 67 00 04 44, Fax 04 67 00 18 72. Der Vergnügungspark mit Riesenrad, Fahrbetrieben, Kleinbauernhof mit 150 Tieren, Zaubershows und Clownvorführungen liegt auf einer Insel. In der Hochsaison tgl. 10–18 Uhr, sonst nur an Wochenenden.
- **Ok Corral,** 13780 Cuges-les-Pins, 04 42 73 80 05. Westernpark mit Riesenrad und Achterbahnen. April–Sept. tgl 10–18 Uhr.
- **Eldorado City,** 13820 Ensuès-la-Redonne, 04 42 79 86 90. Im nachgebauten Wilden Westen können Kinder auf Ponys reiten. März bis Mitte Nov. tgl. 10–18 Uhr.
- **Parc Mini-France,** 6 km östlich der Ortschaft Brignoles (Côte d'Azur) an der Straße RN 7, 04 94 69 26 00. Frankreich en miniature mit Sehenswürdigkeiten wie dem Eiffeltum und dem Loire-Schloss Chambord im Bonsaiformat. Tgl. 9.30 bis Sonnenuntergang, in der Nebensaison 10–18 Uhr.
- **Magic World,** D 42 westlich von Hyères-Plage, Route Marais, 83400 Hyères, 04 94 38 81 03. Vergnügungspark mit vielen Fahreinrichtungen. Ganzjährig 9–18 Uhr.
- **Le Cabanon Enchanté,** 83910 Pourrières, 04 94 78 43 15. Für rennbegeisterte Schumi-Fans ein wahres Selbstfahrerparadies. Auch Ponyreiter kommen auf Trapp. In den Schulferien tgl. 9–18 Uhr, sonst nur Mi und Sa/So.
- **Le Village des Automates,** RN 7, St-Cannat, 04 42 57 30 30. In diesem Märchenreich agieren über 500 Berühmtheiten wie Pinocchio und Gulliver, die ein mechanisch-elektronisches Innenleben haben. April–Sept. tgl. 9–19 Uhr, Okt.–März nur Sa/So.

!

AUF TAUCHSTATION
Mit dem einem gelben Käfer ähnelnden **Aquascope** können ca. 20 Passagiere ins Meer tauchen und den Meeresboden in Augenschein nehmen (Port de Ste-Maxime, Ste-Maxime, 04 94 49 01 45; März–Sept. 10–12 und 14–19 Uhr).

! Hurra!!!
Zur Freude von erholungsbedürftigen Eltern kümmern sich in Valras-Plage (Languedoc-Küste) im Centre de Loisir Kindergärtnerinnen von Mo–Fr jeweils von 8.30 bis 18 Uhr um junge Gäste zwischen zwei und sechs Jahren.

Einkaufen

Ein dekoratives Mitbringsel aus dem Lubéron sind hölzerne Kästchen mit Trinkgläsern aus unterschiedlich farbigem Ockerstaub (z. B. bei **Usine Mathieu** in Roussillon, ☎ 04 90 05 66 69).

Fischmärkte
In **Nizza** auf der Place St-François in der Altstadt (🕒 Di–So 6–13 Uhr); in **Marseille** am Quai des Belges (🕒 jeden Vormittag).

Typisches Reisemitbringsel
Marseille ist für seine duftenden Seifen bekannt. Schon 1820 gab es in der Stadt 80 Seifenfabriken. Jeder Stadtteil hatte dabei seinen eigenen Duft.

Gepfefferte Saucissons aus Arles, Olivenöl aus Les Baux-de-Provence, provenzalische Stoffe aus Tarascon, nach Lavendel und Jasmin duftende Seifen aus Marseille, Honig und Lavendel aus Digne-les-Bains ... Die Liste typischer Produkte ließe sich beliebig fortsetzen.

Töpferwaren und Santons

- **Poterie du Vieux Biot,** 4, chemin Neuf, 06410 Biot, ☎ 04 93 65 10 40. Hier kann man bei der Herstellung auch zuschauen.
- **La Santonnerie d'Autrefois,** 92, rue Alphonse-Daudet, 83220 Le Pradet, ☎ 04 94 75 04 35. Herstellung und Verkauf von Santons.
- **Atelier des Santons de Provence,** 582, av. des Paluds, 13400 Aubagne, ☎ 04 42 70 95 65. Herstellung von Krippenfiguren.
- **Les Santons Fouque,** 65, cours Gambetta, 13100 Aix-en-Provence, ☎ 04 42 26 33 38. Krippenfiguren-Herstellung vom unbearbeiteten Ton bis zum hübsch geschmückten Fertigprodukt.
- **Poterie des Trois Terres,** Grimaud Village, 83310 Grimaud, ☎ 04 94 43 21 62. Das Atelier verfügt über einen Ausstellungs- und Verkaufsraum.

Märkte

Obst- und Gemüsemärkte

- **Aix-en-Provence,** Place Richelieu (🕒 tgl. vormittags); Place des Pêcheurs (🕒 Di, Do, Sa vormittags).
- **Antibes-Juan-les-Pins,** Cours Masséna (🕒 Di–So 6–13 Uhr).

◆ **Arles,** Boulevard Emile-Combes (🕓 Mi vormittags), und Boulevard des Lices (🕓 Sa vormittags).
◆ **Avignon,** in den Markthallen (🕓 Di–So).
◆ **Cagnes-sur-Mer,** Cité Marchande in der Fußgängerzone (🕓 Di–So 6.30–13 Uhr).
◆ **Monaco,** Marché de la Condamine, Place des Armes (🕓 tgl. 6–13 Uhr) und Halles et Marchés de Monte Carlo, 7, av. St-Charles (🕓 tgl. 6–13 Uhr).
◆ **Sospel,** Place des Plantes (🕓 Do vormittags) und Place du Marché (🕓 So vormittags).

Blumenmärkte

◆ **Aix-en-Provence,** Place Hôtel de Ville (🕓 Do und Sa vormittags).
◆ **Marseille,** La Canebière (🕓 Di und Sa vormittags).
◆ **Nizza,** Cours Saleya (🕓 Di–Sa 6–17.30 Uhr, So vormittags).

Reisemitbringsel aus der Provence

Künstlermärkte

◆ **Cagnes-sur-Mer,** am Küstenboulevard (🕓 Sa 14–18 Uhr).
◆ **Villefranche-sur-Mer,** Place Poullan (🕓 So 8–18 Uhr).

Floh- und Trödelmärkte

◆ **Antibes-Juan-les-Pins,** Place Audiberti (🕓 Do, Sa 7–18 Uhr) und Place Nationale (🕓 Do, Sa 7–18 Uhr).
◆ **Avignon,** Place des Carmes (🕓 So ab 8 Uhr).
◆ **Cannes,** Les Allées (🕓 Sa 8–18 Uhr), Marché Forville (🕓 Mo: Juli–Sept. 15–22 Uhr; Okt.–Juni 8–18 Uhr) und Place de la Poste (🕓 Do 8–18 Uhr).
◆ **Grasse,** Place aux Herbes (🕓 Mi 8–18 Uhr).
◆ **Nizza,** Cours Saleya (🕓 Mo 6–17 Uhr) und Place Guynemer, Quai Infernet (🕓 Di und Sa 10–18 Uhr und jeden 1. So im Monat).

! In Moustiers-Ste-Marie haben Fayencen eine lange Tradition. Biot ist für Töpferei-Erzeugnisse wie die berühmten *jarres* bekannt, große tönerne Gefäße, in denen früher Olivenöl aufbewahrt wurde.

Urlaub nach Maß

Große Südfrankreich-Tour

Den Auftakt dieser Tour bilden die Highlights der Côte d'Azur: In **Monaco** sollte man den Wachwechsel vor dem Grimaldi-Palast nicht versäumen. Über die Bade- und Kulturmetropole **Nizza** und die Filmfestivalstadt **Cannes** fährt man der dramatischen Küste entlang nach **St-Tropez.** Weiter bummelt man ins malerische **Sanary-sur-Mer** und fährt über **Marseille** und via **Salon-de-Provence** in die Camargue-Metropole **Arles** bzw. nach **Nîmes** mit der römischen Maison Carrée. **Montpellier** und das lebhafte **Sète,** die FKK-Hochburg **Cap d'Agde,** die mittelalterliche Festung und Filmkulisse **Carcassonne** sowie das hübsche **Narbonne** sind Etappenziele auf dem Weg an die kilometerlangen Sandstrände der Languedoc-Roussillon-Küste. Durch die alte Heimat der Katharer geht es von **Perpignan** nördlich in die Cevennen und die Ardèche-Schlucht, wo hervorragende Möglichkeiten zum Kanu fahren und Wandern existieren. Vom Rhône-Tal gelangt man in einer Schleife über **Bollène** in das römische Ausgrabungszentrum **Vaison-la-Romaine,** nach **Orange** und schließlich zum Endpunkt **Avignon.** (16–20 Tage.)

!

ROUTE NAPOLÉON
Wer über die Südwestschweiz nach Südfrankreich fährt, dem bietet sich eine durch abwechslungsreiche Landschaften führende Superroute via Grenoble und Digne-les-Bains: die Route Napoléon. Ihr Name geht auf das Ereignis im Jahr 1815 zurück, als der Kaiser nach seiner überraschenden Landung nach der Verbannung auf der Insel Elba am Golf von Juan an Land ging, um nach Paris zu marschieren. Weil ihm die Bevölkerung des Rhône-Tals feindlich gesinnt war, wählte er mit seiner kleinen Truppe den Weg über Gap und Sisteron (RN 98). Damals musste Napoléon streckenweise mit Mauleselpfaden vorlieb nehmen. Seit 1932 gibt es eine gut ausgebaute Autostraße.

Highlights der Provence

Ein Stadtbummel hinter den wehrhaften Mauern von **Avignon** mit Besuch des Papstpalastes und eine Fahrt zum 2000 Jahre alten **Pont du Gard** machen einen ersten Tag in der Provence zum Ereignis. Auch in **Nîmes** hinterließen die Römer grandiose Spuren. Geradezu exotisch mutet die flache Camargue mit rosafarbenen Flamingos, weißen Pferden und schwarzen Stieren an. **Arles** wird nicht von ungefähr als Hochburg provenzalischer Lebensfreude gelobt – und als Stierkampfmekka. Auf dem Weg in Südfrankreichs große Metropole **Marseille,** deren alter Hafen wie aus einem Bilderbuch erscheint, liegen **Tarascon** an der Rhône, **St-Rémy-de-Provence** und der grandiose Bergort **Les Baux-de-Provence** in den Alpilles. Östlich von Marseille erstreckt sich über **Cassis** bis nach **La Ciotat** die legendäre Calanques-Küste mit atemberaubenden Kalksteinklippen, die senkrecht ins Meer abfallen. Von La Ciotat geht es landeinwärts ins vornehme **Aix-en-Provence.** Die Ockerbrüche von **Roussillon,** die Bergfestung von **Gordes** und das schnuckelige **Fontaine-de-Vaucluse** liegen auf dem Rückweg nach **Avignon.** (8–10 Tage.)

Haltestelle in La Grande-Motte

Eine Woche im Gebirge

Wer von Südfrankreich nur Küstenlandschaften erwartet, kann sich bereits im Hinterland der Côte d'Azur in den **Alpes Maritimes** eines Besseren belehren lassen. Von Nizza fährt man geradewegs nach Norden Richtung St-Martin-Vésubie in den nur wenig erschlossenen **Parc National du Mercantour** mit hinreißenden Gebirgslandschaften, Almen, Schafherden und schroffen Felsgraten. Der Park ist zum Wandern wie geschaffen. Über St-Sauveur-sur-Tinée geht es durch die **Gorges du Cians** in das mittelalterliche **Entrevaux** und weiter nach **Castellane,** einem Zentrum des Wildwassertourismus im **Verdon-Canyon.** Wanderer und Wildwasserkanuten können sich in der reizvollen Berggemeinde **Moustiers-Ste-Marie** einrichten.

Aufgekratztes **Nizza

In Nizza gibt es Hotels wie Sand am Meer. Als Faustregel gilt: je näher am Meer desto teurer. Zahlreiche preisgünstige Unterkünfte liegen im Umkreis des Bahnhofs.

Office du Tourisme et des Congrès, 1, esplanade Kennedy, BP 4079, 06302 Nice Cedex 4, ☎ 04 93 92 82 82, FAX 04 93 92 82 98, E-Mail: info@nicetourism.com, Internet: www.nicetourism.com.

Den aktuellen **Wetterbericht** für Nizza bekommt man unter folgender Internetadresse: www.voila-la-france.de/.

Die pulsierende Sonnenmetropole ist unumstritten das bedeutendste Kongress- und Wirtschaftszentrum der Côte d'Azur. Nice, die Stadt der Blumen und der Feste, verwöhnt seine Gäste zu jeder Jahreszeit mit Urbanität und einem breit gefächerten Kultur-, Sport und Unterhaltungsangebot.

Die Küstenpromenade

Wer die Promenade des Anglais für eine Verkehrsverbindung hält, täuscht sich. Sie bildet die schönste Flaniermeile der französischen Riviera, die sich staunende Pauschalurlauber, flitzende Rollerskater, Straßenkünstler, Apricot-Pudel-Besitzer, schwitzende Jogger, aufgetakelte Ladys, kichernde Teenagerscharen und Amateur-Paparazzi teilen.

Im Westen heißt sie ****Promenade des Anglais,** weiter östlich ****Quai des Etats-Unis.** Auf der Meerseite liegt der von Tausenden bunten Sonnenschirmen gepunktete Kiesstrand, welcher der fünftgrößten Stadt Frankreichs das Flair eines malerischen Badeortes verleiht. Gegenüber baut sich eine strahlend weiße Front nobler Hotel- und Apartmenthausfassaden auf. Wie ein zum Meer hin offenes Amphitheater schwingt sich die Stadt um die weite Baie des Anges (»Bucht der Engel«).

Charmante Belle Époque

Berühmteste Luxusherberge mit Blick aufs Meer ist das aus der Belle Époque stammende ****Grandhotel Negresco** ❶ mit einem rosafarbenen Kuppeldach hoch über dem Haupteingang. Es bekam seinen Namen von seinem Gründer, einem Rumänen namens Henri Negresco. Die einzelnen Etagen des

Riesenbaus sind nach bedeutenden Stilrichtungen der französischen Geschichte benannt und gestaltet, darunter Louis XIV, Louis XV, Empire oder Art déco.

Gleich nebenan liegt in einem Palmengarten das **Musée Masséna/Musee d'Art et d'Histoire** ❷ mit religiöser Kunst, Porzellan und Fayencen, aber auch Ausstellungen mit lokalen bzw. regionalen Schwerpunkten (☏ 04 93 88 11 34, ⏲ tgl. außer Mo 10–12 und 14–18 Uhr).

Freie Fahrt
Die Promenade des Anglais ist auf 4 km ohne störende Rinnen und Buckel für Inliner zu befahren.

Schlossberg

Im Osten wird die Küstenpromenade durch die 92 m hohe **Colline du Château** ❸ abgeschlossen. Schon um 400 v. Chr. erbauten die Griechen auf dem Hügel eine Akropolis. Von der nach Friedrich Nietzsche benannten Terrasse des Hügels reicht der Blick über die Baie des Anges und die Ziegeldächer der Stadt im Westen und den im Hafen dümpelnden Segelbooten und turmhohen Kreuzfahrtschiffen im Osten. Auf der Erhebung liegt auch die im 19. Jh. errichtete **Tour Bellanda,** hinter deren Mauern das **Musée Naval** ❹ Sammlungen alter Waffen, Schiffsmodelle und nautische Instrumente zeigt.

Flotte Fahrt auf der Promenade des Anglais

! Das **Musée Naval** in der Tour Bellanda ist mit einem Aufzug zu erreichen. ☏ 04 93 80 47 61, ⏲ tgl. 10–12 und 14–18 Uhr, Okt.–Mai bis 17 Uhr.

Altstadt

Zwischen der Colline du Château und dem üppig bepflanzten **Boulevard Jean-Jaurès** bzw. der **Place Masséna** dehnt sich das mittelalterliche Gewirr krummer Gässchen und schmaler Straßen von **Vieux Nice** aus. Italienisches Flair ist im verwinkelten Labyrinth allgegenwärtig: pastellfarbene Häuser, flatternde Wäsche auf den Leinen, schattige Arkaden, Fresken über Türstürzen und Torbögen, aus denen sich Küchengerüche den Weg ins Freie bahnen.

Palais Lascaris-Ventimiglia,
15, rue Droite,
☏ 04 93 62 72 40,
tgl. außer Mo
10–12 und 14–18 Uhr.

Barockperlen

Der in Südfrankreich eher seltene Barockstil prägt die in der ersten Hälfte des 17. Jhs. erbaute ***Eglise St-Jacques** ❺, das ***Palais Lascaris-Ventimiglia** ❻

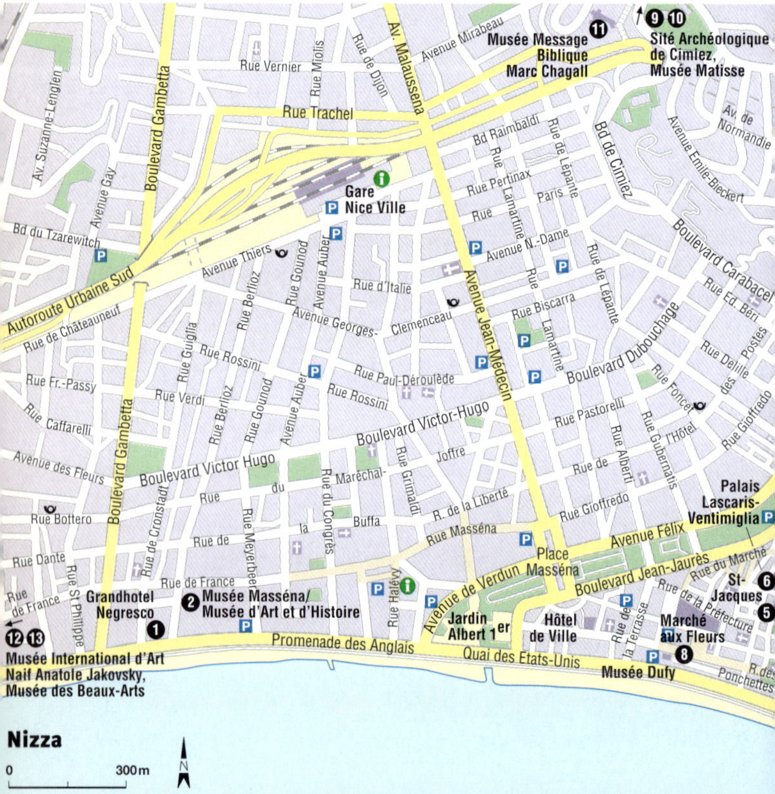

mit grandiosen genuesischen Deckengemälden, wertvollen Gobelins und prunkvoll ausgestatteten Räumen sowie die ***Chapelle de la Miséricorde** ❼, die von außen recht bescheiden aussieht, hinter dem Portal aber ein prunkvolles Inneres aufweist.

Marché aux Fleurs ❽

Der farbenprächtige Blumen-, Obst- und Gemüsemarkt auf dem Cours Saleya ist gewissermaßen das

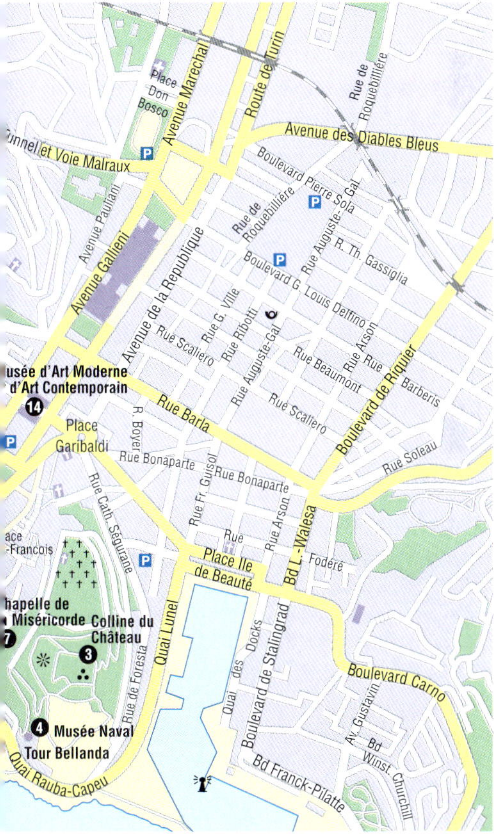

Flugzeug: Aéroport Nice-Côte d'Azur, ☏ 04 93 21 30 30.
Flughafentransfer: Bus Nr. 23 der Agence Sunbus (☏ 04 93 16 52 10) fährt zwischen 6 und 21 Uhr alle halbe Stunde vom Terminal 1 zur Gare SNCF.
Taxiservice: ☏ 04 93 13 78 78.
Bus: Fernbusse entlang der Küste von der/zur Gare Routière de Nice-Côte d'Azur (5, bd Jean-Jaurès, ☏ 04 93 85 61 81). In Nizza kann man »Sunbusse« mit preisreduzierten Pässen nutzen (Verkauf: Agence Sunbus, 10, av. Félix-Faure, ☏ 04 93 16 52 10).
Bahn: Gare SNCF, ☏ 08 36 35 35 35.

dekorative i-Tüpfelchen der Altstadt: Auf Tischen türmen sich Obst und Gemüse, dicke Kräuterbündel sind neben Schüsseln voller Oliven in intensiver Knoblauchwürze und Brotlaibe drapiert. Hausfrauen drängeln sich um eingemachte Köstlichkeiten (◷ tgl. außer Mo und So nachmittags 6–17.30 Uhr).

Alt-Nizza mit seinen Lädchen, Boutiquen und Märkten ist ein Einkaufsparadies, in dem man das Urlaubsbudget bis zum Limit ausreizen kann.

**Cimiez

Der Stadtteil hat sich mit Haut und Haaren der Kunst und Kultur verschrieben – angesichts der Geschichte kein Wunder. In vorchristlicher Zeit befand sich an der Baie des Anges zwar eine ligurische, später eine griechische Siedlung, jedoch bauten die Römer ihre Stadt Cemenelum weiter landeinwärts in Cimiez, von dem die Überfälle der Barbaren und Sarazenen kaum etwas übrig ließen. Auf der ***Site Archéologique de Cimiez** ❾ wurden die Reste der gallorömischen Siedlungsanlage freigelegt, zu der ein ehemals 4000 Zuschauer fassendes Amphitheater und die Grundmauern von Thermenanlagen gehören. Im 1989 eröffneten Museum sind viele Funde wie Keramiken, Gegenstände aus Glas, Münzen, Schmuck und Skulpturen ausgestellt (160, rue des Arènes, ☎ 04 93 81 59 57, ◷ tgl. außer Mo Okt.–März 10–13 und 14–17 Uhr, Dez.–Febr. 10–12 und 14–18 Uhr).

»Über den Dächern von Nizza«
Der Grandseigneur der Thriller-Regisseure, Alfred Hitchcock, rührte 1954 mit seiner spannenden Krimikomödie nicht nur die Werbetrommel für die Stadt, sondern läutete auch die Hochzeitsglocken für seine Hauptdarstellerin Grace Kelly ein – bei den Dreharbeiten lernte sie Fürst Rainier III von Monaco kennen.

**Musée Matisse ❿

Das in einer genuesischen Residenz aus dem 17. Jh. untergebrachte Museum liegt idyllisch inmitten eines Olivenbaumgartens. Es umfasst die Privatsammlung von Henri Matisse (1869–1954). Der Künstler kam 1917 erstmals nach Nizza, wo er dann bis zu seinem Ableben 1954 die meiste Zeit seines Lebens verbrachte. Die Ausstellungen zeigen Bilder aus allen seinen Schaffensperioden (164, av. des Arènes de Cimiez, ☎ 04 93 81 08 08, ◷ tgl. außer Di April–Sept. 10–18 Uhr, Okt.–März 10–17 Uhr).

Chagall-Sammlung

Das **Musée Message Biblique Marc Chagall ⑪** ist eine Hommage an den in Russland geborenen Maler und Illustrator Marc Chagall (1887–1985), der von 1950 bis zu seinem Tod in Vence lebte. Neben vielen Gemälden zeigt diese größte öffentliche Chagall-Sammlung Buntglasfenster, Lithographien, Skulpturen und Mosaike des Meisters (Av. du Docteur-Ménard, ☎ 04 93 53 87 20, 🕓 tgl. außer Di 10 bis 17 Uhr, Juli/Aug. bis 18 Uhr).

Marc Chagall: Ausschnitt aus seinem Gemälde »Paradies«

Treffpunkt Kunst

Der naiven Kunst ab dem 18. Jh. widmen sich die Sammlungen des **Musée International d'Art Naif Anatole Jakovsky ⑫**, das nach seinem Mäzen benannt wurde (Château Ste-Hélène, Av. Val-Marie, ☎ 04 93 71 78 33, 🕓 tgl. außer Di 10–12 und 14–18 Uhr).

Mit der Kunst des 17. und 18. Jhs., aber hauptsächlich den Arbeiten von Vertretern des Impressionismus und Neoimpressionismus wie Boudin, Manet, Degas, Sisley, Guillaumin, Bonnard, Vuillard, van Dongen beschäftigt sich das ****Musee des Beaux-Arts ⑬**. Die Ausstellungen sind in einem historistischen

Palast untergebracht, der 1878 für eine ukrainische Prinzessin erbaut wurde (33, av. des Baumettes, ☏ 04 92 15 28 28, tgl. 10–12 und 14–18 Uhr).

Zu einem Publikumsmagnet hat sich das **Musee d'Art Moderne et d'Art Contemporain** ⓮ entwickelt. Es verdankt seine Popularität den bedeutenden künstlerischen Bewegungen der 1960er- und 1970er-Jahre wie dem Nouveau Réalisme und der Pop-Art bzw. wichtigen Vertretern dieser Richtungen wie Arman, César, Raysse, Klein, Christo, Tinguely, Villeglé, Hains, Rotella, Dufrêne, Warhol, Lichtenstein, Oldenbourg und Wesselmann (Promenade des Arts, ☏ 04 93 62 61 62, tgl. außer Di 10–18 Uhr).

Auf dem Vorplatz des Museums sind einige dieser weithin bekannten üppigen Skulpturen von Niki de St-Phalle zu sehen.

! Mit mehr als einem Dutzend Museen, in deren Mittelpunkt hauptsächlich die Malerei steht, ist Nizza eine südfranzösische Kunstmetropole par excellence.

FÜR DEN KLEINEN HUNGER

Um den Cours Saleya liegen Imbissstuben, die im Holzofen gebackene *Socca* servieren, aus Kichererbsenpüree geformte Fladen. Andere Köstlichkeiten sind *Pissaladiera*, eine Art Zwiebelkuchen mit Sardellen und Tomaten, oder *Pan bagnat*, ein saftiges Sandwich mit Tomaten, Oliven, Sardellen, Zwiebeln und einem Schuss Olivenöl.

Hotels

- **Grandhôtel Negresco,** 37, promenade des Anglais, ☏ 04 93 16 64 00, FAX 04 93 88 35 68, E-Mail: Negresco@La-Cote-dAzur.com. Belle-Époque- und Luxushotel der Superlative. Mit dem nötigen Kleingeld lässt's sich hier prima träumen. ❍❍❍
- **Beau Rivage,** 24, rue St-François de Paule, ☏ 04 93 80 80 70. Exquisites Hotel mit eigenem Strand und geräumigen Zimmern. ❍❍❍
- **Oasis,** 23, rue Gounod, ☏ 04 93 88 12 29, FAX 04 93 16 14 40. In einem schattigen Garten gelegene Unterkunft mit ruhigen Zimmern. ❍❍
- **Hôtel des Alizés,** 10, rue Suisse, ☏ 04 93 88 85 08. Einfach und sauber, vor allem bei Rucksackreisenden geschätzt. ❍

Restaurants

- **Le Chantecler,** im Hotel Negresco (s. o.). Fabelhafte, in einem noblen Ambiente servierte Gerichte, zu denen die regionalen Weine passen. ❍❍❍

◆ **La Feria,** 7, rue de la Terrasse, ☎ 04 93 62 64 82. Typische Tapas-Bar im spanischen Stil, in der man in künstlerisch zubereiteten Häppchen schwelgen kann. An Wochenenden gibt es abends Live-flamencomusik. ❍❍❍

◆ **Le Mélisande,** Palais Maeterlinck, 30, bd M.-Maeterlinck, ☎ 04 92 00 72 00. Gourmetrestaurant mit traditioneller französischer Küche und exquisiten Spezialitäten aus der Provence. ❍❍❍

◆ **Le Don Camillo,** 5, rue des Ponchettes, ☎ 04 93 85 67 95. Gute, regionale Küche. ❍❍

◆ **La Tapenade,** 6, rue Ste-Réparate, ☎ 04 93 80 65 63. Hübsch eingerichtetes Lokal mit provenzalischer Küche. Gute Pizzen. ❍❍

Das Negresco ist eine Institution

Nightlife

◆ **Chez Wayne,** 15, rue de la Préfecture, ☎ 04 93 13 46 99. Pub mit Livemusik.

◆ **Jonathan's Live Music Pub,** 1, rue de la Loge, ☎ 04 93 62 57 62. Jeden Abend Livemusik einheimischer Gruppen.

◆ **L'Ambassade,** 18, rue du Congrès, ☎ 04 93 88 88 87. Vornehmer Tanzklub mit Querbeetmusik. Garantiert nichts für trübe Tassen! 🕓 Mi–Sa ab 23 Uhr.

◆ **Black Swan,** 8, passage E.-Négrin, ☎ 04 93 87 43 34. Shorts und Trainingsanzüge kommen am Türsteher der Disko nicht vorbei. An manchen Abenden können Toptänzerinnen eine Flasche Champagner gewinnen. 🕓 Mi–So ab 23.30 Uhr.

◆ **Le Oba Oba,** 73, quai des Etats-Unis, ☎ 04 93 80 08 14. Klub mit hauptsächlich afro-amerikanischer und afrikanischer Musik. 🕓 So.

Einkaufen

◆ **Galeries Lafayette,** 6, av. Jean-Médecin/Place Masséna. Großes Kaufhaus mit einem Angebot, das keinen Wunsch offen lässt.

◆ **Marks and Spencer,** 44, av. Jean-Médecin. Britische Warenhauskette, die wegen ihrer preisgünstigen Mode beliebt ist.

◆ **Byzance,** 14, rue Centrale. Hier bekommt man Alltagsmode sowie nicht alltägliche Accessoires.

! Für diejenigen, die sich für Nizzas Unterwasserwelt interessieren, aber nicht nass werden wollen, bietet **Aquascope-Trans Côte d'Azur** (am Hafen, ☎ 04 92 00 42 30, Fax 04 92 00 42 31, 🕓 tgl. 9–11 und 14–18 Uhr) Ausflüge per Glasbodenboot an.

Die Umgebung von Nizza

Das bergige Hinterland von Nizza mutet an manchen Tagen fast afrikanisch an. Früh am taufrischen Morgen füllt milchiger Nebel kleine Talsenken wie Rauch von offenen Feuerstellen.

**St-Paul-de-Vence

Das pittoreske Wehrdorf aus dem 16. Jh. liegt in den Ausläufern der Alpes Maritimes. Verwinkelte Gassen, lauschige Höfe, ausgetretene Treppen und fotogene Torbögen lockten schon in den 1920er- und 1930er-Jahren berühmte Zuzügler wie Modigliani, Sartre, Miró, Braque und Gide an. Ihnen folgten Filmpromis wie Greta Garbo und Sophia Loren. José Luis Sert schuf den Museumskomplex **Fondation Maeght. Dort fanden Werke weltberühmter Künstler ihre Heimat, darunter Exponate von Giacometti, Miró, Braque, Calder und Léger (La Colline des Gardettes, ☎ 04 93 32 81 63, 🕓 tgl. 10–12.30 und 14.30–18 Uhr, Juli und Sept. 10–19 Uhr).

Konfettisaison

Der berühmte Karneval von Nizza lässt die Stadt im Februar zwei Wochen lang Kopf stehen. Die mediterrane Lebensart geht mit karibischem Elan eine geradezu explosive Mischung ein. Farbenfrohe Blumenumzüge, Lichterparaden, ein feuriger Karnevalskorso, Maskenbälle en masse, glanzvolle Feuerwerke, Musik aller Stilrichtungen und tonnenweise Konfetti gehören in dieser Zeit zum Nizza-Programm.

Hotel-Restaurant

◆ **Colombe d'Or,** Place du Général-de-Gaulle, ☎ 04 93 32 80 02, FAX 04 93 32 77 78. Das Nobelhotel mit angeschlossenem Restaurant wurde schon in der ersten Hälfte des 20. Jhs. zu einer Art Museum, als zahlreiche Künstler wie Picasso oder Miró ihre Rechnungen mit Originalwerken bezahlten. ❍❍❍

*Vence

Innenraum der Chapelle du Rosaire in Vence

Der Ort mit mittelalterlichem Kern liegt nur wenige Kilometer von St-Paul-de-Vence entfernt. Einen wunderbaren Blick auf Vence bietet sich von der Straße, an der die **Chapelle du Rosaire** liegt. Von außen wirkt der Bau sehr einfach und gibt sich nur durch ein überdimensionales Eisenkreuz auf dem Dach zu erkennen. Das Kircheninnere wurde zwischen 1947 und 1951 von Henri Matisse ausgemalt und lieferte damals reichlich Zündstoff für eine Kunstkontroverse. Einer der Kontrakritiker war Pablo Picasso, der die Innenraumgestaltung mit einem Badezimmer verglich. (☎ 04 93 58 03 26, 🕓 Di und Do 10–11.30 und 14.30–17.30 Uhr.)

Restaurants

◆ **Château St-Martin,** Av. des Templiers, ☎ 04 93 58 02 02. Elegantes Anwesen inkl. Hotel mit raffinierter französischer Küche. ❍❍❍

◆ **Jacques Maximin,** 689, chemin de la Gaude, ☎ 04 93 58 90 75. Der Küchenchef entscheidet jeden Tag je nach Saison und Zutatenangebot, was er seinen Gästen auf den Tisch zaubert. ❍❍

!

PROMIHOCHZEIT

1951 machte St-Paul-de-Vence Schlagzeilen. Im Hotel **Colombe d'Or** heirateten damals zwei Superstars des französischen Kinos: Simone Signoret und Yves Montand.

Fürstliches **Monaco

In Monaco herrscht Raumnot. Nicht nur bei Großereignissen wie dem Grand Prix sind die Parkmöglichkeiten rar. Die besten Chancen, ein Parkhaus zu finden, hat man im Stadtteil Fontvieille, von wo das Zentrum zu Fuß leicht zu erreichen ist.

Direction du Tourisme, 2 a, bd des Moulins, 98030 Monaco Cedex, ☏ 92 16 61 16, FAX 92 16 60 00, E-Mail: dtc@monacocongres.com.

! **Palais du Prince,** Place du Palais, ☏ 93 25 18 31, Juni–Sept. tgl. 9.30–18.30 Uhr, Okt. tgl. 10–17 Uhr, Nov.–Mai geschl.

Mekka der Blaublütigen, Steuer- und Spielerparadies, Formel-1-Arena, Schickeriatreff, Perle der Riviera, Disneyland für reiche Rentner, Tummelplatz von Snobisten und Bohemiens – für Jetset-News und Hautevoleegerüchte bietet der Zwergenstaat Riesenschlagzeilen in der Boulevardpresse.

Kein Staat wie jeder andere

Auf drei Seiten von Frankreich und auf einer Seite vom Meer umgeben, ist dem Fürstentum schon allein deshalb eine Sonderrolle vorgegeben. Andere Faktoren kamen hinzu: die Steuerfreiheit aller Monegassen, die 1956 gefeierte Traumhochzeit von Fürst Rainier III mit dem Hollywoodstar Grace Kelly, der tödliche Autounfall der Fürstin 1982 und Tratsch und Klatsch um die Kinder Caroline, Albert und Stephanie, die seit Jahrzehnten Paparazzi und journalistische Spürnasen auf Trab halten. 1997 beging das Fürstentum die 700-Jahr-Feier der Grimaldidynastie, die den Kleinstaat immer noch beherrscht.

Sightseeing auf engstem Raum

Monacos bekannteste Touristenattraktion, der Wachwechsel auf der **Place du Palais ❶**, verlangt ihren Tribut. Im Hochsommer brennt die Sonne unbarmherzig auf die Steinstufen herunter, die in steilen Windungen eine Flanke des Monaco-Felsens hinauf zum Platz führen. Auf der Nordostseite des Platzes blickt man wie von einer Aussichtsterrasse auf die steinerne Stadtlandschaft der Hauptstadt Monte Carlo.

Wachwechsel am Prinzenpalast

Am späteren Vormittag versammeln sich Besucher aus aller Welt vor dem **Palais du Prince ❷**, um Monacos zugkräftigstem Spektakel beizuwohnen. Punkt 11.55 Uhr werden in einem über 100 Jahre alten Zeremoniell die im Sommer in weiße, im Winter in schwarze Uniformen gekleideten Wachposten abgelöst. Sie sind nicht nur Dekoration, sondern garantieren die Sicherheit des Regenten rund um die Uhr.

Der Palast, dessen älteste Teile aus dem 13. Jh. stammen, wirkt von außen unscheinbar. Im Innern ist ein gutes Dutzend Räumlichkeiten wie die Italienische Galerie mit prächtigen, fast 500 Jahre alten Fresken, der in Blau und Gold gehaltene *Salon Louis XIV*, der mit Holztäfelungen und filigranen Arabesken geschmückte *Salon Mazarin*, der für offizielle Empfänge genutzte *Thronsaal* samt Renaissancekamin, die *Palastkapelle*, der *Ehrenhof* und das *Musée Napoléonien et Les Archives du Palais* mit Flaggen, Waffen, Uniformen und Insignien der Macht zur Besichtigung freigegeben.

Die Skyline von Monaco

Die Altstadt

Dem Prinzenpalast gegenüber dehnt sich die Altstadt mit Gassen, Boutiquen, witzigen Lädchen und Straßencafés aus.

!

Hinter der Cathédrale St-Nicolas liegen die **Jardins St-Martin.** Diese ruhige Parkanlage mit Föhren und Agaven ist eine Insel der Ruhe inmitten der allgemeinen Hektik.

Bei den Grimaldis

Wer sich für die Geschichte der Grimaldifamilie interessiert, kann die Herrscher und ihre Familien persönlich treffen, allerdings nur als Wachsnachbildungen, die in zwei Dutzend Szenen im **Musée de Cire/Historial des Princes de Monaco ❸** präsentiert werden (27, rue Basse, 🕓 tgl. 9.30–18 Uhr, im Winter 10.30–17 Uhr). Aus weißem Stein entstand im letzten Viertel des 19. Jhs. auf den Fundamenten einer Vorgängerkirche die neoromanische **Cathédrale St-Nicolas ❹** mit den Gräbern früherer Regenten und der letzten Ruhestätte der im Jahr 1982 verunglückten Fürstin Gracia Patrizia.

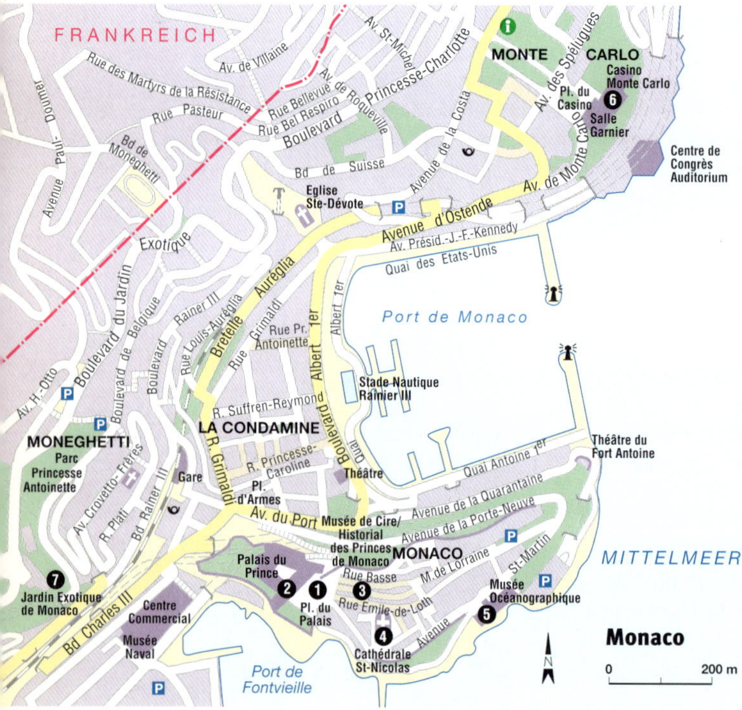

****Musée Océanographique** ❺

Auf zwei Etagen bekommen Besucher präparierte Meeresbewohner wie das Skelett eines 20 m langen Wals, ein Modell des Laborschiffes von Museumsgründer Prinz Albert I und Ausstellungen über berühmte Meeresforscher wie Jacques Cousteau zu sehen, der das Meeresmuseum von 1957 bis 1988 leitete. Interessant sind die mit Meerwasser gespeisten Aquarien, die tolle Exemplare der Unterwasserflora und -fauna aus allen Weltmeeren zeigen. (Av. St-Martin, ☎ 93 15 36 00, 🕓 tgl.: April–Juni und Sept. 9–19 Uhr, Juli/Aug. 9–20 Uhr, Okt.–März 10–18 Uhr.)

Hochburg der Glücksritter

Ginge es mit rechten Dingen zu, müsste das ***Casino Monte Carlo** ❻ als Finanzbehörde des Fürstentums Monaco ausgewiesen sein. Denn der Ministaat bezieht seine Einnahmen zu einem guten Teil aus dem Geschäft mit kreisenden Roulettekugeln, gut gemischten Black-Jack-Karten, über grünen Filz hüpfenden Würfeln und jaulenden Spielautomaten.

Stacheliges Wunderreich

Prinz Louis II begann im ausgehenden 19. Jh. an der sonnenwarmen, nach Osten liegenden Bergflanke von Monaco einen Kakteengarten anzulegen, der 1933 offiziell eingeweiht wurde. Nach über 100 Jahren hat sich die Anlage in einen wunderschönen ***Jardin Exotique de Monaco** ❼ mit 7000 Arten tropischer Gewächse verwandelt. Zum Garten gehören die 60 m tief in den Berghang hineinreichende *Grotte de l'Observatoire* mit grazilen Tropfsteinformationen und das *Musée d'Anthropologie*, das mit seinen Sammlungen einen Überblick über die Menschheitsgeschichte anhand prähistorischer Grabstätten sowie ausgestorbene Tierarten wiedergibt (62, bd du Jardin Exotique, ☎ 93 15 29 80, 🕓 Mitte Mai bis Mitte Sept. tgl. 9–19 Uhr, sonst bis 18 Uhr).

! Im Kino des **Musée Océanographique** werden Filme von Jacques Cousteau gezeigt. **Casino:** Für den *Salon Ordinaire* müssen Spielwillige oder Schaulustige 50 FF berappen. Ins eigentliche Heiligtum, die mit barockem Dekor fast überladenen *Salons Privés*, wird nur vorgelassen, wer 100 FF Eintritt entrichtet hat.

!

SALLE GARNIER

In dem nach dem Architekten der Spielbank, Charles Garnier, benannten Theater an der Place du Casino finden Opernaufführungen, Konzerte und Ballettabende statt.

Hotels

◆ **Hôtel du Louvre,** 16, bd des Moulins. ☎ 93 50 65 25, FAX 93 30 23 68, E-Mail: hotel-louvre@monte-carlo.mc. Nur wenige Schritte vom Spielkasino entfernt gelegenes freundliches Haus. Die Bushaltestelle Richtung Innenstadt liegt direkt vor der Tür. ❍❍❍

◆ **Hôtel Ambassador Monaco,** 10, av. Prince-Pierre, ☎ 97 97 96 96, FAX 97 97 96 99, E-Mail: ambassador @monte-carlo.mc. Klimatisierte Zimmer mit Minibar, TV und Schallschutzfenstern, sodass man auch während der Rennwoche überleben kann. Im hauseigenen Restaurant wird italienisch gekocht. ❍❍❍

◆ **Le Versailles,** 4–6, av. Prince-Pierre, ☎ 93 50 79 34, FAX 93 25 53 64, E-Mail: hotel-versailles@monte-carlo.mc. Ordentliche Unterkunft mit sauberen Zimmern. ❍❍

◆ **Helvética,** 1 bis, rue Grimaldi, ☎ 93 30 21 71, FAX 92 16 70 51, E-Mail: hotel-helvetia@monte-carlo.mc. Das Haus bietet 25 Zimmer mit oder ohne Bad. ❍❍

◆ **Olympia,** 17 bis, av. Leclerc, Beausoleil, ☎ 04 93 78 12 70, FAX 04 93 41 85 04. Das Hotel liegt auf französischem Gebiet und bietet eine Alternative, wenn die Stadthotels in Monaco ausgebucht sind. ❍

Luxus in Hülle und Fülle erwartet einen im **Hôtel de Paris** (Place du Casino, ☎ 92 16 38 00, FAX 92 16 38 50; ❍❍❍). Neben Zimmern mit Blick auf den Hafen besitzt das pompöse Grandhotel auch noch zwei Toprestaurants.

Restaurants

◆ **Le Louis XV,** Hôtel de Paris, Pl. du Casino, ☎ 92 16 30 01. Spitzenrestaurant mit bombastischem Dekor des 18. Jhs. und einer mehrfach preisgekrönten Küche. ❍❍❍

Spitzentrio mit Küstenblick

Corniches sind zum Teil in die Steilküste geschlagene Straßen entlang der Riviera, die hinter jeder Kurve neue Prachtpanoramen erwarten lassen. Zwischen Menton und Cassis unterscheidet man drei unterschiedliche Abschnitte. Im Osten dehnt sich die ****Corniche de la Riviera** mit den beiden Städten Monte Carlo und Nizza aus. Zwischen Cannes und St-Raphaël ist die ****Corniche de l'Estérel** nach dem roten Massif de l'Estérel benannt. Vor allem der Abschnitt zwischen Cap Roux und Agay diente in vielen Filmen als ideale Kulisse für wilde Autojagden, so auch in »Und immer lockt das Weib« mit Brigitte Bardot. Dem westlichen Abschnitt der Riviera folgt die ****Corniche des Maures** am Fuße des Maurenmassivs.

◆ **Chez Gianni,** 39, av. Princesse Grace, ☎ 93 30 46 33. Das kleine Lokal, in dem man auch auf einer hübschen Terrasse speisen kann, hat sich auf italienische Küche spezialisiert. ❍❍

◆ **Le Dolce Vita,** 25, bd Albert I, ☎ 93 30 99 10. Gerichte mit italienischem Einschlag, die man mit Blick auf den Hafen genießen kann. ❍❍

◆ **Le St-Benoît,** 10, av. de la Costa, ☎ 93 25 02 34. In Hafennähe gelegenes Lokal mit Muschelsalat der Saison, Tournedos vom Lachs oder gegrillten Lammkotteletts. ❍❍

Im prunkvollen Stil der Belle Époque präsentiert sich das Casino

Nightlife

In Monaco gibt es Diskotheken en masse. Zu den populärsten gehören **Le Boccaccio** (39, av. Princesse), **Le Noroc** (7, rue du Portier), **Le Stars 'n' Bars** (6, quai Antoine I) und **Le Tiffany's** (3, av. des Spélugues). In all diesen Tanzschuppen werden jeweils trendige Musikrichtungen aufgelegt.

Einkaufen

◆ **Galerie du Métropole,** 1, av. des Citronniers. Herausgeputztes Shopping-Paradies mit zahlreichen Läden.

◆ **Centre Commercial Le Métropole,** gegenüber den Jardins du Casino. Einkaufszentrum mit dem Kaufhaus FNAC, weiteren 80 Boutiquen und Fachgeschäften sowie zehn Restaurants.

◆ **Lillo Renner,** 1, av. Henri-Dunant. In dem Geschäft für alten und neuen Schmuck funkeln die Auslagen und die Augen der Kundinnen um die Wette.

Aquavision, Quai des Etats-Unis, ☎ 92 16 15 15, FAX 92 16 14 61. Einstündige Fahrten ab Monaco-Hafen mit dem Glasbodenkatamaran zum Cap d'Ail, von April bis September.

Seealpen und **Grand Canyon du Verdon

In der Region Alpes Maritimes gibt es kein dichtes Netz von Tankstellen. Während der Autotouren sollte man daher in größeren Orten immer mal wieder aufzutanken.

Die Hoch- und Seealpen im Hinterland der Côte d'Azur mit ihren atemberaubenden Gebirgslandschaften, von schroffen Felsen eingefassten Tälern und uralten Dörfern scheinen mit der teilweise noch archaisch anmutenden Lebensweise ihrer Bewohner um Lichtjahre vom Trubel der Küste entfernt zu sein.

Die **Route des Grandes Alpes

! Man kann die **Route des Grandes Alpes** mit einer Tour durch die Alpes Maritimes verbinden, die den spektakulären **Grand Canyon du Verdon** einschließt.

In Südfrankreichs malerischer Zitronenmetropole ***Menton** ❶ beginnt mit der Route des Grandes Alpes die schönste Autotour durch die westlichen Alpen. Sie stellt eine 700 km lange Verbindung zwischen Mittelmeer und Genfer See her, gehört aber nur auf ihrem südlichsten Viertel zur Region Südfrankreich.

Nördlich von Menton und nur wenige Kilometer von der italienischen Grenze entfernt liegt ***Sospel** ❷ inmitten terrassierter Oliven- und Weingärten. Durch den mittelalterlichen Ort windet sich das Flüsschen Bévéra, das von einer im 11. Jh. erbauten Brücke mit einem hübschen Mautturm überspannt wird. Architektonisch interessanter als die rustikale Brücke sind die prächtigen Barockfassaden um die *Place St-Michel*.

Prähistorische Graffiti

Die aus der Zeit 2900 bis 1800 v. Chr. stammenden Felsgravuren verteilen sich in der ****Vallée des Merveilles** auf einer Fläche von 14 km². Die prähistorischen Felsritzungen wurden von dem Engländer Clarence Bicknell (1842–1918) entdeckt und später von dem italienischen Wissenschaftler Carlo Conti (1880–1974) sowie seit 1967 von einem Archäologenteam um Professeur Henry de Lumley untersucht. Manche Gebiete dürfen nur im Rahmen von Touren unter Führung erfahrener Profis betreten werden (Infos im Parc National du Mercantour).

Abstecher in die **Vallée des Merveilles

Sospel ist ein idealer Ausgangspunkt für einen Abstecher durch die ***Gorges de Saorges*** ins ca. 40 km entfernte Tende und von dort zu Fuß ins berühmte »Tal der Wunder«, wo am 2872 m hohen Mont Bégo vor 4000 Jahren eine keltisch-ligurische Urbevölkerung lebte, die mehr als 35 000 heute noch sichtbare Felsbilder in Stein ritzte. Wer die prähistorische Kunst besichtigen will, muss eine mehrstündige Wanderung ab Lac des Mèsches westlich von St-Dalmas-de-Tende unternehmen (bis zum See mit dem Auto).

Eine mittelalterliche Brücke überspannt die Bévéra in Sospel

Hotels in Tende

◆ **Prieure Hôtel,** Rue Jean-Médecin, ☎ 04 93 04 75 70, FAX 04 93 04 71 58. Einfacheres Hotel ohne jeglichen Schnickschnack. ❍

◆ **Cheval Blanc,** 18, rue Maurice-Sassi, ☎ 04 93 04 62 22. Um sein müdes Haupt zu betten, reicht's allemal. ❍

Von *Sospel nach St-Sauveur-sur-Tinée

Einige Kilometer nördlich von Sospel beginnt der 1979 gegründete ****Parc National du Mercantour,*** ein gebirgiges, paradiesisches Naturschutzgebiet, das mit der 3143 m hohen Cime du Gélas seinen höchsten Punkt erreicht. Außer den bronzezeitlichen Steingravuren in der Vallée des Merveilles bietet der Park wunderschöne Wandergebiete, die von den Ortschaften an der Route des Grandes Alpes zu erreichen sind. Darunter das bereits im Mittelalter befestigte **St-Martin-Vésubie,** wo man sich in mehreren kleinen Läden verpflegen und – wenn nötig – mit Ausrüstung versorgen kann.

ⓘ Vallée des Merveilles: **Parc National du Mercantour,** Av. des Martyrs de la Résistance, 06430 Tende, ☎ 04 93 04 67 00. **Musée des Merveilles,** Av. du 16 septembre 1947, 06430 Tende, ☎ 04 93 04 32 50, 🕓 Mai bis Mitte Okt. 10.30–18.30 Uhr, sonst bis 17 Uhr.

123

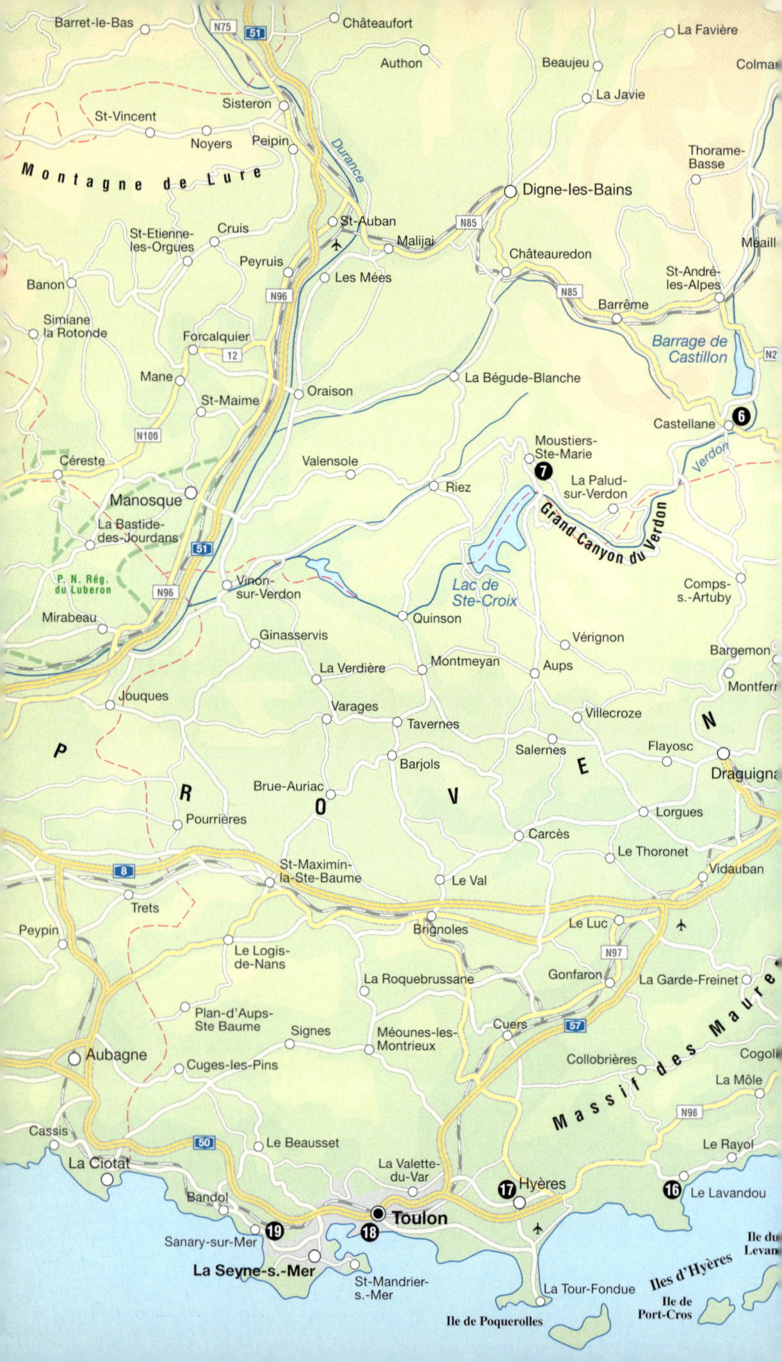

Barret-le-Bas
N75
51
Châteaufort
Authon
La Favière
Beaujeu
Colmar
La Javie
Sisteron
St-Vincent
Noyers
Peipin
Durance
Thorame-Basse
Montagne de Lure
Digne-les-Bains
St-Auban
N85
Malijai
St-Etienne-les-Orgues
Cruis
Méailles
Châteauredon
Peyruis
Les Mées
St-André-les-Alpes
Banon
N96
N85
Barrême
Simiane la Rotonde
Forcalquier
Barrage de Castillon
12
N2
Mane
La Bégude-Blanche
Oraison
St-Maime
Castellane
6
N100
Moustiers-Ste-Marie
Céreste
Valensole
Verdon
7
La Palud-sur-Verdon
Riez
Manosque
La Bastide-des-Jourdans
Grand Canyon du Verdon
51
P. N. Rég. du Luberon
Lac de Ste-Croix
Comps-s.-Artuby
N96
Vinon-sur-Verdon
Mirabeau
Quinson
Ginasservis
Vérignon
Bargemon
La Verdière
Montmeyan
Aups
Montferrat
Jouques
Villecroze
Varages
Tavernes
N
Salernes
Flayosc
P
Barjols
E
Draguignan
R
Brue-Auriac
V
O
Lorgues
Pourrières
Carcès
Le Thoronet
St-Maximin-la-Ste-Baume
8
Vidauban
Le Val
Trets
Le Luc
Brignoles
Peypin
Le Logis-de-Nans
N97
Gonfaron
La Garde-Freinet
La Roquebrussane
Plan-d'Aups-Ste Baume
Cuers
57
Signes
Méounes-les-Montrieux
Massif des Maures
Aubagne
Collobrières
Cogolin
Cuges-les-Pins
La Môle
N98
Cassis
50
Le Beausset
Le Rayol
La Ciotat
La Valette-du-Var
Hyères
17
16
Le Lavandou
Bandol
Toulon
19
18
Sanary-sur-Mer
Ile du Levant
Iles d'Hyères
La Seyne-s.-Mer
St-Mandrier-s.-Mer
La Tour-Fondue
Ile de Port-Cros
Ile de Poquerolles

Alpes Maritimes
ITALIEN
Isola
Entraunes
Mollières
Upega
P. N. du Mercantour
Roubion
St-Sauveur-s.-T.
Le Boréon
Monesi
Beuil
St-Martin-Vésubie
St-Dalmas-de-Tende
Guillaumes
Valberg
Vallée des Merveilles
Gorges du Cians
Fontan
Daluis
Léouvé
Thiery
Lantosque
Pigna
Annot
Tournefort
Baiardo
Entrevaux
Sospel
Rouaine
La Rochette
Toudon
Lucéram
Dolceacqua
Trucco
Plan-du-Var
Roquesteron
l'Escarène
Ventimiglia
Le Mas
Contes
MONACO
Bordighera
Thorenc
Coursegoules
Menton
Andon
Monaco
La Bastide
Nice
Gourdon
Vence
Villefranche-sur-Mer
St-Paul-de-Vence
Cagnes
Cap Ferrat
Mons
Grasse
Cros-de-Cagnes
Valbonne
Sophia-Antipolis
Fayence
Mougins
Antibes
Cap d'Antibes
Cannes
Bagnols-en-Forêt
La Napoule
Iles de Lérins
Massif de l'Estérel
Fréjus
Agay
Anthéor
St-Raphaël
Ste-Maxime
Port Grimaud
St-Tropez
Plage de Tahiti
Ramatuelle
La Croix-Valmer
MITTELMEER
N204
20
2204
N202
N85
8
N7
N98
N
0
20km
Côte d'Azur und Seealpen

Landschaftlich reizvoll ist das Gebiet um das 5 km entfernte **Le Boréon** mit See, Wasserfall, Wäldern, glitzernden Bächen und mehreren fast 3000 m hohen Berggipfeln in der Umgebung. In **St-Sauveur-sur-Tinée** beginnen mehrere lohnenswerte Rundwanderwege.

An der zum Col de Braus westlich von Sospel führenden Straße liegt die **Ferme-Auberge La Lavina.** Auf den Gast warten köstliche regionale Spezialitäten, wie z. B. die Kaninchenterrine. Außerdem wird er mit einer grandiosen Aussicht belohnt (☏ 04 93 04 04 72; ❍❍).

Bergdörfer, Schluchten und Täler

In St-Sauveur-sur-Tinée zweigt eine Straße von der Route des Grandes Alpes in westlicher Richtung ab und windet sich nach ***Roubion** ❸ hinauf, ein gut 800 Jahre altes Bergdorf mit verwitterten Bruchsteinfassaden, rostigen Wellblechdächern und einem in die Jahre gekommenen Kirchturm mit eisernem Glockenstuhl.

Über den 1678 m hohen Col de la Couillole geht es weiter in das Wintersportzentrum **Beuil,** dessen Häuser sich um einen kleinen Platz und eine aus dem 17. Jh. stammende Kirche drängen. Von seiner schönsten Seite zeigt sich das Dorf von Süden, weil man von dort die exponierte Lage auf einem Bergrücken am besten erkennt.

Die **Gorges du Cians ❹

Südlich von Beuil grub sich der Cian über lange Zeiträume hinweg atemberaubende Schluchten in das eisenhaltige Schiefergestein der Berglandschaft. Je nach Jahreszeit verändert sich das Farbenspiel in den Gorges du Cians auf spektakuläre Weise: Im Frühjahr leuchten gelbe und orangefarbene Blütentupfer auf den roten Felsen, im Frühsommer dominiert das Grün der Blätter und im Winter das strahlende Weiß des Schnees. Durch Tunnels und an senkrechten Abbrüchen vorbei schlängelt sich die ausgebaute Autostraße am Fluss entlang und gibt von manchen Haarnadelkurven den Blick auf die Schlucht frei.

!

Für die rotbraun oxidierten Felsen der Gorges du Cians hatten Menschen schnell einen Beinamen zur Hand: »Colorado der Seealpen«.

*Entrevaux ❺

Das Tal des Var-Flusses war schon im Mittelalter eine wichtige Verkehrsverbindung. Zweimal in seiner Geschichte wurde das dort liegende Städtchen deshalb mit Festungsmauern bzw. einer Burg ausgestattet, um den Zugang ins italienische Savoyen zu kontrollieren. Nachdem Napoléon III 1860 das bis dato italienische Herzogtum Nizza annektiert hatte, büßte die Bergfeste ihre strategische Position ein und verfiel in einen Dornröschenschlaf, aus dem sie erst durch den modernen Tourismus erweckt wurde.

Eine Brücke überspannt den Var und führt durch ein mächtiges Stadttor samt Zugbrücke in den mittelalterlichen Ortskern mit Gassen, schiefen Stufen, holprigem Pflaster, engen Torbögen und winzigen Terrassengärten.

Castellane ❻

Der Ort an der Route Napoléon profitiert weniger von Anhängern, die auf den Spuren des ehemaligen Kaisers wandeln, als vielmehr von Wanderern und Rafting-Fans, die dem nicht weit entfernten Grand Canyon du Verdon einen Besuch abstatten wollen. Wer vorab seine Kondition testen will, besteigt den am Ufer des Verdon-Flusses 184 m in den Himmel ragenden Hausfelsen der Stadt, auf dem die 1703 erbaute **Chapelle Notre-Dame-du Roc** ein beliebtes Wanderziel bildet. Für den einstündigen Aufstieg wird man mit einem grandiosen ***Panoramablick** bis zum Verdon-Canyon belohnt. Castellane selbst duckt sich unter roten Ziegeldächern und lockt an Sommerwochenenden Kunden und Schaulustige aus der ganzen Umgebung auf seinen kunterbunten Markt.

Auch ohne Auto kommt man leicht nach Castellane. Zwischen dem Ort, Grasse und Nizza verkehrt täglich ein Bus.

Auf dem Markt von Castellane verlocken rotbackige Aprikosen, duftender Lavendelhonig und Gewürze in allen Farb- und Geschmacksnuancen zum Kauf.

Hotel

◆ **Hôtel Restaurant le Roc,** Pl. de l'Eglise, ☎ 04 92 83 62 65. Unterkunft mit einfachen Zimmern und einem angeschlossenen Restaurant. ❍

**Grand Canyon du Verdon

Wie ein brutaler, 700 m tiefer Riss zieht sich die Verdon-Schlucht durch die Wald-, Wiesen- und Berglandschaft der Hochebene von Valensole bzw. den an ein Naturwunder grenzenden ****Parc Naturel Régional du Verdon.** Erst 1905 war es dem französischen Höhlenforscher Eduard Alfred Martel als Erstem gelungen, die wilde Schlucht zu durchqueren. Heute zähmen mehrere Staustufen den Fluss.

Autofahrern bieten sich drei Erkundungsrouten an: Am Nordufer der Schlucht *(Rive droite)* verläuft die Straße D 952 zwischen Castellane und Moustiers-Ste-Marie. Auf der Südseite *(Rive gauche)* zieht sich die ****Corniche Sublime** (D 71) am Canyonrand entlang und eröffnet atemberaubende Ausblicke auf die schroffen, senkrecht abfallenden Felswände. Die dritte Straße ist unter dem Namen ****Route des Crêtes** (D 23) bekannt. Vom Bergsteigerdorf **La Palud-sur-Verdon** aus bietet sich die ca. 3-stündige Rundtour mit Dutzenden, direkt an der Canyonkante liegenden spektakulären Aussichtspunkten an.

Noch beeindruckender präsentiert sich der Canyon auf Wanderungen in die innere Schlucht. Unterhalb von Rougon führt eine Stichstraße zum ****Belvédère du Couloir Samson.** Dort findet sich ein leichter Einstieg zu den Wanderwegen.

Parc Naturel Régional du Verdon, BP 14, 04360 Moustiers-Ste-Marie, ☏ 04 92 74 63 95, E-Mail: parc.regional.verdon@wanadoo.fr. Kompetente Auskunftsstelle.

Office du Tourisme, BP 1, 04360 Moustiers-Ste-Marie, ☏ 04 92 74 67 84, FAX 04 92 74 60 65, E-Mail: Moustiers@wanadoo.fr.

**Moustiers-Ste-Marie 7

Der Bilderbuchort könnte reizvoller kaum liegen. Hinter den eng zusammengerückten Häusern auf beiden Seiten eines rauschenden Bergbaches ragen zwei ausgemergelte Felsspitzen in den Himmel, zwischen denen die Wallfahrtskapelle **Notre-Dame-de-Beauvoir** mit einer grandiosen Aussicht liegt. Im Ort ist Kirmesatmosphäre Normalzustand. Hauptsächlich an Sommerwochenenden wird der idyllische

Atelier Aulagnet-Baratta, ☏ 04 92 74 66 23. Wunderschöne Fayence-Arbeiten.
Mufraggi, ☏ 04 92 74 67 68. Werkstätte und Verkaufsraum für Fayencen in einem Gewölbe.

Winkel von Touristen aus aller Welt im Sturm erobert, gilt Moustiers-Ste-Marie doch als Frankreichs Vorzeigeadresse in Sachen Fayence-Handwerk.

Das alte Kunstgewerbe wurde 1927 wieder belebt, nachdem das **Musée de la Faïence** gegründet worden war. Die Ausstellungen dokumentieren die Geschichte der Fayence-Herstellung und zeigen zahlreiche historische Stücke aus den Ateliers berühmter Handwerkerfamilien. Heute gibt es wieder knapp zwei Dutzend Betriebe und über 30 Verkaufsstellen.

Moustiers-Ste-Marie hangelt sich am Felsen empor

Hotels

◆ **La Ferme Rose,** 4 km außerhalb von Moustiers an der Rte de Ste-Croix, ☎ 04 92 74 69 47. Freundliche Zimmer, jedes ist in einer anderen Farbe gehalten. ❍❍

◆ **Le Relais,** ☎ 04 92 74 66 10, FAX 04 92 74 60 47, E-Mail: Le.Relais@wanadoo.fr. Typisch provenzalische Unterkunft mit Restaurant. Manche Zimmer besitzen einen Balkon. ❍

Restaurant

◆ **Les Santons,** Pl. de l'Eglise, ☎ 04 92 74 66 48. Gemütliches Lokal mit provenzalischem Ambiente. Man speist auf der Terrasse. ❍❍

Glamouröse Côte d'Azur

Im Hochsommer ist die Verkehrssituation auf den Küstenstraßen angespannt.

Gekrönte Häupter, Playboys aller Altersklassen, langmähnige Busenwunder, schwerreiche Wirtschaftskapitäne und selbst ernannte Bohemiens tauchen in den Nobelhotels und Edelrestaurants von Cannes und St-Tropez häufiger und zahlreicher auf als sonstwo. Schon lange gilt die Côte d'Azur als mondäne Showbühne für die Paradiesvögel der internationalen High Snobiety. Auch Normalurlauber dürfen an Glitzer, Glamour und Grandezza nippen.

Villa Ephrussi de Rothschild, Av. St-Jean-Cap-Ferrat, ☏ 04 93 01 45 90, Febr.–Nov. tgl. 10–18 Uhr, Juli/Aug. bis 19 Uhr, sonst Mo–Fr 14–18 Uhr, Sa/So 10–18 Uhr.

Vom Cap Ferrat zum Cap d'Antibes

St-Jean-Cap-Ferrat 8

Seit im ausgehenden 19. Jh. zwei betuchte Investoren die ersten Villen in dem Fischerdorf erbauen ließen, verwandelte sich die weit ins türkisfarbene Meer hineinragende Felsnase des Cap Ferrat, früher zur Hälfte im Besitz des belgischen Königs Léopold II, in die Halbinsel der Millionäre. Davon können sich Besucher der traumhaften **Villa Ephrussi de Roth-

Europas Silicon Valley

Im Hinterland von Antibes entstand ab den 1970er-Jahren die Antwort der Alten Welt auf das kalifornische Silicon Valley: **Sophia-Antipolis,** der größte Wissenschafts- und Technologiepark Europas mit Forschungsinstituten, Ausbildungsstätten und einer zukunftsorientierten Industrie samt 17 000 Beschäftigten. Die Kunststadt, in der 1974 das erste Unternehmen gegründet wurde, verfügt über eine ausgezeichnete Infrastruktur mit Läden, Apotheken, Arztpraxen, Cafés, Restaurants, Schulen, einer Universität, Sportanlagen, Hotels und Kulturangebot. Die wichtigsten Forschungssektoren sind Informationswissenschaft, Elektronik und innovative Telekommunikation, Chemie und Biotechnologie sowie Umwelt- und Energieforschung. (Infos: Sophia-Antipolis SAEM, Place Joseph-Bermond, BP 33, 06901 Sophia-Antipolis Cedex, ☏ 04 92 07 60 60.)

schild überzeugen. Baronin Béatrice Ephrussi de Rothschild ließ sich den rosafarbenen Palast im italienischen Renaissancestil zu Beginn des 20. Jhs. auf einem märchenhaften Parkgelände mit Palmen, Agaven, Rasenflächen und Seerosenteichen erbauen. Eine noch größere Luxusorgie für die Augen ist die Prachtausstattung der Villa, zu der erstaunliche Möbelstücke, kostbare Wandteppiche, Gemäldesammlungen und wertvolles Porzellan gehören.

Hotels

◆ **Grandhôtel du Cap-Ferrat,** 71, bd de Gaulle, ☎ 04 93 76 50 50, FAX 04 93 76 50 76. Das Luxushotel rangiert unter den besten der Welt. ❍❍❍

◆ **Le Clair Logis,** 12, av. Centrale, ☎ 04 93 76 04 57, FAX 04 93 76 11 85. In einem wunderschönen Garten gelegenes Anwesen mit ruhigen Zimmern inkl. Terrasse oder Balkon. ❍❍

Villa Ephrussi de Rothschild

Restaurants

◆ **Le Provençal,** 2, av. Denis-Séméria, ☎ 04 93 76 03 97. Lokal am Jachthafen mit Tischen im Freien. ❍❍

◆ **La Goélette,** am Hafen, ☎ 04 93 76 14 38. Ausgezeichnete Fischgerichte, Paella und Bouillabaisse. ❍

**Villefranche-sur-Mer ❾

Zwischen der Halbinsel Cap Ferrat und dem Landvorsprung Mont Boron schmiegt sich in einer tief eingeschnittenen Bucht das Städtchen. Die Altstadt mit ihren ockerfarbenen Fassaden liegt im Schatten der

Zitadelle und Museen in Villefranche: 🕓 Juli/Aug. Mo, Mi–Sa 10–12 und 15–19, So 15–19, Juni und Sept. Mo, Mi–Sa 10–12 und 15–18 Uhr, sonst bis 17 Uhr.

Maison du Tourisme, 11, pl. de Gaulle, 06600 Antibes, ☎ 📠 04 92 90 53 00, E-Mail: accueil@antibes-juanlespins.com.

mit barocker Kunst ausgestatteten **Eglise St-Michel.** Besuchermagnet ist die in der Nähe der Gare Maritime gelegene ***Chapelle St-Pierre** mit ihrem 1957 von Jean Cocteau geschaffenen Dekor. Mit mächtigen Mauern und Zinnen bewacht die 1560 erbaute **Zitadelle** den einstmals bedeutenden Handelshafen. Heute wird die Festung für die Präsentation archäologischer Fundstücke aus dem Meer und wechselnder Kunstausstellungen genutzt.

Das Château Grimaldi am Cap d'Antibes

Cap d'Antibes ⑩

Ähnlich wie Cap Ferrat ist auch Cap d'Antibes mit seinen felsigen Steilküsten, versteckten Stränden und verträumten Buchten ein bei Popstars, Künstlern und Konzernbossen beliebtes Refugium. Dabei ergänzen sich die beiden Orte ****Antibes** und **Juan-les-Pins** durch ihre unterschiedlichen Charaktere auf ideale Weise. Während das temperamentvolle Juan-les-Pins für Bade- und Nachtleben samt Drumherum zuständig ist, lockt das etwas beschaulichere Antibes mit historischen Befestigungen entlang der Küste und mit einigen Museen. Das Château Grimaldi hatte 1946 mit Pablo Picasso mehrere Monate lang einen berühmten Untermieter. Sein damaliges Studio ist heute Teil des ***Musée Picasso,** in dem der große Spanier mit Skulpturen, großformatigen Ölbildern, Skizzen und Keramiken vertreten ist (🕓 tgl. außer Mo Mitte Juni bis Mitte Sept. 10–18 Uhr, sonst 10–12 und 14–18 Uhr). Außerhalb Frankreichs weniger bekannt sind die Cartoons und Illustrationen von Raymond Peynet (1908–1999), die im **Musée Peynet** zu sehen sind (Place Nationale, ☎ 04 92 90 54 30, 🕓 tgl. außer Mo 10–12 und 14–18 Uhr).

Tipp für Museumsfans

In vielen Museen an der Côte d'Azur gibt es einen Museumspass. Er ist drei oder sieben Tage für über 60 Museen bzw. Sehenswürdigkeiten gültig und kostet 70 bzw. 140 FF.

Restaurant

- **La Terrasse,** La Pinède, Av. Galice, Juan-les-Pins, ☎ 04 93 61 08 70, FAX 04 93 61 76 60, Internet: www.hotel-juana.com/. Chefkoch Christian Morisset sammelt eifrig Sterne von Gastrokritikern für seine Kochkunst, einem Mix aus Provence- und Nizza-Aromen. ❍❍❍

Nightlife

- **Le Bureau,** Av. G.-Gallice, Juan-les-Pins, ☎ 04 93 67 22 74. Hip-Hop, Soul, Discosound oder Funk. Einlass – wenn man ihn gewährt bekommt – ist ab 23 Uhr.
- **La Siesta,** Route du bord de Mer, Antibes. Kasino und Disko mit mehreren Tanzflächen, Wasserfällen und exotischem Dekor.

Diva **Cannes ⓫

Cannes ähnelt einer nicht mehr ganz jungen Filmdiva, die sich jedes Jahr bei den berühmten Filmfestspielen zusammen mit Schauspielern, Produzenten und Regisseuren aus aller Welt hauptsächlich selbst feiert. Die Croisette, der vierspurige Boulevard am Meer, gerät dann zur publicityträchtigen Showmeile, auf der chromglänzende Limousinen mit getönten Fensterscheiben entlangschleichen, an der elfenbeinfarbene Hotelfassaden mit noch mehr Nationalflaggen geschmückt sind als sonst und der rote Teppich vor dem Palais des Festivals ein Territorium markiert, das für Normalsterbliche eine absolute Sperrzone darstellt. Wenn Stars und Sternchen nach den turbulenten Festspielen in ihren spiegelblanken Luxuskarrossen wieder entschwunden sind, schlüpft Diva Cannes mit ihren übrig gebliebenen Bewunderern in den Badeanzug. Am Strand des Golfe de la

Bei gutem Wetter veranstaltet **Visiobulle** (Ponton Courbet, Bd Guillaumont, Antibes-Juan-les-Pins, ☎ 04 93 67 02 11) Ausflüge mit dem Glasbodenboot.

Im **Hôtel du Cap Eden-Roc,** Edelabsteige der Superstars wie Madonna, Cindy Crawford oder David Bowie werden Normalbetuchte wohl kaum logieren. Immerhin kostet ein Doppelzimmer umgerechnet ab 800 DM, eine Suite ab 1600 DM – natürlich pro Nacht und nicht pro Woche. Unverschämt günstiger gestaltet sich da schon ein Tässchen Kaffee, das für lächerliche 70 DM zu haben ist (Boulevard Kennedy, 06601 Cap d'Antibes, ☎ 04 93 61 39 01, FAX 04 93 67 76 04).

Napoule ist dann unter bunten Sonnenschirmen Erholung von den Strapazen langer Soirees und üppiger Buffets angesagt.

**La Croisette

Der von gefiederten Palmen und dunkelgrünen Pinien geschmückte **Boulevard de la Croisette** ist das wahre Schaufenster der Stadt. Es öffnet einerseits den Blick aufs blaue Meer und gibt andererseits unübersehbare Hinweise auf das Selbstverständnis der Bade- und Festivalmetropole. Bestes Beispiel ist das 1912 eröffnete **Carlton Hôtel.** Der von filigranen Säulen flankierte Haupteingang im Zuckerbäckerstil passt in die alabasterfarbene Riesenfassade, hinter der Luxus zum Standardprogramm gehört – ein passendes Ambiente für die Heirat des Aga Khan mit der Angestellten eines örtlichen Modesalons in den 1930er-Jahren.

Die Croisette endet im Osten an der **Pointe de la Croisette,** einem noblen Stadtteil mit dem 1929 erbauten Palm Beach Casino. Am westlichen Ende der Prachtmeile steht das **Palais des Festivals et des Congrès,** zu dem das benachbarte städtische Kasino gehört.

Noblesse oblige! Das erste Zusammentreffen von Fürst Rainier III und dem Hollywoodstar Grace Kelly, der späteren Fürstin Gracia Patrizia, fand 1954 im Belle-Époque-Ambiente des **Carlton Inter-Continental Cannes** statt (58, La Croisette, BP 155, 06414 Cannes Cedex, ☏ 04 93 06 40 06, Fax 04 93 06 40 25, E-Mail: cannes@interconti.com; ○○○).

Das alte Cannes

Vom alten Hafen mit der Gare Maritime legen im Sommer die Schiffe zu den Lérins-Inseln ab.

Hinter dem Quai St-Pierre steigt der Mont Chevalier an, auf dem das **Musée de la Castre** liegt. In den 800 Jahre alten Mauern einer ehemaligen Burg werden archäologische und völkerkundliche Stücke aus verschiedenen Ländern sowie die Werke lokaler Maler gezeigt

Stars und Sterne

Nach dem Vorbild des Walk of Fame in Hollywood richteten die lokalen Tourismusstrategen 1985 neben dem Palais des Festivals et des Congrès die **Allée des Etoiles du Cinéma** ein. Dort verewigten sich rund 300 frühere und heutige Leinwandgrößen wie Jean Marais, Alain Delon, Robert de Niro, Cathérine Deneuve und Sharon Stone mit Handabdrücken und Autogrammen in weichem Zement.

(☎ 04 93 38 55 26, 🕓 tgl. außer Di: Okt.–März 10–12 und 14–17 Uhr, April–Juni 10–12 und 14–18 Uhr, Juli–Sept. 10–12 und 15–19 Uhr). Von der gut 20 m hohen **Tour du Suquet** reicht der Blick über die Croisette auf die vorgelagerten Iles de Lérins.

Nördlich des Castre-Museums beginnt das steile Gassenlabyrinth von **Le Suquet,** wie die kleine Altstadt von Cannes genannt wird. Sie zieht sich im Bogen zum Hafen hinüber und zeigt besonders an Sommerabenden ihr lebendiges Gesicht.

Hotels

- **Amarante,** 78, bd Carnot, ☎ 04 93 39 22 23, Fax 04 93 39 40 22. Moderner Komfort mit Pool und Garage nicht weit von der Croisette. ❍❍❍
- **California,** 8, traverse Alexandre, ☎ 04 93 94 12 21, Fax 04 93 43 55 17, E-Mail: nadia@californias-hotel.com, Internet: www.californias-hotel.com. Modemanschluss, Safe, Satelliten- und Pay-TV gehören zum Standard. Zu den Festivals kann man günstige Packages buchen. ❍❍❍
- **Splendid,** 4, rue Faure, ☎ 04 93 99 53 11, Fax 04 93 99 55 02. Die Zimmer sind geschmackvoll mit älterem Mobiliar ausgestattet und machen einen sehr wohnlichen Eindruck. ❍❍
- **Lutecia,** 6, rue Michel-Ange, ☎ 04 93 39 35 74. Familiäre Pension in einer ruhigen Straße. ❍

Restaurants

- **Palme d'Or,** 73, bd Croisette, ☎ 04 92 98 74 14. Starkoch Christian Willer hält, was er verspricht:

Allée des Etoiles du Cinéma

Office du Tourisme, Palais des Festivals, Boulevard de la Croisette, 06400 Cannes, ☎ 04 93 39 24 53, Fax 04 93 99 37 06, E-Mail: semoftou@palais-festivals-cannes.fr.

135

gastronomische Höhenflüge. An den Wänden hängen Fotos von bekannten Mitmenschen, die sich bereits sein *Pot de creme aux amandes et anchois marines* oder *Cassoulette de haricots cocos, persille de poulpe et supions* oder *Loup au citron du pays* auf der Zunge zergehen lassen durften. ❍❍❍

◆ **Tetou,** Bd des Frères, am Strand von Golfe-Juans, ☎ 04 93 63 71 16. Von außen eine unspektakuläre Strandbude, innen ein legendärer Treff zu einer einzigartigen Bouillabaisse. ❍❍❍

◆ **Arménien,** 82, bd Croisette, ☎ 04 93 94 00 58. Der Abstecher in die armenische Küche lohnt, es gibt ein schmackhaftes Buffet zum Festpreis. ❍❍

◆ **Côte Jardin,** 12, av. St-Louis, ☎ 04 93 38 60 28. Schmuckes kleines Bistro mit frisch zubereiteten Speisen und akzeptablen Preisen. ❍❍

Nightlife

◆ **Whisky a Gogo,** 115, av. des Lérins, ☎ 04 93 43 20 63. Von 23 bis 6 Uhr nach Herzenslust abtanzen.

◆ **Cat Corner,** 22, rue Macé, ☎ 04 93 39 31 31. Für schnurrende Katzen und einsame Tiger die richtige Disko. Intime Atmosphäre, schickes Ambiente, gute Cocktails. Ab 22 Uhr.

◆ **Jane's Club,** 38, rue Serbes, im Hôtel Gray d'Albion, ☎ 04 92 99 79 59. Von Dienstag bis Samstag kann man hier ab 22.30 Uhr das modisch gekleidete Tanzbein schwingen.

Abstecher nach *Grasse ⓬

Im späten Mittelalter war das 15 km landeinwärts von Cannes gelegene Grasse ein bekanntes Zentrum der Lederverarbeitung. Dass die Stadt seit dem 16. Jh. zur Weltmetropole der Parfumherstellung wurde, lag am beginnenden Anbau von Gewürznel-

Shopping-Paradiese sind die Rue d'Antibes, Rue Meynadier und La Croisette, wo Haute Couture, Schmuck und Parfums angeboten werden. **Maillots Cannelle,** 29, bd Perrier. Falls ein neuer Bikini oder eine neue Badehose fällig sind: Das ist die Adresse für Topmodisches. **Sportswear,** 16, rue Hoche. Fachgeschäft für sportliche Urlaubskleidung, mit der man sich sehen lassen kann.

Plongée Sous-Marine, 2, quai St-Pierre, ☎ 04 93 06 31 51, Fax 04 93 06 31 39. Tauchkurse für Leute ab 13 Jahren.

ken, der schließlich die Gerbereien verdrängte. Das milde Klima kam später auch Blumen und Kräutern zugute, die hauptsächlich für medizinische Zwecke kultiviert wurden, ehe Grasse ab 1729 auf die Produktion von Duftessenzen setzte. Heute sind die ehemaligen Jasmin- und Rosenplantagen geschrumpft. Billigimporte und synthetische Düfte haben einen Strukturwandel eingeläutet. Das **Musée International de la Parfumerie** beschäftigt sich mit der 3000-jährigen Geschichte der Parfumherstellung, stellt hübsche Flakons aus und führt seine Besucher durch ein üppig bepflanztes Treibhaus voller duftender Pflanzen (8, pl. du Cours, ☎ 04 93 36 80 20, Juli/Aug. 10–19 Uhr, sonst 10–12 und 14–17 Uhr).

Von *Fréjus nach **St-Tropez

*Fréjus und St-Raphaël

Im Nordosten schiebt sich das Massif de l'Estérel mit roten Felsen bis ins Meer vor, im Südwesten steigt das Massif des Maures in den Himmel. Die Flussebene zwischen den beiden Gebirgsstöcken lässt Platz für Fréjus und St-Raphaël, die längst zusammengewachsen sind. Ein **Amphitheater,** Reste einer **Thermenanlage** und eines Aquädukts sowie Teile der römischen **Stadtmauer** samt Wehrtürmen und Stadttoren sind steinerne Erinnerungen an längst vergangene Zeiten. Vor mehr als 2000 Jahren gründete Julius Cäsar an der Argens-Mündung ins Meer einen Marktflecken, der von Kaiser Augustus zu einem wichtigen Kriegshafen ausgebaut wurde. Fréjus birgt nicht nur antike, sondern auch mittelalterliche Schätze wie die um 1200 erbaute Kathedrale **St-Léonce** mit einem aus dem 5. Jh. stammenden Baptisterium, das zu den ältesten christlichen Sakralbauten auf französischem Boden zählt. Ruhe und Beschaulichkeit strahlt der über 700 Jahre alte Kreuzgang mit seiner bemalten Holzdecke aus.

Grasse:

Fragonard,
20, bd Fragonard,
Les 4-Chemins,
☎ 04 93 36 44 65,
FAX 04 93 77 96 73,
tgl. 10–16 Uhr.

Gallimard,
73, rte de Cannes,
☎ 04 93 09 20 00,
FAX 04 93 70 36 22,
tgl. ab 10 Uhr.

Molinard,
60, bd Victor-Hugo,
☎ 04 93 36 01 62,
FAX 04 93 36 03 91,
Internet: www.molinard-parfums.com,
tgl. 9–17 Uhr.

124

Ste-Maxime ⓭ und **Port Grimaud ⓮

Am tief eingeschnittenen Golf von St-Tropez gelegen, profitieren Ste-Maxime und Port Grimaud von der Nähe zum berühmten St-Tropez und sonnen sich gewissermaßen im Abglanz des Jetset-Treffpunktes – mit dem gewichtigen Unterschied, dass das Leben in den beiden Nachbargemeinden viel ruhiger verläuft. Um den Hafen von ****Port Grimaud** liegen bunt getünchte Häuser, die zu den farbigen Booten im Hafenbecken passen. Von der höher gelegenen, mit Buntglasfenstern von Vasarély ausgestatteten *Eglise St-François-d'Assise* reicht der Blick über die Hausdächer auf den blauen Golf und das schroffe Massif des Maures im Hinterland. **Ste-Maxime** präsentiert sich architektonisch moderner und besitzt eine breite Promenade, die sich am Hafen entlangzieht.

! **Théâtre de la Mer,** Av. de Gaulle, Ste-Maxime, ☏ 04 94 96 19 24. In der Hochsaison finden unter freiem Himmel Konzerte, Folkloreabende, Feuerwerke und Varietés statt.

Hotels

◆ **Hôtel Giraglia,** im Ortskern von Port Grimaud, ☏ 04 94 56 31 33, FAX 04 94 56 33 77, E-Mail: legiraglia@aol.com. Zum Hotel gehört ein Swimmingpool mit Whirlpool. Im hauseigenen Restaurant »L'Amphitrite« kann man gut essen. ❍❍❍

◆ **Relais de Guerrevieille,** Guerrevieille, Ste-Maxime, ☏ 04 94 96 29 10. Einfache Unterkunft für Lowbudget-Reisende. ❍

Fahrradtour

Naturliebhaber sollten einen Abstecher in die nordöstlich von Grasse liegenden ***Gorges du Loup** unternehmen. Wer genügend Kondition mitbringt, kann die ca. 40 km lange Strecke per Rad oder Mountainbike zurücklegen. Man fährt die ständig ansteigende Nebenstrecke an der Ostflanke der engen Schlucht, unter zum Teil überhängenden Felswänden bis Bramafan. Dort biegt man auf die Straße D 3 ab und kehrt über Gourdon nach Grasse zurück. Eine größere Herausforderung ist die Verlängerung der Strecke um zusätzliche 20 km über Bramafan hinaus bis Gréolières und die Rückfahrt über die D 603 bzw. D 3.

Treffpunkt **St-Tropez ⓯

»Dort ist St-Tropez, die kleine Hauptstadt dieser menschenleeren, unbekannten Welt, die man das Maurengebirge nennt ...«. Frankreichs großer Schriftsteller Guy de Maupassant, der vor der Côte d'Azur gerne mit seinem Segelschiff kreuzte, schrieb diesen Satz 1884 für die Pariser Zeitung »Le Gaulois«. Vom beschaulichen St-Tropez keine Spur mehr.

Goldkettchen tragende Flaneure begutachten von der Hafenpromenade aus, wem die auf den Cayman Islands registrierten Nobeljachten gehören, auf deren Sonnendecks sich morgens um halb elf Champagner nippende Bikinischönheiten räkeln. Schon in den 1960er-Jahren hatte sich das ehemalige Fischerdorf von seiner Tradition verabschiedet und der internationalen Schickeria zugewandt, die den Ort mit lauten, rauschenden Strandpartys in die Skandalspalten der Boulevardpresse katapultierte. Der hübsche Ort ist immer noch ein Jetset-Paradies, aber die Stimmung hat sich geändert. Bis zu 30 000 Schaulustige strömen an Sommertagen in die Kleinstadt, um einen Blick vom sommerlichen VIP-Zirkus zu erhaschen. Trendsetter ist St-Tropez schon längst nicht mehr. Eher scheint es so, als feierte es nun seine legendäre Vergangenheit, zu der Künstler wie Henri Matisse, Paul Signac, Georges Seurat, Raoul Dufy und Maurice Utrillo beigetragen haben. Einige ihrer Werke sind im **Musée de l'Annonciade** ausgestellt, das in einer ehemaligen Kapelle eingerichtet wurde.

Am Jachthafen von St-Tropez

Musée de l'Annonciade, Place Grammont, ☎ 04 94 97 04 01, Juni–Sept. 10–12 und 15–19 Uhr, sonst 14–18 Uhr.

*Ramatuelle

Die Nähe zu St-Tropez hat aus dem malerischen Ort mit seinen Arkadenstraßen ein Touristenmekka gemacht. Schuld daran sind die nur 2 km östlich gelegenen Strände von Pampelonne und Tahiti.

Hotels

◆ **Le Byblos,** Av. Paul-Signac, ☎ 04 94 56 68 00, Fax 04 94 56 68 01. Das Superhotel ist im Stil eines provenzalischen Dorfes angelegt und bietet einen kaum zu übertreffenden Komfort. ❍❍❍

◆ **Hôtel La Mandarine,** Route de Tahiti, ☎ 04 94 79 06 66, Fax 04 94 97 33 67, E-Mail: hmandarine@aol.com. Exquisites Luxushotel mit beheiztem Pool, Solarium und Privatstrand. ❍❍❍

◆ **La Romana,** Chemin des Conquettes, ☎ 04 94 97 15 50, Fax 04 94 97 73 49. Nettes Hotel mit Restaurant und schönem Garten. ❍❍

Die Plage de Pampelonne bei St-Tropez liegt nur ein paar Schritte von den Tanzböden der Stranddiskothek **Le Blouch** (☎ 04 94 79 80 62) oder des **Club 55** (Boulevard Patch, ☎ 04 94 79 80 14) entfernt.

Restaurants

◆ **Leï Mouscardins,** Tour du Portalet, ☎ 04 94 97 29 00 oder 04 94 97 76 36. Promitreff mit feinen Meeresspezialitäten und stolzen Preisen. ❍❍❍

◆ **La Romana,** Chemin des Conquettes, ☎ 04 94 97 15 50. Nachdem Chefkoch Duchene aufgetischt hat, gibt es eine nicht minder deliziöse Modenschau. ❍❍❍

◆ **La Bouillabaisse,** Plage de la Bouillabaisse, ☎ 04 94 97 54 00. Gegrillte Fischspezialitäten, Lammgerichte oder Tagliatelle mit Pistou – und das alles zu fairen Preisen. ❍❍

St-Tropez-Prominenz

Jean-Paul Sartre liebte es, auf den roten Stühlen des Lokals »Sénéquier« am Hafen zu sitzen und an seinen Buchmanuskripten zu tüfteln. Berühmteste Bewohnerin in den 1960er-Jahren war Brigitte Bardot. Nach wie vor hält sich Mario Adorf gerne in und um St-Tropez auf, schließlich ist er ja mit einer echten Tropeziènne verheiratet.

Nightlife

◆ **La Bogeda du Papagayo,** Résidences du Port, ☎ 04 94 97 76 70. Intreffpunkt der Schönen, Reichen und solcher, die wenigstens eines von beidem gerne wären.

◆ **The Vip Room,** Résidences du Nouveau Port, ☎ 04 94 97 14 70. Wenn der Einlasskampf mit den Türtitanen gewonnen ist, darf an der Bar und auf dem Tanzboden gefeiert werden. Angeblich ist die Location der Lieblingsklub von Prinz Albert.

Le Lavandou bis **Toulon

Le Lavandou

Neben **Cavalaire-sur-Mer** ist das aufgeweckte **Le Lavandou** ⓰ mit seinem hübschen Kern der Hauptort an der Corniche des Maures. Zwischen den beiden Gemeinden reihen sich populäre Strände mit weißem Feinsand im halben Dutzend aneinander, die Le Lavandou zu seiner Reputation als Bademekka verholfen haben. Außerdem bilden die **Iles d'Hyères,** zu denen Port-Cros, Porquerolles und die Ile du Levant gehören, sowie das Massif des Maures attraktive Ausflugsziele.

Das gemütliche Le Lavandou

Hotels in Le Lavandou

◆ **Auberge de la Calanque,** 62, av. du Général-de-Gaulle, ☎ 04 94 71 05 96, FAX 04 94 71 20 12, E-Mail: lacalanque@wanadoo.fr. Sehr attraktive Anlage mit Pool, Garten und beliebtem Restaurant. ❍❍❍

◆ **California,** Av. de Provence, ☎ 04 94 01 59 99, FAX 04 94 01 59 98. Von den meist kleinen, aber freundlich eingerichteten Zimmern blickt man aufs Meer oder auf den Garten des Hauses. ❍❍

◆ **Le Neptune,** 26, av. du Général-de-Gaulle, ☎ 04 94 71 01 01, FAX 04 94 64 91 61. Nicht weit vom Strand mit reizvollem Interieur. ❍

Restaurant in Le Lavandou

◆ **Krill,** Rue Patron-Ravello, ☎ 04 94 71 06 43. Schmackhafte Gaumenfreuden mitten in der Fußgängerzone. ❍❍

Office du Tourisme St-Tropez, 40, rue Gambetta, BP 183, 83992 St-Tropez Cedex, ☎ 04 94 55 98 55, FAX 04 94 55 98 59, E-Mail: tourisme@nova.fr, Internet: www.nova.fr/saint-tropez.

*Hyères ⑰

Wo das Küstengebirge im Westen endet, liegt der älteste Kurort dieser Region, der mit seiner intakten Altstadt, prächtigen Palmenalleen und überbordenden subtropischen Gärten wie dem **Parc Olbius Riquier** eine wahre Augenweide ist. Auch bei engem Zeitplan lohnt sich ein Gang durch den historischen Kern.

Hinter der aus dem 13. Jh. stammenden **Porte Massillon** schlägt das Mittelalter über einem zusammen. Die enge, von Hauseingängen aus der Renaissance gesäumte ***Rue Massillon** ähnelt einem orientalischen Basar. Stände mit Bergen von Kirschen, Pfirsichen, Äpfeln und Gemüsesorten je nach Saison, Auslagen voller aromatischer Knoblauchzöpfe und Kräuterbündel reihen sich dicht aneinander. Die Einkaufsstraße öffnet sich auf die Place Massillon, die von der wuchtigen **Tour St-Blaise** (auch Tour des Templiers) berherrscht wird, einer Komturei des Templerordens aus dem frühen 13. Jh.

In der **Rue Massillon** in Hyères finden sich auch Geschäfte mit dekorativen Provence-Stoffen.

!

Auf dem Weingut **Domaine de l'Angueiroun** kann man die besten Tropfen probieren, die vor Ort angebaut werden (1077, chemin de l'Angueiroun, ca. 5 km von Le Lavandou entfernt an der D 559, ☏ 04 94 71 11 39, ⌚ April–Okt. tgl. außer So 8–12 und 14–19 Uhr, sonst bis 18 Uhr).

Hafenstadt **Toulon ⑱

Im Schatten strahlender Sterne wie Nizza und Cannes führte Toulon trotz seiner 172 000 Einwohner schon immer ein Aschenbrödeldasein, denn sein Ruf als zweitwichtigster französischer Militärhafen trug eher zum Negativimage bei. In Wahrheit lassen sich in der Altstadt zwischen Boulevard de Strasbourg und Hafen aber zahlreiche charmante Winkel finden wie etwa die **Place Victor-Hugo,** die von zahlreichen Cafés, Straßenrestaurants und dem städtischen Theater umgeben ist.

Nördlich der Innenstadt steigen die Kalkflanken steil zum ****Mont Faron** an, auf dessen 542 m hohen Gipfel eine Seilbahn von der Talstation am Boulevard Amiral-Vence führt. Ein Erlebnis ist die Fahrt mit dem Auto über die schmale Serpentinenstraße bis zur Bergstation der Seilbahn bzw. zum **Zoo Mont Faron** mit zahlreichen fantastischen Ausblicken.

Südwestlich der Stadt schiebt sich die ***Presqu'Ile du Cap Sicié** ins Meer vor. Zwischen der Wallfahrtskapelle Notre-Dame-du-Mai und dem 4 km entfernten Felsvorsprung Petit Gaou folgt der wunderschöne **Sentier du littoral** der Steilküste.

*Sanary-sur-Mer ⑲

Den westlichsten Abschnitt der Côte d'Azur bildet die Ortschaft Sanary-sur-Mer, die Ende der 1930er- und Anfang der 1940er-Jahre als Exilhauptstadt der deutschen Literaturgemeinde Berühmtheit erlangte (S. 61 f.). Um den Hafen könnte die Kleinstadt idyllischer kaum aussehen. Im Hafenbecken reiben sich bunt getünchte Fischerboote knarrend aneinander. An Sommerwochenenden wird der Platz vor der Maison du Tourisme zum Openair-Auditorium, wenn junge Rock- und Popgruppen mit ersten öffentlichen Konzerten an ihren Karrieren feilen.

Blick auf Toulon

Hotels

◆ **Grand Hôtel des Bains,** Rue E.-d'Orves, ☎ 04 94 74 73 47. Kein Grandhotel im eigentlichen Sinn. Die Zimmer sind relativ karg ausgestattet, strahlen aber den Charme vergangener Tage aus. ❍❍

◆ **Hôtel Marina,** Chemin Pinède, ☎ 04 94 29 56 48, FAX 04 94 29 40 14. Ruhiges und gemütliches Hotel mit Pool. ❍

Strände

Bei **Bandol:** Lido-Plage, Renecros-Plage und Casiono-Plage. Noch unverfälscht sind die Strände auf der ***Ile de Bendor,** die von Bandol per Schiff leicht zu erreichen ist.

Multikulturelles **Marseille

Das Zentrum von Marseille erkundet man am besten zu Fuß bzw. mit öffentlichen Verkehrsmitteln. Für das Auto gibt es bewachte Parkhäuser.

Office du Tourisme, 4, La Canebière, 13001 Marseille, ☎ 04 91 13 89 00, Fax 04 91 13 89 20, Internet: www.marseille-tourisme.com.

Flugzeug: 20 km nordwestlich der Stadt liegt der Aéroport Marseille-Marignane. **Bahn:** Gare SNCF, Square Narvick, ☎ 08 36 35 35 35. Der Hochgeschwindigkeitszug TGV Sud-Est fährt in vier Stunden nach Paris.

In Marseille schien man lange Zeit nach der Devise zu leben: »Ist der Ruf erst ruiniert, lebt es sich ganz ungeniert.« Doch seit der Fußballweltmeisterschaft 1998 konnte diese lebendige Stadt ihr Image deutlich aufpolieren. Probleme wie eine hohe Arbeitslosigkeit verbunden mit sozialen Missständen oder unkontrollierter Zuwanderung lassen sich nicht kurzfristig lösen. Dennoch braucht sich hier niemand weniger sicher zu fühlen als in anderen Städten, sofern er sich an übliche Vorsichtsmaßnahmen hält.

Rückblick

Marseille ist die älteste Stadt auf französischem Boden. Vor 2500 Jahren von phönizischen Seefahrern unter dem Namen Massilia gegründet, findet man auf einem Stadtbummel fast nichts mehr, was an die antike Geschichte erinnert. Marseille hat sein heutiges Gesicht überwiegend im 19. und 20. Jh. erhalten.

Eine Gedenktafel an einem Laternenmasten schräg gegenüber der Börse erinnert an den 9. Oktober 1934, als der jugoslawische König Alexander I. und der französische Außenminister Louis Barthou an dieser Stelle einem Mordanschlag zum Opfer fielen. Machte Frankreichs schillerndes Tor zum Orient schon damals negative Schlagzeilen, so setzte sich dieser Trend bis in die jüngere Vergangenheit fort. 1993 holte der Präsident des Fußballklubs Olympic Marseille, Bernard Tapie, den Lorbeer des Landesmeisters durch Bestechung anderer Vereine an die Rhône-Mündung und ging dafür in den Knast.

Am **Vieux Port

Der im Zentrum gelegene Alte Hafen mit seinen Ausflugsschiffen, Jachten und Fischkuttern ist der atmosphärische Kristallisationspunkt der Stadt. Am frühen Morgen bauen Fischer in Ölzeug und Marktfrauen in altmodischen Strickjacken am Quai des Belges den ****Fischmarkt** auf. Auf der Südseite säumt der **Quai de Rive Neuve** den alten Hafen. Dort drängeln sich zahlreiche Lokale.

Blick vom Vieux Port auf die Basilika Notre-Dame-de-la-Garde

Wahrzeichen

Auf der Südseite des Vieux Port liegt die wie eine Festung gebaute **Basilique St-Victor ❶** als letzter Rest eines vor eineinhalb Jahrtausenden gegründeten und von den Sarazenen 500 Jahre später zerstörten Klosters. Die heute noch existierenden ältesten Teile aus der Mitte des 11. Jhs. sind die *Tour d'Isarn* und die Krypta mit mehreren antiken bzw. frühchristlichen Sarkophagen (Place St-Victor, 🕓 tgl. 8.30–19 Uhr).

Kunsthistorisch weniger bedeutsam, aber populärer ist das unverwechselbare Wahrzeichen von Marseille, das auf einem 160 m hohen Kalkfelsen thront: die **Basilique de Notre-Dame-de-la-Garde ❷**. Wo sich schon im 13. Jh. eine Wallfahrtskapelle befand, entstand von 1853 bis 1899 dieser neobyzantinische Riesenbau samt Krypta und Glockenturm (Place Colonel-Edon, 🕓 tgl. 7–19 Uhr, im Sommer bis 21 Uhr). Vom Vorplatz der Kirche reicht die unvergleichliche ****Aussicht** über das Häusermeer auf die Küste und die Bergketten im Hinterland.

!

Am alten Hafen legen Ausflugsschiffe zu der Inselfestung ***Château d'If** ab, der der französische Schriftsteller Alexandre Dumas in seinen Romanen »Der Graf von Monte Christo« und »Der Mann mit der Eisernen Maske« eine zentrale Rolle zuwies.

145

La Canebière und Umgebung

Vom Vieux Port zieht sich die ehemalige Prachtstraße La Canebière schnurgerade durch das 1. Arrondissement der Stadt Richtung Nordosten. Kaufhäuser, Banken, Versicherungen, Hotels und Bistros reihen sich an der dröhnenden Geschäftsmeile aneinander, wo düster dreinblickende Drachenköpfe mit weit aufgerissenen Mäulern die Sockel von Laternen-

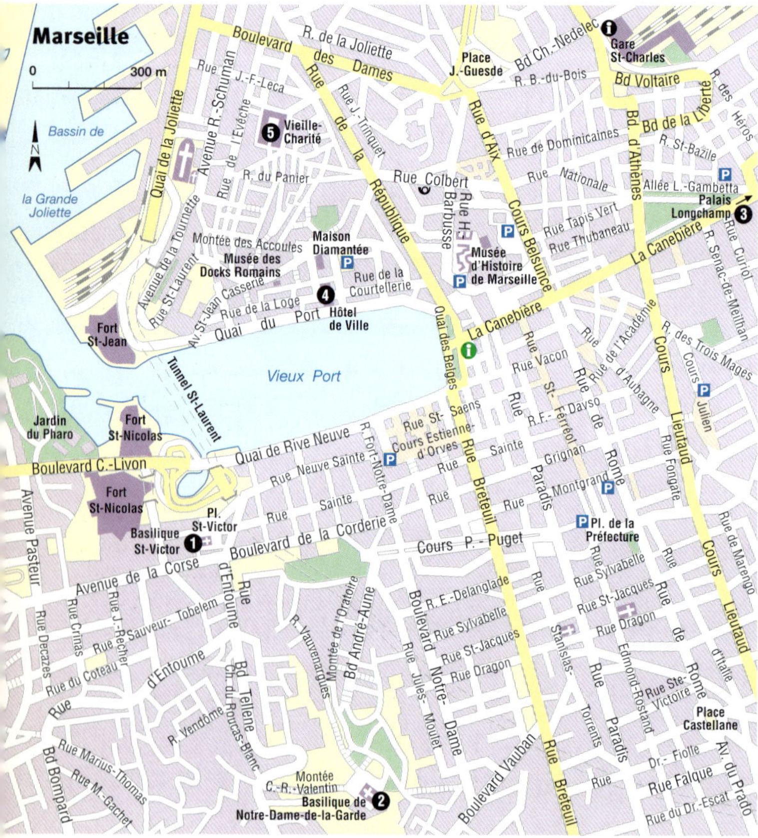

masten zieren. Die Canebière erlebte ihre Blüte in der zweiten Hälfte des 19. Jhs. im Zuge der kolonialen Expansion Frankreichs. Bis zu 12 000 Schiffe liefen damals jährlich den Hafen an, der hinter London, Liverpool, Hamburg und New York zum fünfgrößten der Welt aufstieg. In die Jahre gekommene Fassaden ehemals luxuriöser Hotels und Kinopaläste können nicht darüber hinwegtäuschen, dass ihre großen Zeiten längst Vergangenheit sind.

Setzt man den Weg über die neogotische **Eglise St-Vincent-de-Paul** hinaus fort, kommt man zum ***Palais Longchamp ❸**, einem imposanten Stadtpalais aus dem 19. Jh. mit einer beeindruckenden Brunnenanlage, bei der das Wasser über zahlreiche Kaskaden stürzt. In den Seitenflügeln der Anlage wurde das ***Musée des Beaux-Arts** mit den Werken alter Meister und französischer Maler aus dem 18. und 19. Jh. sowie das ***Musée d'Histoire Naturelle** mit historischen, geologischen und zoologischen Ausstellungen eingerichtet.

Le Panier

Bis zum Abbruch 1943 lag nördlich des Vieux Port ein malerisches, wenngleich verrufenes und ob seiner hygienischen Verhältnisse berüchtigtes Hafenviertel. Zu den spärlichen Resten zählt das barocke **Hôtel de Ville ❹** am Quai du Port. Hinter dem Rathaus verengen sich die Gassen und führen über ausgetretene Stufen bergan. Wo sich vor 1985 noch düstere Höfe öffneten und der Putz von schwammigen Hausfassaden bröckelte, zeigt sich heute der Erfolg von Sanierungsmaßnahmen an begrünten Gärtchen und pastellfarbenen Fassaden.

Im Herzen dieses Viertels liegt die 1671 bis 1749 erbaute ****Vieille Charité ❺**, das ehemalige Armenhaus der Stadt. Heute dient die Anlage als Kulturzentrum mit dem *Musée d'Archéologie Méditerrannéen-*

La Canebière
Der Name stammt vom Hanf (provenzalisch: canèbe), der früher zur Herstellung von Tauen für die Schifffahrt in dem Gebiet angebaut wurde, wo sich heute die Straße befindet.

Beim Office du Tourisme (4, La Canebière) bekommt man die **Carte Privilèges,** ein Kombinationsticket für Museen, Rundfahrten und Veranstaltungen.
Im Palais Longchamp: **Musée des Beaux-Arts** (tgl. außer Mo 11–18 Uhr) und **Musée d'Histoire Naturelle** (tgl. außer Mo 10–17 Uhr).

ne (orientalische und antike Sammlungen) und dem *Musée d'Arts Africains, Océaniens et Amérindiens* (Kunsthandwerk aus Übersee). Teil der Vieille-Charité ist eine von Pierre Puget (1622–1694) entworfene Barockkapelle. (🕓 Juni–Sept. tgl. außer Mo 11 bis 18 Uhr, sonst 10–17 Uhr.)

Hotels

◆ **Novotel Marseille Vieux-Port,** 36, bd Ch.-Livon, ☎ 04 91 59 22 22, FAX 04 91 31 15 48, E-Mail: H0911@accor-hotels.com. Gut geführtes Hotel, das neben dem Jardin du Pharo nicht weit vom Stadtzentrum entfernt liegt. ❍❍❍

◆ **New Hôtel Vieux-Port,** 3 bis, rue Reine-Elisabeth, ☎ 04 91 90 51 42, FAX 04 91 90 76 24, E-Mail: marseillevieux-port@new.hotel.com. Für eine Besichtigung der Innenstadt ideal gelegenes Hotel in einem umgebauten älteren Gebäude. ❍❍

◆ **Hôtel Peron,** 119, corniche Kennedy, ☎ 04 91 31 01 41, FAX 04 91 59 42 01. Schönes Haus mit freiem Blick aufs Meer und reizvollem Interieur. ❍❍

Restaurants

◆ **La Ferme,** 23, rue Sainte, ☎ 04 91 33 21 12. Lachstatar mit Gurken-Balsamico-Sauce, Pfeffersteak mit gegrillten Tomaten und Kreuzkümmelsauce, karamellisierte Ente mit Gewürz- und Koriandersauce und viele andere Köstlichkeiten. ❍❍

◆ **Le New York,** 33, quai des Belges, ☎ 04 91 33 60 98. Die Brasserie am Vieux Port gehört zu den Traditionslokalen der Stadt, in denen schon viele Prominente einkehrten. Vor allem die Bouillabaisse ist zu empfehlen. ❍❍

◆ **Il Caffè,** 63, Cours Julien, ☎ 04 91 42 02 19. Ein beliebter Studententreff zur Mittagszeit. Es gibt gute, frische Salate. ❍

Le Trolley Bus, Quai de Rive Neuve, ☎ 04 91 48 07 64. Hinter der ultrablauen Eingangstür verbergen sich fünf Räume, einer z. B. zum Weintrinken, ein anderer zum Tanzen und ein weiterer mit Hardrock-Beschallung. ❍❍

Métal Café, 20, rue Fortia, ☎ 04 91 54 03 03. Absolutes Hiplokal mit Trendmusik.

New Orléans, 1, quai de Rive Neuve, ☎ 04 91 33 87 27. Die Tanzbar bietet abwechslungsreiche Unterhaltung.

L'Excess, 2–4, rue Fortia, ☎ 04 91 33 78 51. Neuere Diskothek mit Rock und Techno für das überwiegend junge Publikum.

Le Club 116, 5, rue du Chantier, ☎ 04 91 33 77 22. Hip-Hop, Rock, Techno für ein sehr gemischtes Publikum.

Einkaufen

◆ **Compagnie de Provence,** 1, rue Caisserie (nicht weit vom Vieux Port). Das Fachgeschäft hat sich auf Seifen unterschiedlicher Düfte spezialisiert.

◆ **Souleiado,** 101, rue Paradis. Provenzalische Stoffe in allen Variationen.

◆ **Carbonel,** 47, rue Neuve-Ste-Cathérine. Die Werkstatt des Santon-Herstellers sowie das Museum können besichtigt werden. Wer will, kann sich hier Souvenirs kaufen.

Traumhaft schön sind die Calanques bei Cassis

Die Calanques

Südwestlich des Küstenortes Cassis gehören die fjordartig in die Kalksteinfelsen eingeschnittenen Calanques mit ihrem türkis schimmernden Wasser und winzigen Kieselstränden zu den Hauptattraktion des wild romantischen Küstenabschnitts. Am einfachsten sind die grandiosen Buchten per Schiff zu erreichen. Erlebnisreicher sind aber Wanderungen in die Traumbuchten von **Port-Miou, Port-Sin, Sugiton, Morgiou** oder **Sormiou.** Die schönste von allen ist die **Calanque d'En-Vau,** die man vom Parkplatz bei Port-Miou in etwa eineinhalb Stunden erreicht.

Ein zweiter Küstenabschnitt zwischen Cassis und La Ciotat ist auch für Autotouristen ein Ziel. Die schmale Küstenstraße **Route des Crêtes** führt direkt an der senkrechten Abbruchkante der zerklüfteten Küste entlang mit Aussichtspunkten.

Am Vieux Port in Marseille fahren **Ausflugsschiffe** zu den Calanques ab (4-stündiger Trip; Quai des Belges, ☏ 04 91 55 50 09).

Umschlag hinten

Vornehmes **Aix-en-Provence

Parkplätze sind in Aix rar. Einen Platz findet man am Boulevard Roi-René südlich des Cours Mirabeau oder am Boulevard A.-Briand nördlich der Altstadt. Die Innenstadt ist gut zu Fuß zu bewältigen.

Office du Tourisme 2, pl. du Général-de-Gaulle , BP 160, 13100 Aix-en-Provence, ☎ 04 42 16 11 61, FAX 04 42 16 11 62.

! Mit der Stadtgeschichte setzt sich das **Musée du Vieil Aix** auseinander (17, rue Gaston-de-Saporta, ☎ 04 42 21 43 55, Di–So: April–Sept. 10–12 und 14.30 bis 18 Uhr, Nov.–März 10–12 und 14–17 Uhr).

Befragt nach derStadt, in der sie am liebsten wohnen möchten, entscheiden sich die meisten Franzosen für Aix-en-Provence. Der Grund: Lebensqualität. Aix, wie die Einheimischen sie kurz nennen, blickt auf eine bewegte Geschichte zurück. Heute studieren an mehreren Universitäten über 30 000 junge Leute. Kein Wunder, dass diese sehr vornehm wirkende Kunst- und Kulturmetropole jede Menge Diskotheken und Bars besitzt.

Rückblick

In vorchristlicher Zeit errichteten keltoligurische Saluvier nördlich von Aix ihr Oppidum auf dem Hügel von Entremont. Nach der Zerstörung durch die Römer 123 v. Chr. bauten die neuen Herren ihre eigene Stadt. Aix stieg zur Hauptstadt der Provinz Narbonensis auf, erlitt durch die erst 972 endgültig vertriebenen Sarazenen schwere Zerstörungen und blieb auch in nachfolgenden Zeiten nicht von Schicksalsschlägen wie dem Hundertjährigen Krieg und mehreren Pestepidemien verschont. Im Zuge der Neugliederung des Staatsgebietes während der Französischen Revolution sowie im ausgehenden 19. Jh. durch den Aufstieg von Marseille zum regionalen Zentrum begann Aix politischen Einfluss einzubüßen. Erst seit den 1970er-Jahren konnte die Stadt wieder Fuß fassen, als die lokale Wirtschaft durch neue Hightech-Ansiedlungen Schubkraft bekam und die Bevölkerung durch Stadtsanierung und neue Musentempel Kunst und Kultur wieder entdeckte.

Prachtmeile *Cours Mirabeau

1649 wurde der Cours eigens für Karossen angelegt, deren Insassen einem heute noch modernen Vergnügen anhingen: dem Sehen und Gesehenwerden. Schon in den ersten Jahren des 20. Jhs. galt die Straße als prunkvolle Flaniermeile der Stadt.

Der Laufsteg der Eitelkeiten beginnt an der im Jahr 1860 erbauten **Fontaine de la Rotonde ❶**, einem Brunnen mit drei Statuen, die Justiz, Landwirtschaft und Schöne Künste symbolisieren. Weitere hübsche Brunnen, Straßencafés und zahlreiche Stadtpalais mit ornamentierten Fassaden, darunter das 350 Jahre alte **Hôtel Forbin** im italienischen Stil, säumen die Hauptachse bis zum Ende bei der **Fontaine du Roi René ❷**. Sie wurde zu Ehren des »guten Königs« René d'Anjou (1434 bis 1489) errichtet, unter dem die Provence ihr Goldenes Zeitalter erlebte und der in der Region die Muskatellertraube einführte.

Fontaine du Roi René

Das *Mazarin-Viertel

Südlich des Cours Mirabeau dehnt sich das im Schachbrettmuster angelegte Geschäftsviertel aus, das im 17. Jh. nach Ideen von Erzbischof Mazarin entstand und sich zum bevorzugten Wohnviertel des Adels entwickelte. Kein Wunder, dass dort noble Stadtpaläste wie das **Hôtel de Marignane** (12, rue Mazarine) und das **Hôtel de Caumont ❸** (3, rue Joseph-Cabassol) die engen Straßen säumen. Auch das **Musée**

Vor dem Belle-Époque-Café **Deux Garçons** saß schon der berühmteste Sohn von Aix, der Maler Paul Cézanne, im Schatten mächtiger Platanen und genoss den Betrieb auf dem 500 m langen Cours Mirabeau.

Umschlag hinten

Paul Arbaud ❹ mit seinen Fayence-Sammlungen, Skulpturen und Malereien befindet sich in einem solchen Palais aus dem späten 18. Jh. (2 a, rue du Quatre-Septembre, ☏ 04 42 38 38 95, ⏲ tgl. außer So 14–17 Uhr).

Eine hervorragende Sammlung von Gemälden mit Werken u. a. von Cézanne, Rubens und dem lokalen Künstler François-Marius Granet (1775–1849) zeigt das **Musée Granet** ❺ (13, rue Cardinale, ☏ 04 42 38 14 70, ⏲ tgl. außer Di 10–12, 14–18 Uhr)

!

***Fondation Vasarély**
2,5 km westlich der Altstadt liegt im Vorort Jas-de-Bouffan die dem ungarisch-französischen Op-Art-Künstlers Victor Vasarély (1908–1997) gewidmete Stiftung. Zu sehen sind seine Großprojekte (1, av. Marcel-Pagnol, ☏ 04 42 20 01 09, ⏲ tgl. außer Di 9.30 bis 12.30 und 14 bis 17.30 Uhr).

Die Altstadt

Vom östlichen Ende des Cours Mirabeau führt die schmale Passage Agarde auf die Place de Verdun, wo das 1832 erbaute Palais de Justice steht. Einige Schritte weiter nördlich weckt die aus dem 17. Jh. stammende **Eglise de la Madeleine** ❻ äußerlich kein besonderes Interesse, doch im Kircheninnern bewahrt sie einige religiöse Kunstwerke auf wie einen über 500 Jahre alten Altar mit einer Darstellung der Verkündigung, der wahrscheinlich dem Sohn des niederländischen Malers Jan van Eyck zuzuschreiben ist.

*Cathédrale St-Sauveur ❼

Absolut sehenswert ist dieser Sakralbau, der im Grunde genommen sämtliche Baustile der vergangenen 1500 Jahre aufweist, angefangen von einer Taufkapelle aus der Merowingerzeit über das romanische Langhaus, einen reizvollen Kreuzgang, eine zum Teil spätgotische Westfassade bis zu barocken Bauteilen aus dem 17. Jh. Ein berühmtes Kunstwerk ist das vom französischen Maler Nicolas Froment (ca. 1435 bis ca. 1486) geschaffene dreiteilige Altarbild »Der brennende Dornbusch«, vor dem Paul Cézanne häufig gestanden haben soll. Am 24. Oktober 1906 fand für ihn in der Kathedrale die Totenmesse statt.

In der Nachbarschaft der Kirche stellt das **Musée des Tapisseries** ❽ Gobelins und andere Einrichtungsgegenstände aus, die im 17. und 18. Jh. die Bischofsresidenz schmückten (Pl. de l'Ancien-Archevêché, ☏ 04 42 23 09 91, 🕓 tgl. außer Di 10–12 und 14–18 Uhr).

*Place de l'Hôtel de Ville ❾

Hie und da öffnet sich das enge Labyrinth der Altstadtgassen. Von stattlichen Fassaden gesäumte Plätze schaffen Raum für moosbewachsene Brunnen, lebhafte Straßencafés und Restaurants mit rotweiß-karierten Decken von denen aus die Gäste unmittelbar am Openair-Leben teilhaben können. So auch auf der Place de l'Hôtel de Ville, die vom Rathaus mit einer eleganten italienischen Barockfassade und geschnitzten Portalflügeln sowie der **Tour de l'Horloge** mit regulärer und astronomischer Uhr eingefasst wird. Auf der Südseite schließt den Platz die **L'Ancienne Halle aux Grains** ab, eine ehemalige Getreidehalle aus dem 18. Jh., die heute als Postamt dient.

Auf der ***Place Richelieu** ❿ beherrschen Händler und Marktfrauen die Szene. Jeden Vormittag findet dort unter bunten Sonnenmarkisen der schönste Obst-,

Cathédrale St-Sauveur

Umschlag hinten

Les Thermes Sextius, 55, cours Sextius, BP 30, Carré Pro, 13101 Aix-en-Provence Cedex 01, ☏ 04 42 23 81 81, FAX 04 42 95 11 33, Internet: www.thermes-sextius.com.

Netgames, 52, rue de l'Aumone Vieille, ☏ 04 42 26 60 41, E-Mail: netgames@gecko.fr. Internet-Café mit zwei Dutzend PCs. ◷ Di–Sa 12–1, So/Mo 15–1 Uhr.

Gemüse- und Blumenmarkt von Aix statt. Ein städtebauliches Juwel ist die **Place d'Albertas ⑪**, die an drei Seiten von schlicht-eleganten Fassaden eingefasst ist.

Les Thermes Sextius ⑫

Baden war für die alten Römer nicht nur hygienisches Bedürfnis, sondern Lebensstil. Als Proconsul Gaius Sextius Calvinus die antike Vorgängerin von Aix gründete, spielten bei der Auswahl des Standorts Naturquellen mit eine Rolle. Im 16. Jh. gehörte Aix zu den bekanntesten Thermalbädern Europas, galten die Quellen doch als therapeutisches Mittel gegen vier Krankheitsbilder: Rheumatismus, Leberzirrhose, Hautkrankheiten und Beschwerden der Nieren und Harnwege.

Bis ins 19. Jh. boomte der Kurbetrieb, ehe im 20. Jh. der Niedergang einsetzte und in den 1990er-Jahren ein grundlegender Umbau der Anlagen in Angriff genommen wurde. Am Eingang zum neuen Komplex erinnern die bei Ausgrabungen freigelegten Reste eines Thermalbeckens an die römische Vergangenheit.

Rock, Blues oder Techno

Abends heißen die Treffs der Jugend etwa **L'Unplugged.** Dahinter verbirgt sich nicht nur eine Rock- und Bluesbar, sondern auch eine Bühne für Konzerte unterschiedlicher Musikrichtungen, ein Billardsalon und ein Treff für Sportfans, die auf großen Videoschirmen wichtige Sportereignisse mitverfolgen können (25, rue du Bon-Pasteur). Zu den populären Nachtschwärmerecken gehört auch **Key Night.** In heißen Sommernächten kann man dem stickigen Tanzboden entfliehen und sich bis in den frühen Morgen auf der Terrasse vergnügen (1, rte des Milles, ◷ Fr–So ab 23 Uhr). Viele fahren am Wochenende aufs Land. In der als mittelalterliche Burg ausgestatteten Diskothek **Les Templiers** sind Eintritt und Getränke etwas günstiger als in der Stadt (Route d'Avignon, Puyricard, ☏ 04 42 92 52 55, ◷ Fr–So ab 22 Uhr). Im selben Ortsteil liegt der **Club 88,** in dem die DJs alle heißen Scheiben der Hipkultur auflegen (RN 7, Puyricards, ☏ 04 42 23 26 88, ◷ Fr–So ab 22 Uhr).

Hotels

◆ **Villa Gallici,** Av. de la Violette, ☎ 04 42 23 29 23, FAX 04 42 96 30 45, E-Mail: gallici@relaischateaux.fr. Geschmackvolles Luxushotel mit allem Komfort. ❍❍❍

◆ **Le Pigonnet,** 5, av. du Pigonnet, ☎ 04 42 59 02 90, FAX 04 42 59 47 77, E-Mail: reservation@hotelpigonnet.com. Vier-Sterne-Hotel mit gepflegtem Ambiente. Swimmingpool und schöner Garten fehlen natürlich nicht. ❍❍❍

◆ **Hôtel St-Christophe,** 2, av. Victor-Hugo, ☎ 04 42 26 01 24, FAX 04 42 38 53 17. Zentral in der Nähe des Cours Mirabeau gelegen, mit renovierten Zimmern und eigenem Restaurant. ❍❍

◆ **Paul,** 10, av. Pasteur, ☎ 04 42 23 23 89, FAX 04 42 63 17 80, E-Mail: hotel.paul@wanadoo.fr. Das ruhige und einfach eingerichtete Haus bietet Parkmöglichkeit in unmittelbarer Nähe. ❍

Das Atelier von Paul Cézanne ist im Originalzustand erhalten

Restaurants

◆ **Clos de la Violette,** 10, av. de la Violette, ☎ 04 42 23 30 71. Feinste provenzalische Spezialitäten in anspruchsvollem Ambiente – dementsprechend auch die Klientel. ❍❍❍

◆ **Yôji,** 7, av. Victor-Hugo, ☎ 04 42 38 48 76. Hier gibt es japanische und koreanische Köstlichkeiten, natürlich auch Sushi. ❍❍

◆ **La Gourmandine,** 9, pl. Ramus, ☎ 04 42 27 11 67. Das Lokal hat sich auf Fisch und Meeresfrüchte spezialisiert. Zu den Topangeboten gehören die Lachsgerichte. ❍❍

PAUL CÉZANNE
Zu Ehren des Künstlers führt eine markierte Besichtigungstour durch Aix, auf der u. a. sein Geburtshaus (28, rue de l'Opéra) und sein Studio liegen (9, av. Paul-Cézanne, ☎ 04 42 21 06 53, tgl. außer Di Juni–Sept. 10–11.50 und 14.30–17.50 Uhr, Okt.–Mai bis 16.50 Uhr).

Umschlag hinten

Das päpstliche **Avignon

Wer bei der Unterkunft Wert auf preisgünstige Hotels mit Parkplätzen legt, der übernachtet am besten nordöstlich der Stadt im Centre Commercial an der Straße nach Carpentras.

Office du Tourisme, 41, cours Jean-Jaurès, 84000 Avignon, ☎ 04 32 74 32 74, Fax 04 90 82 95 03, Internet: www.avignon-tourisme.com.

Flugzeug: Der Flughafen Avignon-Caumont liegt 8 km vom Stadtzentrum entfernt; ☎ 04 90 81 51 51. **Bahn:** TGV-Schnellzüge verbinden die Stadt mit Paris, Lyon, Dijon, Nizza und Marseille (Gare SNCF: ☎ 08 36 35 35 35).

Im letzten Licht eines von der Sonne verwöhnten Tages versuchen Profi- und Hobbyfotografen den honiggelben Farbenzauber auf den glühenden Stadtmauern auf den Film zu bannen. Nur wenige Minuten dauert das mitreißende Naturspektakel. Dann hüllt sich die geschichtsträchtige Papstresidenz in anonymes Zementgrau. In die Jahre gekommene Berühmtheiten wissen, wie man Auftritte inszeniert!

Rückblick

Natürlich hat Avignon eine Geschichte vor und nach dem 14. Jh. Aber keine Ära und keine Epoche war für die Stadt so bedeutend wie die Zeit zwischen 1309 und 1417, als hinter ihren mächtigen Mauern sieben Päpste und die beiden Gegenpäpste Clemens VII. (1378–1394) und Benedikt XIII. (1394–1423) residierten. Über ein Jahrhundert lang wurde das Christentum von Südfrankreich aus regiert, weil das Papsttum in Abhängigkeit von der französischen Krone geraten und Rom durch heillose Parteienkämpfe zerstritten war.

*Place du Palais und Umgebung

In Avignon führen (fast) alle Wege zur ***Place du Palais** im nördlichsten Teil der ummauerten Stadt, wo die Geschichte unübersehbare Spuren hinterlassen hat.

***Palais des Papes ❶

Beim ersten Blick über das ansteigende Kopfsteinpflaster des Platzes denkt man angesichts der abwei-

Umschlag hinten

senden, zinnenbewehrten Fassade des Papstpalastes unwillkürlich an eine Burg, hinter der sich im düsteren Mittelalter eine weltfremde Geistlichkeit verschanzte. Im Grunde handelt es sich um zwei deutlich unterscheidbare Gebäudeteile. Der strenge, nördliche Trakt lässt die Handschrift des asketischen Zisterzienserpapstes Benedikt XII. (1334–1342) am kargen Charakter der Architektur erkennen. Der südliche Teil wurde von Clemens VI. (1342–1352) hinzugefügt, der seine Vorliebe für Pomp und Pracht nicht verhehlen konnte.

Wie eine Festung wirkt der Papstpalast

Große Teile der Inneneinrichtung wurden durch ein Feuer zerstört. Zum Teil erhalten blieben etwa die Fresken um die Mitte des 14. Jhs. in der **Chapelle St-Jean** und in der **Chapelle St-Martial.** Ebenso das Schlafgemach von Benedikt XII. mit einer Holzdecke, die mit farbigen Tier- und Naturmotiven dekoriert ist, und einem erst 1963 entdeckten und rekonstruierten Fliesenboden. Die **Chambre de Cerf** (»Hirschzimmer«) zeigt Fresken mit Jagd- und Fischereimotiven, und der Festsaal **Grand Tinel** mit fast 50 m Länge und 10 m Breite wertvolle Gobelins. (☏ 04 90 27 50 74, 🕓 April–Okt. 9–19 Uhr, sonst 9.30–18.30 Uhr.)

*Cathédrale Notre-Dame-des-Doms ❷

An den Papstpalast schließt die Kathedrale an, die mit Wand- und Deckenmalereien, gedrehten Säulen, vergoldeten korinthischen Kapitellen, Fresken und Engelsskupturen wie ein Palast ausgestattet ist. In dem Sakralbau aus dem 12. Jh. wurden kirchliche Würdenträger, darunter die Päpste Benedikt XII. und Johannes XXII., zur letzten Ruhe gebettet.

!

Die gut 4 km lange komplett erhaltene ***Stadtmauer** büßte im 19. Jh. ihr wehrhaftes Äußeres mit 39 Türmen und 13 Toren durch eine Restaurierung und die Umwandlung der Burggräben in eine Ringstraße größtenteils ein.

Umschlag hinten

**Pont St-Bénézet ❸

Im Norden der Kathedrale liegt der **Rocher des Doms,** ein über die Stadtmauer hinausragender Kalkfelsen. Nur aus dieser Höhe gelingt es, sich die Brücke mit ihren ehemals 22 Bögen vorzustellen. Der letzte Versuch, den Pont wieder aufzubauen endete im Jahr 1669 kläglich. Seit damals existiert der Bau nicht einmal mehr zur Hälfte. Dafür wurde er mit dem Lied »Sur le pont d'Avignon« für immer verewigt.

Um ein Gläschen zu trinken und nebenbei Atmosphäre zu tanken, empfiehlt sich das ehemalige Färberviertel um die **Rue des Teinturiers,** die sich am Flüsschen Sorgue entlangzieht. Diese Straße gehört nicht zum touristischen Vorzeige-Avignon, sondern bildet eher eine Gegend mit stimmungsvollen Kneipen und Inlokalen.

*Petit Palais ❹

An der Westflanke der Gartenanlagen des Rocher des Doms steht dieses Renaissancegebäude. In den Räumen des ehemaligen Bischofspalastes werden Arbeiten italienischer Meister (13.–16. Jh.), Werke der Schule von Avignon aus der zweiten Hälfte des 15. Jhs. sowie romanische und gotische Skulpturen gezeigt (🕓 tgl. außer Di 9.30–12 und 14–18, Juli/Aug. 10.30–18 Uhr).

Hôtel des Monnaies ❺

Dem Papstpalast gegenüber zieht die im Stil des italienischen Barock errichtete ehemalige Münze die Blicke auf sich. Die Fassade ziert ein imposanter Reliefschmuck in Gestalt zweier Drachen, die einen flügelspreizenden Adler flankieren.

Festival d'Art Dramatique

Im Jahr 2000 zur europäischen Kulturstadt erkoren, erntet Avignon heutzutage die nach dem Ende des Zweiten Weltkrieges gesäten Früchte. 1947 gründete der populäre Schauspieler und Theaterregisseur Jean Vilar das längst weltweit beachtete Festival d'Art Dramatique, das die Stadt in eine Hochburg der Künste verwandelte. Jeweils im Juli wird die gesamte ummauerte Altstadt um die Place de l'Horloge zur Tanz- und Schauspielbühne, und selbst auf der Einkaufs- und Restaurantmeile Rue de la République zeigen Feuerschlucker, Jongleure, Steptänzer und Pantomimen ihre Kunst. (Informationen unter ☎ 04 90 27 66 50, Fax 04 90 27 66 83.)

Museen

Eingerichtet in einer Jesuitenkapelle aus der ersten Hälfte des 17. Jhs., stellt das **Musée Lapidaire ❻** antike Skulpturen und andere

Steinmetzarbeiten aus (27, rue de la République, ☎ 04 90 85 75 38, ⌚ tgl. außer Di 10–13 und 14–18 Uhr).

Im ausgehenden 20. Jh. wurde das bis dato kleine **Musée Calvet** ❼ auf etwa das Dreifache seiner ursprünglichen Ausstellungsfläche erweitert und kann heute seine Gemälde und Skulpturen in einem adäquaten Rahmen präsentieren. Ein Schwerpunkt der Ausstellungen bildet die französische Malerei ab dem 16. Jh. (Rue Joseph-Vernet, ☎ 04 90 86 33 84, ⌚ tgl. außer Di 10–13 und 14–18 Uhr).

Ein Glücksfall für die Stadt Avignon war der im Jahr 1853 in Paris geborene Couturier und Mäzen Jacques Doucet. Er vermachte seine unschätzbare umfangreiche Gemäldesammlung mit Werken von van Gogh, Picasso, Cézanne, Sisley, Degas und Manet dem **Musée Angladon-Dubrujeaud** (5, rue du Laboureur, ☎ 04 90 82 29 03, ⌚ Mi–So 10–12 und 14–18 Uhr).

Blick vom Rocher des Doms auf den Pont St-Bénézet

Hotels

◆ **Hôtel Mercure Cité des Papes,** 1, rue Jean-Vilar, ☎ 04 90 86 22 45. Direkt neben dem Papstpalast; modernes Hotel mit klimatisierten Zimmern. ❍❍❍

◆ **La Mirande,** 4, pl. de l'Amirande, ☎ 04 90 85 93 93. Historisches Hotel in deutscher Hand. Statt Andockstationen für Laptops gibt es geblümte Tapeten, gestickte Tagesdecken und antikes Mobiliar. ❍❍

◆ **Le Garlande,** 20, rue Galante, ☎ 04 90 80 08 85. Freundliches Hotel mit einem Dutzend provenzalisch eingerichteter Zimmer bei der Kirche St-Didier. ❍❍

! Die **Place de l'Horloge** ist Avignons populärer Openair-Treffpunkt mit Theater, Hôtel de Ville, Uhrturm, Kinderkarussell aus der Belle Époque, Restaurants und Straßencafés, die an Sommerabenden oft bis auf den letzten Platz besetzt sind.

◆ **Hôtel du Parc,** Rue A.-Perdiguier, ☎ 04 90 82 71 55, FAX 04 90 85 64 86. Ruhige Zimmer mit und ohne Dusche/WC. ❍

Restaurants

◆ **La Mirande** (S. 159). Fabelhaftes Restaurant, in dem sich der junge Küchenchef Daniel Hébet einen Namen über die Grenzen der Stadt hinaus gemacht hat. ❍❍❍

◆ **Christian Etienne,** 10, rue de Mons, ☎ 04 90 76 16 50. Der Starkoch Christian Etienne betreibt im Stadtzentrum von Avignon ein elegantes und trotzdem nicht steif wirkendes Lokal, in dem er seine weit über die Landesgrenzen hinaus bekannte einzigartige Küchenkunst demonstriert. ❍❍❍

◆ **La Fourchette,** 17, rue Racine, ☎ 04 90 85 20 93. Raffinierte Küchenkreationen wie Thunfisch-Ravioli und deftige Provence-Spezialitäten wie Schweinefüße. ❍❍

◆ **La Vache à Carreaux,** 14, rue de la Peyrolerie, ☎ 04 90 80 09 05. Einfache, aber gute Küche mit passenden Weinen. ❍

◆ **La Ferme,** Chemin des Bois, Ile de la Barthelasse, ☎ 04 90 82 57 53. Gäste können sich die regionalen Gerichte auf der Terrasse im Schatten von Platanen schmecken lassen. ❍

▸ Felsen von Roussillon
▾ Im Red Zone

! Zum Flanieren und Window-Shopping eignet sich die Hauptstraße **Rue de la République.**

Fromagerie Ranc, Place Pie XII, ☎ 04 90 82 63 21. Das Spezialitätengeschäft mit vielen Käsesorten hat in den Markthallen seinen Platz.

Nightlife

◆ **Red Zone,** 25, rue Carnot, ☎ 04 90 27 02 44. Alternativ angehauchte Disko mit allabendlicher Happyhour von 19–21 Uhr. 🕓 Mo–Sa 17.30–3 Uhr, So ab 21 Uhr.

◆ **Le Sholmes,** 30650 Rochefort-du-Gard, ☎ 04 90 31 73 43. Hübsche Freizeitanlage zirka zehn Autominuten außerhalb von Avignon mit Swimmingpool, marokkanischem Restaurant und einer Riesendiskothek auf 500 m².

Lubéron und Plateau de Vaucluse

Uralte Abteien inmitten von Lavendelfeldern, Bergdörfer wie uneinnehmbare Festungen, Ockersteinbrüche von Gelb bis Violett, Mandelbäume, Steineichenwälder: Das Département Vaucluse ist ein Teil der Provence, der sich in jüngster Vergangenheit zum Ferienhaus- und Aussteigerparadies sowie zum Touristenrenner mauserte.

Der Lubéron ist am günstigsten von Avignon bzw. Cavaillon im Westen und von Manosque im Durance-Tal im Osten zu erreichen.

Lubéron

Comité Départemental du Tourisme de Vaucluse, BP 147, 84008 Avignon Cedex 1, ☎ 04 90 80 47 00, FAX 04 90 86 86 08, E-Mail: info@provenceguide.com, Internet: www.ProvenceGuide.com. Gute Infoquelle für Lubéron und Vaucluse.

Von Cavaillon bis Manosque im südlichen Département Vaucluse erstreckt sich mit dem Lubéron ein über 1100 m hoher Bergrücken, der nach Norden sanft, nach Süden ziemlich schroff abfällt – ein fabelhaftes Freizeitparadies, gleichgültig ob man wandert, mit dem Mountainbike unterwegs ist oder nur einen Picknickplatz sucht. Der englische Autor Peter Mayle, der sich in den 1980er-Jahren in Ménerbes niederließ, trat in dieser Gegend mit seinen Provence-Romanen Anfang der 1990er-Jahre eine Touristenlawine los. Promis wie Jane Birkin und Marius Müller-Westernhagen sollen in Lacoste ihre Domizile aufgebaut haben. Bestsellerautor Patrick Süskind nistete sich ebenfalls im Lubéron ein. Isabelle Adjani und Gérard Départdieu werden als Neubürger in Lourmarin vermutet.

Dörferhüpfen

Im geografischen Zentrum des Parc Naturel Régional du Lubéron, der sich über den größten Teil der Berglandschaft erstreckt, liegt das Landstädtchen

Apt ❶ im Calavon-Tal. Auf dem Samstagmarkt zeigt es sich von seiner besten Seite, denn dort kommt auf die Verkaufstische, was vor Ort produziert wird. Das Angebot reicht von den geschätzten kandierten Früchten bis zu kunsthandwerklichen Gegenständen.

Einkaufen

- **Maison L. Marliagues,** Les Bourguignons, ☎ 04 90 74 15 30. Der Verkaufsrenner sind die Spezialitäten von Apt: kandierte Früchte.
- **Saveurs du Lubéron,** Quartier des Moulins, Espace Entreprises, in Gargas nordwestlich von Apt, ☎ 04 90 04 83 83. Dort gibt es in großer Auswahl kandierte Maronen vom Feinsten.

Office du Tourisme, 4, av. Philippe-de-Girard, 84240 Apt, ☎ 04 90 74 03 18, FAX 04 90 04 64 30.

Geradezu berühmt ist der Markt von Apt

*Lourmarin ❷

Der hübsche Ort hat sich zu einer touristische Hochburg entwickelt. Herausgeputzte Geschäfte mit allerlei Schnickschnack, blumengeschmückte Lokale, schmale, gewundene Gassen und ein Schloss aus dem 15./16. Jh. werden an schönen Sommerwochenenden fest im Griff der Gäste aus nah und fern.

*Abbaye de Silvacane ❸

Die zwischen 1175 und 1230 erbaute Klosterkirche der im 15. Jh. aufgegebenen Abtei zählt zu den beeindruckenden romanischen Kunstschätzen der Provence. Wie bei der anderen zisterziensischen Abbaye de Sénanque imponiert auch dieser Bau durch seine schlichte Schönheit und die harmonischen Proportionen.

Zirka 10 km südlich von Apt liegt an der D 113 bei Buoux ein hervorragendes **Klettergebiet** mit senkrechten Abbrüchen.

*Bonnieux ❹

In dem Dörfchen scharen sich die Häuser um die im 12. Jh. errichtete **Eglise Vieille,** in deren Nachbarschaft das einzige **Musée de la Boulangerie** der Provence liegt. Das Bäckereimuseum stellt traditionelle Gerätschaften aus und dokumentiert den Weizenanbau in der Region (☎ 04 90 75 88 34, 🕓 April–Sept. tgl. außer Di 10–12 und 15–18.30, Okt. Sa/So 10–12 und 15–18.30 Uhr). Von der ***Terrasse** bei der Kirche reicht der Blick weit über das Tal.

Gordes liegt auf einem Ausläufer des Vaucluse

Hotels

◆ **Hostellerie du Prieuré,** ☎ 04 90 75 80 78, FAX 04 90 75 96 00. Stilvolles Hotel-Restaurant in einem Gebäude aus dem 17. Jh. Im Sommer wird auf der Terrasse serviert. ○○

◆ **Le Mas des Trois Sources,** ☎ 04 90 75 95 58. Drei Zimmer und zwei Suiten sowie Pool. ○○

*Lacoste ❺

Bekannt wurde der Ort durch einen berühmt-berüchtigten Einwohner: den Marquis de Sade (1740–1814). Die halb verfallene Burg des Adeligen wird nur noch von Stützen und Trägern aufrecht gehalten. Wegen angeblicher Sexualdelikte wurde die Obrigkeit auf seine damals als obszön geltenden Schriften und Romane aufmerksam, und de Sade musste 27 Jahre im Gefängnis verbringen. 1803 ließ ihn Napoléon bis zu seinem Tod in eine Nervenheilanstalt einweisen. Der 10-minütige Aufstieg zu den Burgruinen lohnt sich, da der Weg durch den malerischen Ort führt und eine wahre Augenweide verspricht.

La Flambée in Bonnieux, ☎ 04 90 75 82 20. Provenzalische Küche, Spezialität sind Trüffel- und Wildgerichte. ○○

*Ménerbes ❻

Als Highlight lässt sich auch Ménerbes bezeichnen, gehört es doch ebenso wie Lourmarin zu den schönsten Dörfern Frankreichs. Das liegt weniger an Sehenswürdigkeiten wie dem **Musée du Tire-Bouchon** (Korkenziehermuseum, April–Sept. tgl. 10–12 und 14–18 Uhr, sonst nur Mo–Fr), sondern eher am typisch provenzalischen Charakter der Gebäude und Gassen um die **Place de l'Horloge** mit dem Rathausturm.

Plateau de Vaucluse

Nördlich von Apt dehnt sich das Bergland Vaucluse, eine aus Karstgestein bestehende, von Schluchten durchzogene Hochebene. Am südlichen Rand liegen reizvolle Dörfer inmitten einer typischen Provence-Landschaft.

*Gordes ❼

Als im Mittelalter im Vaucluse östlich von Avignon Dörfer entstanden, entschlossen sich die Menschen nicht ohne Grund, ihre Häuser auf Hügeln zu bauen. In den Niederungen breiteten sich häufig malariaverseuchte Sümpfe aus, zudem waren Gebirgsdörfer in unsicheren Zeiten besser gegen Angreifer zu verteidigen. Dies ist auch die Erklärung dafür, dass Gordes wie eine mittelalterliche Festung an einer Bergflanke über dem Tal der Imergue liegt. Etwa 1 km vor dem Ort hat man von der Straße Richtung Cavaillon über eine Senke hinweg einen prächtigen Blick auf die Ortschaft mit seinem Schloss aus dem 16. Jh.

**Abbaye de Sénanque ❽

Knapp 4 km von Gordes entfernt, versteckt sich in einem abgelegenen Tal zwischen Wäldern und Lavendelfeldern diese romanische Abtei. Die Ordensregeln, die den Verzicht auf jeglichen Luxus für die

Château La Canorgue, Route du Pont-Julien, ☎ 04 90 75 81 01. Eine gute Adresse für Bioweine.

Pâtisserie Tomas, im Bäckereimuseum von Bonnieux, ☎ 04 90 75 85 52. Genau die richtige Adresse für all jene, die ein Faible für selbst gemachte Pralinen haben.

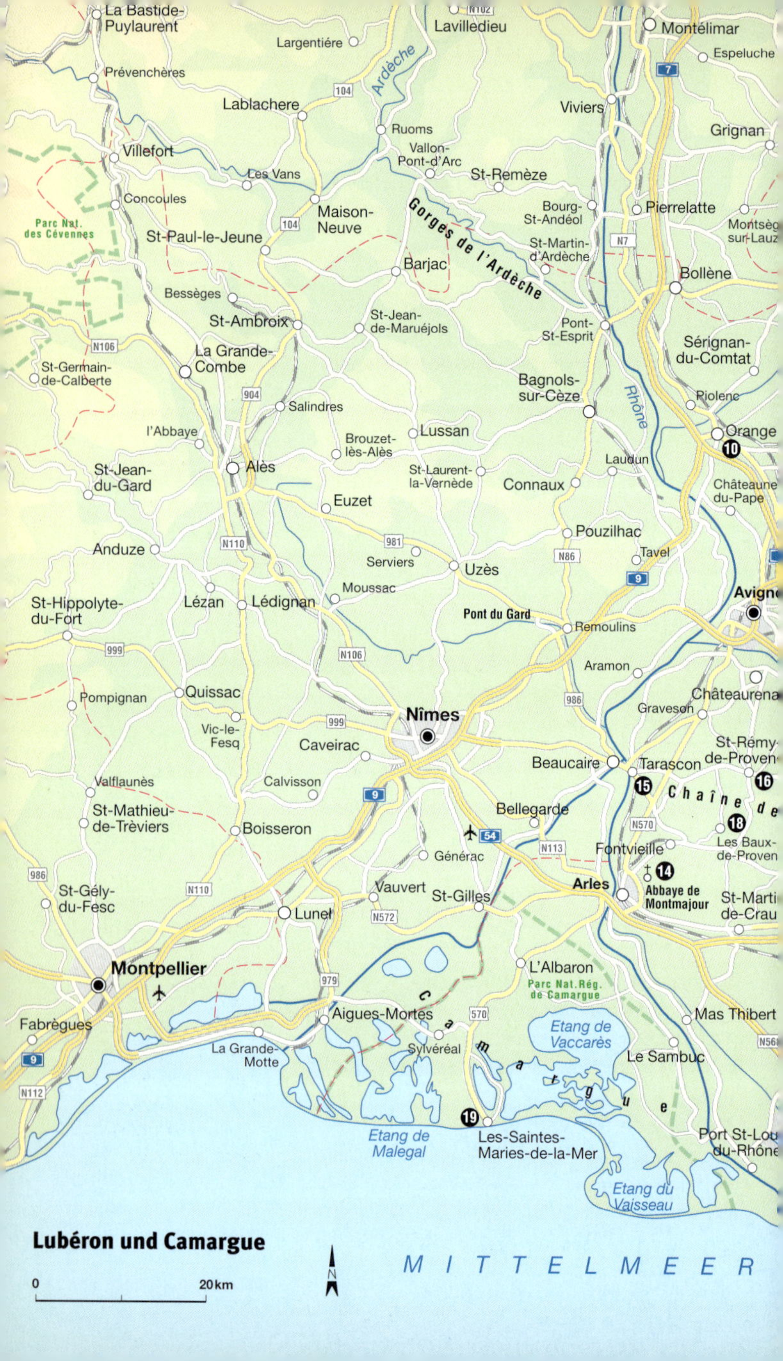
Lubéron und Camargue
0
20 km
N
MITTELMEER
La Bastide-Puylaurent
Largentiére
Lavilledieu
Montélimar
Espeluche
Prévenchères
Ardèche
Lablachere
Viviers
Grignan
Villefort
Ruoms
Vallon-Pont-d'Arc
St-Remèze
Les Vans
Concoules
Maison-Neuve
Bourg-St-Andéol
Pierrelatte
Montségur-sur-Lauzon
Parc Nat. des Cévennes
St-Paul-le-Jeune
Gorges de l'Ardèche
St-Martin-d'Ardèche
Barjac
Bollène
Bessèges
St-Ambroix
St-Jean-de-Maruéjols
Pont-St-Esprit
Sérignan-du-Comtat
St-Germain-de-Calberte
La Grande-Combe
Bagnols-sur-Cèze
Rhône
Piolenc
Salindres
Orange
l'Abbaye
Brouzet-lès-Alès
Lussan
Alès
St-Laurent-la-Vernède
Laudun
St-Jean-du-Gard
Connaux
Châteauneuf-du-Pape
Euzet
Pouzilhac
Anduze
Serviers
Uzès
Tavel
Moussac
Avignon
St-Hippolyte-du-Fort
Lézan
Lédignan
Pont du Gard
Remoulins
Aramon
Pompignan
Quissac
Châteaurenard
Nîmes
Graveson
Vic-le-Fesq
Caveirac
St-Rémy-de-Provence
Beaucaire
Tarascon
Valflaunès
Calvisson
Chaîne des
St-Mathieu-de-Trèviers
Boisseron
Bellegarde
Générac
Fontvieille
Les Baux-de-Provence
Abbaye de Montmajour
Arles
St-Gély-du-Fesc
Vauvert
St-Gilles
St-Martin-de-Crau
Lunel
Montpellier
L'Albaron
Parc Nat. Rég. de Camargue
Camargue
Fabrègues
Aigues-Mortes
Mas Thibert
Etang de Vaccarès
La Grande-Motte
Sylvéréal
Le Sambuc
Etang de Malegal
Les-Saintes-Maries-de-la-Mer
Port St-Louis-du-Rhône
Etang du Vaisseau
7
9
10
14
15
16
18
19
54
104
981
986
999
570
979
N7
N86
N102
N106
N110
N112
N113
N570
N572
N568

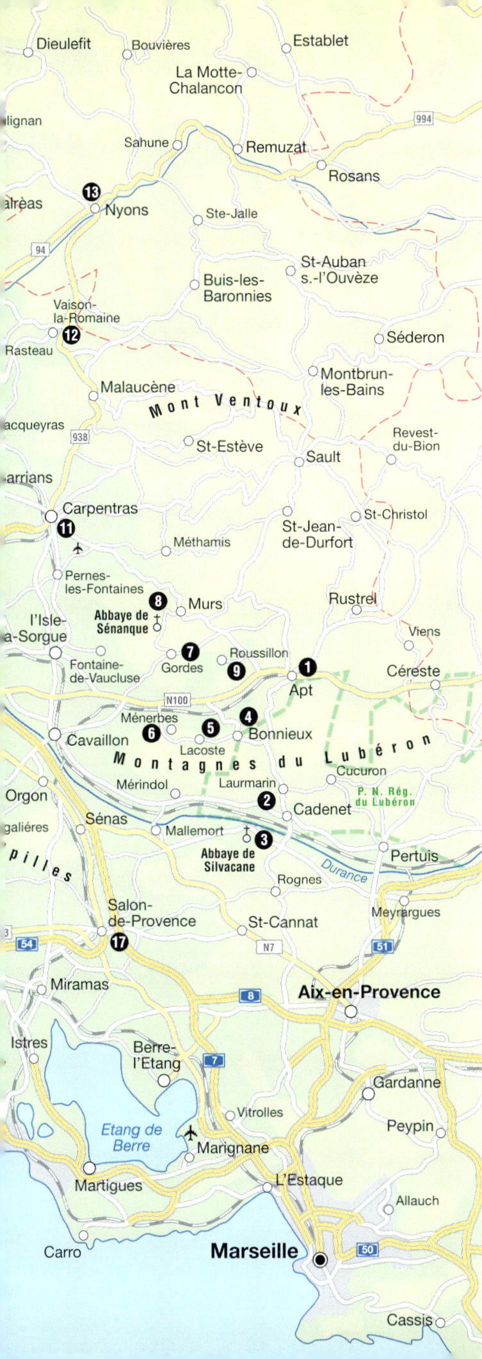

Von Roussillon windet sich der **Fernwanderweg 6** (GR 6) Richtung Osten nach Rustrel bzw. Gignac. Auf dieser Strecke finden sich viele Stellen mit sehenswerten Ockersedimenten.

!

Bories

Bei Gordes liegt die Village des Bories. Angeblich gab es in dieser Gegend etwa 3000 solcher Häuser aus unverfugten übereinander geschichteten Natursteinen. Sie sollen zwischen dem 16. und 19. Jh. gebaut worden sein. Vermutlich wurden die meisten früher von Hirten genutzt.

Zisterzienser vorsahen, spiegeln sich auch in der asketischen Architektur der elefantengrauen Gebäudeteile wider. Schlichtheit und harmonische Proportionen prägen die Klosterkirche ebenso wie den Kreuzgang mit seinen vollendet ausgearbeiteten Kapitellen (🕓 tgl. außer So vormittags 10–12 und 14–18 Uhr, im Winter nur 14–17 Uhr.)

! Im Museum der **Usine Mathieu** in Roussillon erfährt man alles über die Verwendung des Materials Ocker (☎ 04 90 05 66 69, 🕓 im Sommer 10–19 Uhr, sonst 11–14 und 15–17 Uhr).

*Roussillon ❾

Zu den fotogensten Teilen des Département Vaucluse zählt die Gegend um diese Ortschaft. Schon vor langer Zeit bauten die Menschen dort Ocker ab, der in vielen Farbschattierungen von Safrangelb über Lederbraun und Zinnoberrot bis Purpur vorkommt. Ein Lehrpfad führt vom Dorf zu einer Bergflanke, in der man sich wie in einer anderen Welt vorkommt. Wind, Regen und Schnee gruben das Erdreich ab und modellierten je nach Härte des Untergrunds fantastische Formen. Auch im Dorf leuchten die Fassaden in den unterschiedlichsten fotogenen Ockertönen.

!

Während Roussillon im Sommer mitten im Touristentrubel liegt, ist das weiter östlich gelegene ***Rustrel** inmitten einer vergleichbaren Ockerlandschaft noch nicht so überlaufen.

Hotel

◆ **Mamaison,** an der Straße D 149 südlich von Roussillon, ☎ 04 90 05 74 17. Preiswertere Unterkunft mit Zimmern unterschiedlicher Kategorien plus Schwimmbad. ❍❍

Mauer gegen die Pest

Im Jahr 1348 brach im Süden Frankreichs die erste große Pestepidemie aus, die zirka ein Drittel der provenzalischen Bevölkerung dahinraffte. 1720 schlug die Beulenpest erneut zu und breitete sich von Marseille nach Norden aus. Um den Vormarsch des schwarzen Todes zu stoppen, errichteten 1000 an die Seuchenfront abkommandierte Soldaten zwischen Monieux und Cabrières im Département Vaucluse die **Mur de la Peste.** Die 12 km lange, aus mörtellos aufeinander geschichteten Steinen bestehende Mauer sollte den Personenverkehr und damit die Ausbreitung der Seuche verhindern. Seit Jahren kümmert sich eine Vereinigung um die Restaurierung des denkwürdigen Bauwerkes.

Restaurant

◆ **Restaurant Mincka,** Pl. de la Mairie, ☎ 04 90 05 66 22. Die Küche zaubert außergewöhnlich schmackhafte kleine Gerichte auf den Teller. ❍

*Fontaine-de-Vaucluse und *L'Isle-sur-la-Sorge

Am südwestlichen Rand des Vaucluse-Berglandes gelegen, haben die beiden Ortschaften im Zeitalter des Tourismus aus gutem Grund Karriere gemacht: Die Ziele sind trotz aller Kommerzialisierung charmante Winkel mit viel Atmosphäre geblieben, die man aber dennoch möglichst nicht an einem Wochenende aufsuchen sollte.

***Fontaine-de-Vaucluse** ist von Flüssen, Kanälen und Stromschnellen durchzogen, die wahrscheinlich von einer außerhalb gelegenen, als Ursprung des Sorgue-Flusses geltenden Quelle gespeist werden.

Wo in ***L'Isle-sur-la-Sorgue** bis ins 20. Jh. Mühlen, Gerbereien und Färbereien in Betrieb waren, floriert heute das Geschäft mit mehr oder minder wertvollen Antiquitäten. Mitten im Herzen der steil ansteigenden Altstadt steht die im 17. Jh. erbaute Kirche mit einer sehenswerten barocken Innenausstattung.

An jedem Sonntagmorgen findet in **L'Isle-sur-la-Sorgue** ein riesiger Trödelmarkt statt.

Roussillon im letzten Tageslicht

Die nördliche Provence

Die nördliche Provence liegt zwischen zwei Hauptverkehrswegen: der nach Nîmes führenden Autobahn A 9 (La Languedocienne) und der über Vaison-la-Romaine, Malaucène und Carpentras verlaufenden D 938.

Office du Tourisme, 46, cours A.-Briand, 84100 Orange, ☎ 04 90 34 70 88, FAX 04 90 34 99 62, E-Mail: officetourisme@infonie.fr; Internet: www.provence-orange.com.

Beiderseits der hektischen Autoroute du Soleil liegen die Täler im matten Glanz der Olivenhaine. Kaum ein Dorf ohne Schloss, kein Augenblick ohne Farbtupfer, ob es sich um bunte Hausfassaden, zartrosafarbene Aprikosenbäumchen, dottergelbe Rapsfelder oder provenceblaue Fensterläden handelt.

**Orange ⑩

Die inmitten von Reben und Obstgärten liegende Stadt ist zwar schon seit langem ein wichtiges Vermarktungszentrum für Agrarprodukte, hat sich aber auch als Stützpunkt der Fremdenlegion einen Namen gemacht. Dass die modernen Zeiten auf der Autoroute du Soleil nicht völlig an Orange vorbeihasten, lässt sich rund um den alten Kern ablesen. Berühmt geworden ist die Stadt allerdings mit älteren Attraktionen, mit Ruinen aus der Römerzeit.

***Arc de Triomphe

Die Nationalstraße nach Montélimar, vor 2000 Jahren Teil der Via Agrippa zwischen Arles und Lyon, überspannte damals ein kunstvoll geschmückter Triumphbogen mit heroischen Darstellungen aus dem siegreichen Krieg der Römer gegen die Kelten. Heute macht die viel befahrene Autostraße einen Bogen um das wunderbare Bauwerk, auf dessen Nordseite die martialischen Bildergeschichten noch gut erhalten sind.

**Théâtre Antique

Ein zweites grandioses Schaufenster in die provenzalische Vergangenheit ist das Amphitheater mit einer 103 m langen und 37 m hohen Bühnenrückwand, einer der best erhaltenen in ganz Europa. In einer Zentralnische steht die über dreieinhalb Meter große Statue von Kaiser Augustus. Selbst der Sonnenkönig Louis XIV zeigte sich von der Bühnenrückwand des antiken Theaters begeistert und bezeichnete sie als schönste Mauer seines Königreichs.

Hotels

◆ **Hostellerie du Vieux Chateau,** Route de Ste-Cécile, in Serignan, ca. 7 km von Orange, 04 90 70 05 58, FAX 04 90 70 05 62. Die ehemalige Mühle wurde in ein attraktives Landhotel mit Pool und hervorragendem Restaurant umgebaut. ❍❍

◆ **Arène,** Pl. Langes, 04 90 11 40 40, FAX 04 90 11 40 45. Kleines Stadthotel direkt neben dem antiken Theater in der Fußgängerzone. ❍❍

Die Bühnenwand im Theater von Orange

Châteauneuf-du-Pape

Der gemütliche Winzerort, bei dessen klingendem Namen Weinliebhaber feuchte Augen bzw. trockene Kehlen bekommen, liegt in einem wogenden Ozean aus grünen Rebstöcken unterhalb des päpstlichen Landsitzes. Der vor Ort gekelterte und vergorene Traubensaft genoss schon vor 300 Jahren einen guten Ruf in den Kreisen geistlicher und weltlicher Würdenträger. Als schließlich im Jahr 1929 die Herkunftsbezeichnung Châteauneuf-du-Pape geschützt wurde, bedeutete dies ein zusätzliches Qualitätssiegel. Auf dem zirka 3200 Hektar großen

In Orange:
Le Parvis, 3, cours Pourtoules. Gute landestypische Spezialitäten werden in einem gediegenen Ambiente serviert. ❍❍
Yaca, 24, pl. Silvain. Preiswert und gut. Und dass es so ist, beweisen die vielen Einheimischen. ❍

171

Anbaugebiet reifen heute 13 zugelassene Rebsorten unter der provenzalischen Sonne.

Weinproben

◆ **Château Mont Redon,** ☏ 04 90 83 72 75. In der ca. 5 km außerhalb des Ortes gelegenen, sehr stimmungsvollen Probierstube kann man die besten Tropfen in aller Ruhe kosten.

Weinfelder im Vaucluse

◆ **Domaines Mousset,** Château des Fines Roches, an der Straße nach Sorgues, ☏ 04 90 83 73 10. Es handelt sich um ein überaus reizvoll gelegenes Schloss, in dem es sowohl ein gut geführtes Hotel mit einem Restaurant und eine Probierstube gibt.

*Carpentras ⓫

Chefköchen ist die Stadt als Trüffelumschlagplatz gut bekannt. Zwischen Mitte November und Mitte März findet auf dem Freitagsmarkt auf der Place Aristide-Briand ein schwunghafter Handel mit Trüffeln statt, deren Wert exorbitant ist. Carpentras hat als Marktplatz Tradition. Schon vor 1500 Jahren deckten sich dort die Menschen mit Honig, Weizen und Kleinvieh ein.

Office du Tourisme, 170, allée Jean-Jaurès, 84200 Carpentras, ☏ 04 90 63 00 78, FAX 04 90 60 41 02.

Nördlich der Place Aristide-Briand dehnt sich der historische Stadtkern um die **Ancienne Cathédrale St-Siffrein** aus, deren Südportal mit der Porte Juivre einen reich verzierten Flamboyantstil aufweist. Die gotische Kathedrale besitzt einen kostbaren Kirchenschatz bestehend aus wunderschönen Holzstatuen, wertvollen Gewändern und religiösen Gegenständen. Ebenso kunsthistorisch Interessantes findet man in der **Rue Moricelly,** die von noblen Herrenhäusern gesäumt wird.

Hotels

- **Hôtel Safari,** 1, av. Jean-Henri Fabre, ☏ 04 90 63 35 35, FAX 04 90 60 49 99. Überdurchschnittliches Dekor darf man hier nicht erwarten, jedoch großzügig geschnittene Zimmer und freundliche Atmosphäre. ❍❍
- **Le Coq Hardy,** 36, pl. de la Marotte, ☏ 04 90 63 00 35, FAX 04 90 60 40 76. Ordentliche Unterkunft ohne großen Komfort. ❍❍

Restaurants

- **L'Atelier de Pierre,** 30 pl. d'Horloge, ☏ 04 90 60 75 00. Die Einheimischen schätzen die zuverlässige Küche mit ihren provenzalischen Gerichten. ❍❍
- **L'Hibiscus,** im Hôtel Safari (s. o.). Wer das Besondere schätzt, sollte hier die unverfälschten provenzalischen Höhenflüge des Kochs genießen. ❍❍

Zum **Mont Ventoux

Durch Obstplantagen und Weinberge gewinnt die Straße Richtung Malaucène nach und nach an Höhe. Hinter der Ortschaft beginnt das asphaltierte Kurvenabenteuer durch Wälder aus Atlaszedern, Schwarzkiefern und Eichen, vorbei an Wacholderbäumen und Aussichtspunkten, die das Tiefland mit jedem Höhenmeter weiter entschwinden lassen. Immer mehr dünnt die Vegetation aus, bis sich schließlich eine Landschaft auftut, wie man sich vielleicht die Mondoberfläche vorstellt: steinig, ohne einen Grashalm weit und breit, von der Sonne ausgebleicht und vom böigen Wind zermürbt.

Eine lokale Spezialität von Carpentras sind die *Berlingots* – bunt gestreifte Bonbons. Sie werden in der Stadt seit 1844 hergestellt und in vielen Geschäften verkauft wie etwa bei **Pâtissier Clavel** (30, rue Porte d'Orange).

Francesco Petrarca, **Die Besteigung des Mont Ventoux.** Text auf Latein und Deutsch (Reclam, Stuttgart 1995).

! Die **Tour de France** hatte den 1992 m hohen Mont Ventoux schon mehrfach als Etappenziel im Programm, ein Unternehmen zum Zähneausbeißen.

Römerruinnen und Ölmühlen

**Vaison-la-Romaine ⑫

Der beschauliche Ort liegt in einem Tal nordwestlich des Mont Ventoux. Wo sich schon vor über 2500 Jahren keltische Stämme niedergelassen hatten, gründeten die Römer eine Gemeinde mit schließlich 10 000 Einwohnern, Säulenhallen und Kolonnaden, Theatern und Thermen. Jahrhunderte überstanden die antiken Relikte, ehe 1992 ein Hochwasser einen großen Teil der historischen Schätze zerstörte. Das Ausgrabungsfeld ist längst wiederhergestellt. Fast ehrfürchtig flanieren die Besucher durch die antiken Überreste, vorbei an handwerklich überzeugend kopierten Skulpturen, denen das klare Licht messerscharf gezogene Gesichtszüge verleiht. Aber auch spätere Epochen hinterließen durchaus sehenswerte Spuren im Ort, wie die romanische ***Cathédrale Notre-Dame-de-Nazareth** mit ihrem beeindruckenden Kreuzgang.

Office du Tourisme, Pl. Abbé-Sautel, 84110 Vaison-la-Romaine, ☎ 04 90 36 02 11.

Nyons ⑬

Der Ort im Tal der Eygues liegt bereits einige Kilometer nördlich der Provence-Grenze im Département Drôme, fühlt sich aber dennoch der Region zugehörig. Ein umfangreiches Geschäft bildet der Handel mit Olivenöl, das vor Ort in mehreren Mühlen und in der örtlichen Kooperative produziert wird. So dreht sich denn auch im **Musée de l'Olivier à Nyons** (Allée des Tilleuls-Nyons, ☎ 04 75 26 12 12, 🕓 Di–Sa 15 bis 18 Uhr) alles um Olivenbäume, deren Pflege sowie um die Produktion und Verwendung von Olivenöl.

! Die historischen Mühlen, **Les Vieux Moulins à Huile,** in Nyons können im Rahmen einer Führung nach Voranmeldung besichtigt werden (4, promenade de la Digue, ☎ 04 75 26 33 52).

Die Ardèche kann von Ende März bis Ende November befahren werden. Beste Zeit sind die Monate Mai und Juni.

Restaurant

◆ **Le Moulin à Huile,** Rte de Malaucène/Quai Maréchal-Foch, ☎ 04 90 36 20 67. In der ehemaligen Mühle werden traditionelle Gerichte wie Lamm und Gänseleberpastete aufgetischt. ❍❍❍

**Gorges de l'Ardèche

Selbst wer noch nie ein Paddel in der Hand hielt, kennt die Ardèche vom Hörensagen als legendären Abenteuerspielplatz für Kajak- und Kanusportler.

Ausgangspunkt für einen Abstecher in die Schlucht ist die Ortschaft **Pont St-Esprit** an der Rhône. 10 km weiter nordwestlich beginnt der eigentliche Canyon in **St-Martin-d'Ardèche,** wo die ersten Bootsvermieter Filialen eingerichtet haben. Der Wasserlauf, ein 120 km langer Nebenfluss der Rhône, schlängelt sich auf 30 km in grandiosen Mäandern, unterbrochen von schäumenden Stromschnellen, durch einen 400 m hohen Gebirgszug.

Entlang der Panoramastraße an der nördlichen Abbruchkante liegen zahlreiche Aussichtspunkte, einer schöner als der andere. Das Highlight der bizarren Landschaft ist der ***Pont d'Arc,** ein 34 m hohes und 59 m breites Portal, das sich der Fluss im Lauf der Zeit in einen im Weg stehenden Felsen fraß. Das Ardèche-Abenteuer endet in **Vallon Pont d'Arc.**

Gorges de l'Ardèche mit Pont d'Arc

Wassersport

- **Adventure Canoes,** Pl. du Marché, BP 27, 07150 Vallon-Pont-d'Arc, ☏ 04 75 37 18 14, FAX 04 75 37 16 78, E-Mail: aventure.canoes@wanadoo.fr. Kanu- und Kajakvermietung.
- **Base Nautique du Pont d'Arc,** 07150 Vallon-Pont-d'Arc, ☏ 04 75 88 00 69, FAX 04 75 88 11 34, E-Mail: Charmasson.Yves@canoe-ardeche.com. Professionelles Wassersportunternehmen.

Camping du Pont d'Arc, Le Pont d'Arc, BP 11, 07150 Vallon-Pont-d'Arc, ☏ 04 75 88 00 64, FAX 04 75 88 08 89. Günstig gelegener, gut ausgestatteter Platz mit Kanuverleih.

Umschlag hinten

**Arles und die Camargue

Auch wenn heute tagtäglich während der Saison Tausende von Touristen vorbei an den Reliquien einer bewegten Stadtgeschichte vielleicht auch auf den Spuren eines Vincent van Gogh schlendern, haben es die Arleser verstanden, ihren ganz individuellen üppigen provenzalischen Stil zu leben. Ähnliches gilt für die Menschen in der nahen Camargue, einem zur Hälfte aus Weihern, Kanälen, Bächen und Lagunen bestehenden Landstrich, der zu den eigentümlichsten Landschaften Südfrankreichs zählt.

Die Altstadt ist mühelos zu Fuß zu erkunden. Ein Parkhaus befindet sich direkt am Boulevard des Lices. Weitere Parkplätze liegen an der Place Lamartine.

Office du Tourisme, Esplanade Charles-de-Gaulle, 13200 Arles, ☎ 04 90 18 41 20, Fax 04 90 18 41 29, E-Mail: ot-arles@visitprovence.com, Internet: www.arles.org.

**Arles

Wohin sich der Blick auch wendet, ragen römische Säulen oder mittelalterliche Kirchtürme in den azurblauen Himmel. Deshalb auf eine in Vergangenheit und musealem Mief erstarrte Stadt zu schließen, wäre vermessen. Arles vibriert vor Lebhaftigkeit und demonstriert Tag für Tag aufs Neue die Leichtigkeit des Seins.

Flugzeug: Der Arles am nächsten gelegene Flughafen ist Nîmes-Arles-Camargue, ca. 23 km entfernt. **Bahn:** Gare SNCF, ☎ 08 36 35 35 35. **Bus:** Gare Routière, ☎ 04 90 49 38 01.

***Arena Ⓐ

In der Römerzeit trug Arles den Beinamen *Gallula Roma,* das kleine gallische Rom. Noch heute sieht sich die Stadt in dieser Tradition. Stolz wie eine Römerin breitet sie vor ihren Gästen die antiken Relikte einer glorreichen Vergangenheit aus. Die über 1900 Jahre alte, dem Kolosseum in Rom nachempfundene Arena bildet einen günstigen Ausgangspunkt für eine Stadttour auf antiken Spuren. Im Mittelalter wurde sie durch Wachtürme ergänzt, in späteren Jahrhunderten als Wohnquartier genutzt. Heute locken Stierkämpfe bis zu 12 000 Schaulustige pro Veranstaltung in die alten Mauern.

**Théâtre Antique Ⓑ

Nur wenige Schritte von der Arena entfernt liegt das aus dem ersten vorchristlichen Jahrhundert stammende antike Theater, von dem im Grunde genommen nur noch halbrunde Zuschauerränge übrig geblieben sind, weil die Anlage in späteren Jahrhunderten als Materialdepot diente. An die ursprüngliche Bühnenwand erinnern zwei schlanke, durch einen Querträger verbundene Säulen, eine aus afrikanischem Stein, die andere aus Marmor.

Nur noch Säulenstümpfe blieben von der römischen Bühnenwand

Säulenhalle Ⓒ

Westlich der Place de la République liegt eine mit einem doppelten Säulengang ausgestattete unterirdische Säulenhalle, die nach Meinung von Fachleuten um dieselbe Zeit wie das antike Theater entstanden sein dürfte.

*Palais Constantin Ⓓ

Römer-Fans finden unweit des Rhône-Ufers das Palais Constantin. Die Thermen, von Kaiser Konstantin in Auftrag gegeben, gehen auf das 4. Jh. zurück, wurden jedoch im hohen Mittelalter überbaut. Die mit heißen und kalten Becken sowie einem Dampfbad ausgestatteten Badeanlagen dienten nicht nur hygienischen Bedürfnissen, sondern auch als Begegnungs- und Erholungsstätte, zum Zeitvertreib und als »Fitnessstudio«.

*Alyscamps Ⓔ

Südöstlich des Stadtzentrums wurden schon seit dem 4. Jh. Verstorbene auf den Alyscamps zur letzten Ruhe gebettet. Im Mittelalter avancierte das Gräberfeld gewissermaßen zum Promifriedhof.

! Im Office du Tourisme sowie in allen Museen (außer im Museon Arlaten) gibt es den preisreduzierten **Besucherpass**, der für alle Museen und andere Sehenswürdigkeiten in der Stadt gültig ist. 🕓 April bis Sept. 9–12.30, 14–19 Uhr, Mitte Juni bis Mitte Sept. 9–19 Uhr, Okt.–März 10–12, 14–17 Uhr.

An der Place de la République F

Auf dem italienisch anmutenden Platz erhebt sich ein Obelisk, der zur Zeit der Römer die Ziellinie bei Wagenrennen markiert haben soll. Auf der Nordseite flankiert die Fassade des **Hôtel de Ville** den Platz.

Dieses Café verewigte van Gogh auf seinem Bild »Das Nachtcafé«

**Eglise St-Trophime

Schaustück des Platzes ist das *****Hauptportal** der Kirche, ein packendes steinernes Bilderbuch aus der Zeit der provenzalischen Romanik mit Szenen des Jüngsten Gerichts, der Geburt Christi und der Steinigung des hl. Stephanus. Im Kircheninneren stehen mehrere steinerne Sarkophage mit Bildhauerarbeiten, während sich in den Seitenschiffen der Blick auf die wertvollen Wandteppiche lohnt (🕓 tgl. 9–12 und 14–19 Uhr).

!

STADTFÜHRUNG
Das Office du Tourisme bietet vom 1. Juli bis zum 30. September werktags die klassische Führung »Arles – Stadt der Kunst« (hauptsächlich römische Vergangenheit) an.

**Cloître St-Trophime

An die Kirche ist das romanisch-gotische Kloster mit einem der schönsten provenzalischen Kreuzgänge angebaut. Die wie mit einem Schnitzmesser aus dem Stein herausgearbeiteten Apostel-, Heiligen- und Tierfiguren an den Eckpfeilern und filigran verzierte Kapitelle hauchen diesem von Wohnräumen, Kapitelsaal und Refektorium umgebenen Ort der Stille Leben ein (🕓 Okt.–März 10–16.30 Uhr, sonst 9–12 Uhr).

Hotels

◆ **Jules César,** 9, bd des Lices, ☎ 04 90 93 43 20, FAX 04 90 93 33 47. Luxushotel in einem ehemaligen Karmeliterkonvent. ○○○

◆ **Hôtel du Musée,** 11, rue du Gard, ☎ 04 90 93 88 88, FAX 04 90 49 98 15. Das zentral gelegene, gut geführte Mittelklassehotel ist in einem Haus aus dem 17. Jh. untergebracht. Garage vorhanden. ❍❍

◆ **Hôtel Gauguin,** 5, pl. Voltaire, ☎ 04 90 96 14 35, FAX 04 90 18 98 87. Das Wohnviertel ist zwar nicht das schönste, aber zum Übernachten reicht die Unterkunft, wenn man keine großen Ansprüche stellt. ❍

Restaurants

◆ **Vaccarès,** Pl. du Forum, Eingang Rue Favorin, ☎ 04 90 96 06 17. Ob Seeteufel-Filet oder *Beurre de Potarde:* die Speisen sind gekonnt zubereitet. Man kann auf dem Balkon essen und das Treiben auf der Place du Forum genießen. ❍❍

◆ **La Molière,** 2, rue Molière, ☎ 04 90 96 03 30. Provenzalische und vegetarische Küche. ❍❍

◆ **Café van Gogh,** 11, pl. Forum, ☎ 04 90 96 44 56. Kaum irgendwo kann man einen Sommerabend so entspannt verbringen wie in diesem Café, das van Gogh mit seinem Gemälde »Das Nachtcafé« verewigte. Draußen genießt man die sternklare Nacht unter Platanen. ❍❍

◆ **La Mule Blanche,** 9, rue du Président-Wilson, ☎ 04 90 93 98 54. Am schönsten sitzt man im Garten vor dem Restaurant zwischen bunten Blumenkübeln und Palmen in Tontöpfen. ❍

! Museon Arlaten

Das 1896 von Frédéric Mistral (S. 60) gegründete Museum zeigt Exponate zur provenzalischen Volkskunst und Stadtgeschichte von Arles (Rue de la République, Hôtel de Laval-Castellane, ☎ 04 90 96 08 23, ⏲ Juni/Aug. 9.30–13, 14–18.30 Uhr, sonst verkürzte Zeiten).

Auf den Spuren von van Gogh

Gelbe Markierungen auf dem Asphalt führen zu zahlreichen Stellen, die eine Rolle im Leben und Werk des berühmten Niederländers in dieser Stadt spielten. Auf der **Place du Forum** malte er »Das Nachtcafé«, am **Quai du Rhône** die »Sternennacht«, auf der **Place Lamartine** »Das gelbe Haus«, das er eine Zeit lang zusammen mit Paul Gauguin bewohnte, in der **Rue Mireille** »Die alte Mühle« und am **Boulevard des Lices** den öffentlichen Park, in dem heute eine Skulptur des berühmten Malers steht. Zu seinen Lieblingsmotiven gehörte der **Pont Langlois** ca. 3 km südlich der Stadt, eine heute restaurierte bewegliche Holzbrücke über eine kleine Schleusenanlage, an der zu van Goghs Zeiten bunt gekleidete Wäscherinnen ein fabelhaftes Motiv für den Maler abgaben.

Unterhaltung, Nightlife

- **El Patio de Camargue,** Chemin de Barriol, ☏ 04 90 40 51 76. In diesem Zigeunerdorf am Ufer der Rhône bekommen junge Stierkämpfer ihre ersten Lektionen. Jeden Samstagabend gibt es Gitarrenmusik. Gelegentlich taucht auch Chico, der Gründer der berühmten Gruppe »Gipsy Kings«, auf.
- **Théâtre de la Calade,** 49, quai de la Roquette, ☏ 04 90 93 05 23. Die professionelle Theatergruppe tritt mit kreativen Programmen in dem im 17. Jh. gebauten Salzspeicher auf, der 200 Plätze fasst.
- **Cargo de Nuit,** 7, av. Sadi-Carnot, ☏ 04 90 49 55 99. Populäres Lokal mit Weinbar, Restaurant und häufigen Konzerten unterschiedlicher Musikrichtungen. ⌚ Do–Sa 20.30–4 Uhr.
- **Le Krystal,** Hameau de Moulès in Raphèle-les-Arles östlich der Stadt, ☏ 04 90 98 32 40. Zwei Hallen mit insgesamt vier Tanzflächen sowie Rock- und Techno-Beschallung ⌚ So/Mo 14–20 Uhr, Di, Fr und Sa ab 22 Uhr.

Mittwochs und Samstags bauen die Händler auf dem **Boulevard des Lices** in Arles einen der buntesten Märkte der Provence auf. Besonderes üppig ist hier das Angebote der Gewürzhändler.

**Abbaye de Montmajour ⑭

Montmajour: ⌚ April–Sept. tgl. 9–19 Uhr, Okt.–März tgl. außer Di 10–13 und 14–17 Uhr.

Wo sich die flache Camargue im Norden von Arles anschickt, in die Alpilles hinaufzusteigen, taucht zwischen Pinienreihen und Rebgärten unvermittelt die auf einer felsigen Anhöhe liegende Benediktinerabtei auf. Aus der Entfernung könnte man die grauen, gedrungenen Gebäude für eine wehrhafte Burg halten. Schon im 10. Jh. buckelten die dort ansässigen Mönche im sumpfigen Umland, um es trocken zu legen und für die Landwirtschaft zu nutzen. Die im späten 18. Jh. aufgegebene Anlage bietet nicht nur reizvolle mittelalterliche Ansichten, sondern auch ein sportliches Kurzprogramm. Wer die 124 Stufen bis auf die Plattform der 26 m hohen **Tour de l'Abbé** absolviert, wird mit einem prächtigen Blick belohnt.

Les Alpilles

Zwischen Arles im Süden und St-Rémy-de-Provence im Norden zieht sich in Ost-West-Richtung mit den Alpilles ein Gebirgszug durch die Provence, in dessen Umgebung sehenswerte Ortschaften liegen.

Tarascon ⑮

Die hübsche Altstadt wird vom ***Château de Tarascon** bewacht, dessen Mauern und Zinnen aussehen, als hätten sie die vergangenen 500 Jahre gänzlich konfliktfrei überlebt. Eine Brücke führt über den Burggraben ins Innere, in dem einst König René Musik komponierte und kultivierte Feste veranstaltete (🕓 Ostern bis Sept. tgl. 9–19 Uhr, sonst 9–12 und 14–17 Uhr).

Das mächtige Schloss von Tarascon

St-Rémy-de-Provence ⑯

Größter Schatz der Vergangenheit sind die Überreste römischer Architektur bei St-Rémy wie die überaus kunstvoll verzierten ****Antiques,** zu denen ein schlankes Mausoleum und der Arc Municipal gehören, einer der ältesten Stadtbogen in Frankreich. In der Nachbarschaft liegt mit dem antiken ***Glanum** ein seit 1921 freigelegtes Ruinenfeld, das von mehreren Siedlungsperioden in vor- und nachchristlicher Zeit zeugt (🕓 tgl. 9–12 und 14–17 Uhr, im Sommer bis 19 Uhr).

In St-Rémy-de-Provence kam 1503 der Prophet, Seher, Heiler und Astrologe Michael Nostradamus zu Welt, der Mitte des 16. Jhs. nach Salon-de-Provence zog, um als Leibarzt am königlichen Hof zu dienen.

Salon-de-Provence ⑰

Fast 20 Jahre lebte Nostradamus in Salon-de-Provence und schrieb dort an seinen berühmten »Centuries«. Dieser gereimte Bestseller enthält ca. 900 Prophezeihungen wie z. B. den vorhergesagten Weltuntergang im Jahr 3797 n. Chr. sowie die Voraussage seines eigenen Todesjahrs (1566). Nostradamus-Anhänger pilgern alljährlich zum Grab des umstrittenen Wahrsagers in der Kirche **St-Laurent.** In seinem Geburtshaus, der **Maison Nostradamus,** sind mit lebensgroßen Figuren zahlreiche Szenen aus dem Leben des Sehers nachgestellt (11, rue Nostradamus, Juni–Aug. 9.30–12 und 14–18.30 Uhr, sonst 9–12 und 14–18 Uhr).

**Les Baux-de-Provence ⑱

Im Unterschied zu den drei am Rande der Alpilles gelegenen Orten thront Les Baux wie ein Adlerhorst inmitten des Gebirgszuges. Ähnlich wie in Lacoste im Lubéron könnte man meinen, das Dorf samt Kirche und Zitadelle sei aus einem Felsplateau herausgehauen worden. Vom südlichen Ende des Plateaus hat man einen prächtigen Blick über Arles bis in die Camargue. Der Ort, im Hochmittelalter Zentrum der Troubadourkunst, wurde während der Religionskriege, Zufluchtsort der Protestanten. Daraufhin ließ Kardinal Richelieu Les Baux 1632 schleifen.

Heute säumen wieder schön restaurierte Häuser die engen Gassen hinauf zur nach wie vor zerstörten Burganlage.

Die **Camargue

Trotz menschlicher Eingriffe ist das Sumpfgebiet immer noch ein salziger, von Flüssen, Bächen und Weihern durchzogener Landstrich, wo mannshohes Schilf die Weiden der weißen Pferde und schwarzen Stiere einzäunt und grazile Flamingos durch seichte

Naturkundliche Touren durch die Camargue mit professionellen Führern: **Les Guides du Terroir,** 17, pl. des Gitans, Les Ste-Maries-de-la-Mer, ☎ 04 90 97 96 82, Fax 04 90 97 96 79, E-Mail: guides.du.terroir@wanadoo.fr, Internet: www.assoc.wanadoo.fr/guides.du.terroir.

Bleu Marine, Av. Dr.-Cambon, Les Stes-Maries-de-la-Mer, ☎ 04 90 97 77 00, Fax 04 90 97 76 00, E-Mail: Hbleumar@aol.com. Nur 100 m zum Strand. ❍

Le Chalut, 39, av. Frédéric-Mistral, Les Stes-Maries-de-la-Mer, ☎ 04 90 97 83 20. Spezialitäten sind Miesmuscheln und Gambas. ❍❍

Sümpfe staken. Zwischen Aigues-Mortes und dem Golfe de Fos besteht die Region zur Hälfte aus Land und Wasser – ein Gewirr aus Kanälen, Bächen und Weihern einerseits, aus Inseln, Halbinseln und flachem, salzigem Schwemmland andererseits. Kein anderer Teil Südfrankreichs ist von der Zivilisation so wenig berührt wie dieser.

Les Stes-Maries-de-la-Mer ⑲

Jedes Jahr im Mai findet hier die folkloristische Zigeunerwallfahrt statt. Ihre Verehrung gilt Sarah, der Schutzpatronen der Sinti und Roma. Während des Festes wird die über 800 Jahre alten Kirche ***Notre-Dame-de-la-Mer** zum Mittelpunkt des Geschehens und ist Ausgangspunkt der Prozession, in deren Verlauf die Heilige zum Meer getragen wird. Während der restlichen Saison bietet sich der Ort für stille Ferien inmitten einer faszinierenden Landschaft an.

Logenplatz beim Zigeunerfest in Les Stes-Maries-de-la-Mer

**Aigues-Mortes

Im Westen schließt die auf einem mittelalterlichen Reißbrett entstandene Stadt an. Der von einer gewaltigen Mauer vollständig umgebene und durch einen Kanal mit dem Meer verbundene Ort wurde auf Betreiben von König Louis IX 1241 als Seehafen angelegt, von welchem der Monarch sieben Jahre später zum Kreuzzug nach Palästina aufbrach.

Zu den größten Attraktionen neben einem Bummel durch die Gassen zählt die Besichtigung der ***Tour de Constance,** einem früher streng bewachten Wach- und Leuchtturm sowie Stadtzugang.

! Wer es sich leisten kann, sollte Aigues-Mortes am frühen Abend besuchen. Dann ist das Licht am schönsten.

Umschlag hinten

Pulsierendes **Nîmes

Frage: Warum ist im Stadtwappen von Nîmes ein Krokodil, das mit einer Kette an einer Palme befestigt ist, abgebildet? Lösung: Es erinnert an Cäsars erfolgreichen Feldzug gegen Ägypten.

Auf eine Kurzformel gebracht, ist Nîmes eine Stadt mit einer bewegten historischen Vergangenheit, die sich gegenüber der Moderne nicht verschließt.

Hat man erst einmal den um Nîmes gebauten Ring von unansehnlichen Industrievierteln hinter sich gelassen, präsentiert sie sich in ihrem pulsierenden Innenstadtbereich mit breiten Alleen, Boulevards, geräumigen Plätzen und überraschenden Architekturschöpfungen jüngeren Datums.

Flugzeug: Aéroport Nîmes-Arles-Camargue ca. 23 km entfernt (Flughafeninfo: ☏ 04 66 70 06 88; Busverbindungen in die Stadt).
Bahn: Gare SNCF, Bd Talabot, ☏ 08 36 35 35 35. Tägliche Verbindungen nach Arles (20 Min.) und Montpellier (30 Min.).
Bus: Gare Routière, Bd Natoire. Busse in größere Städte wie Montpellier, Avignon oder Marseille.

Rückblick

Wo bereits im 4. Jh. v. Chr. eine Keltensiedlung existierte, entstand unter den Römern um die Zeitenwende eine neue Stadt an einer Quelle, die dem Gott Nemausus geweiht war, und sich im heutigen **Jardin de la Fontaine** befand. Die meisten Einwohner der Stadtneugründung waren ehemalige Soldaten, die unter Cäsar an den ägyptischen Kriegen teilgenommen hatten. Im 2. Jh. n. Chr. erlebte Nîmes unter den Kaisern Hadrian und Antoninus Pius einen ersten Bauboom. Damals entstanden das Amphitheater und die Maison Carrée, die heute noch existierenden Bauten.

Unter dem Ansturm der Wandalen, Westgoten, Franken und Mauren sowie aufgrund der späteren langjährigen Religionskriege wurde jeglicher Fortschritt eines urbanen Lebens gebremst. Um die Wende vom 15. zum 16. Jh. etablierten sich schließlich Betriebe der Holz-, Leder- und Glasverarbeitung sowie die Seidenherstellung in der Stadt. Im 18. und 19. Jh. erwies sich die verkehrsgünstige Lage immer mehr als ein wirtschaftlicher Bonus, von dem Nîmes auch heute noch profitiert.

Das römische Nîmes

Auf der gemütlichen **Place du Marchée** mit ihren ruhigen Straßenrestaurants rund um eine Palme liegt an einem runden Brunnen ein patinagrünes Krokodil mit einer von vielen Berührungen abgewetzten Schnauze. Es verkörpert das Wappentier von Nîmes und soll demjenigen Glück bringen, der es streichelt.

! **Les Arénes:** im Sommer 9–18 Uhr, sonst 9–12 und 14–17 Uhr.

**Les Arènes ❶

Auf den ersten Blick erinnert die römische Arena an jene von Arles, doch ist der Bau in Nîmes besser erhalten. 24 000 Zuschauer konnten die Gladiatorenkämpfe in der Arena verfolgen, in der sich heute ganz andere Gegner in die Augen sehen – schwarze Stiere aus der Camargue und Torreros.

Die Maison Carrée als Spiegelbild

**Maison Carrée ❷

Ein weiteres Kleinod aus der Römerzeit ist die Maison Carrée, der am besten erhaltene römische Tempel Frankreichs. 15 Stufen führen zum Podium hinauf, auf dem sich der trotz seiner Höhe von 17 m sehr grazil wirkende Bau mit wunderschönen korinthischen Säulen erhebt. Die Inschrift am Sims erzählt, dass der Tempel im 1. Jh. n. Chr. zu Ehren der beiden Enkel des Augustus erbaut wurde.

i **Office du Tourisme,** 6, rue Auguste, 30020 Nîmes, ☎ 04 66 58 38 00, FAX 04 66 58 38 01, E-Mail: info@ot-nimes.fr, Internet: www.ot-nimes.fr.

Und was ist noch sehenswert?

Nur wenige Schritte von der Place des Arènes plätschert auf der Esplanade de Gaulle kühles Wasser aus der **Fontaine Pradier** über die Beckenränder der

1848 errichteten und mit Statuen geschmückten Brunnenanlage.

Stadteinwärts gelangt man am barocken **Hôtel de Ville** ❸ vorbei zum **Musée Archéologique de Nîmes** ❹, das in einem ehemaligen Jesuitenkolleg aus dem 17. Jh. untergebracht ist. Besucher bekommen archäologische Fundstücke aus der Eisenzeit und der galloromanischen Epoche zu sehen. Alltägliche Gegenstände wie Öllampen, Schmuck, Glaswaren und aus Bronze gefertigtes Geschirr zeigen, wie die Menschen damals lebten.

Der Treffpunkt »La Bourse« gegenüber der Arena

Auch das im Bischofspalast einquartierte **Musée du Vieux Nîmes** ❺ beschäftigt sich mit der Vergangenheit und zeigt neben wechselnden Ausstellungen provenzalisches Mobiliar und eine Dokumentation über die lokale Textilindustrie.

Die benachbarte **Cathédrale Notre-Dame-et-St-Castor** ❻ stammt größtenteils aus dem 19. Jh., besitzt an der Westfassade unter dem Giebel aber einen romanischen Fries mit Darstellungen aus der Genesis.

Am Spätnachmittag, wenn der helle Stein des Baus sich in der tiefer stehenden Sonne zu verfärben beginnt, spiegelt sich der Tempel auf der gläsernen Fassade des seit 1993 nur einen Steinwurf entfernt stehenden ***Carrée d'Art** ❼. Das von Sir Norman Foster konzipierte Museum für zeitgenössische Kunst widmet sich neueren Kunstrichtungen seit den 1960er-Jahren in Frankreich, im Mittelmeerraum und in den angelsächsischen Ländern (🕓 tgl. außer Mo 10–18 Uhr). Im Terrassencafé kann man sich ausruhen und die reizvolle Aussicht genießen.

An der Ecke Rue Notre-Dame/Avenue Carnot entwarf der Designpapst Philippe Starck mit dem **Abribus** die derzeit wohl berühmteste Bushaltestelle Europas.

Shopping-Paradies

»Manche Straßen in Nîmes, dunkel, kühl, eng und nach Gewürzen duftend, ...« Der Schriftsteller Alphonse Daudet hielt diese Eindrücke vor über 100 Jahren fest, und doch könnte man glauben, dass sich seit damals nicht allzu viel im historischen Stadtkern verändert hat. Hie und da duftet es immer noch, etwa vor dem hübschen Geschäft **L'Huilerie** in der Rue des Marchands Nr. 10–12, wo Bündel von Provence-Kräutern ein nervenkitzelndes Aroma verbreiten und es vor Olivenölflaschen nur so blinkt und glitzert. Auch in der **Confiserie La Bonbonnière** in der Rue de la Madeleine Nr. 24 glitzert es. Nur sind es hier in buntes Papier gewickelte Süßigkeiten, die Vitrinen und Regale mit geradezu weihnachtlichem Glanz ausstatten. Etwas ländlich-derber geht es im **Centre Commercial La Coupole des Halles** zu, den Markthallen von Nîmes an der Rue Général-Perrier, wo jeden Morgen außer sonntags Schweinefüße und Schnittblumen, Steigen voller Obst und Kisten mit Gemüse die Besitzer wechseln.

Hotels

- **Novotel Atria Nîmes Centre,** 5, bd Prague, ☏ 04 66 76 56 56, Fax 04 66 76 26 36. Im Zentrum gelegenes modernes Haus mit Bar, Restaurant und Garage. ❍❍
- **New Hôtel La Baume,** 21, rue Nationale, ☏ 04 66 76 28 42, Fax 04 66 76 28 45, Internet: www.new-hotel.com. Interessanter Mix aus altem Manoir und modernem Design mit Komfort. ❍❍

Musée Archéologique de Nîmes, 13 bis, bd Amiral-Courbet, ☏ 04 66 67 25 57, tgl. außer Mo 11–18 Uhr.

Musée du Vieux Nîmes, Place aux Herbes, ☏ 04 66 36 00 64, April–Sept. tgl. außer Mo 10–18 Uhr, sonst 10–17 Uhr.

Im Terrassencafé des Kunstmuseums **Carrée d'Art** kann man sich ausruhen und die reizvolle Aussicht genießen.

Umschlag hinten

◆ **Hôtel Amphithéâtre,** 4, rue des Arènes, ☎ 04 66 67 28 51. Unterkunft in einer verkehrsberuhigten Zone mit einfachen Zimmern. ❍

Restaurants

◆ **Le Magister,** 5, rue Nationale, ☎ 04 66 76 11 00. Das Lokal ist zwar ziemlich nüchtern gestaltet, was der meisterhaften Kochkunst aber keinen Abbruch tut. ❍❍❍

Der Pont du Gard ist ein Zeugnis römischer Ingenierskunst

◆ **Aux Plaisirs des Halles,** 4, rue Littré, ☎ 04 66 36 01 02. Gute, frische Küche mit Betonung auf Fisch. Auch die Weinkarte kann sich in diesem sehr freundlich hergerichteten Lokal sehen lassen. ❍❍

◆ **Hôtel-Restaurant l'Orangerie,** 755, rue tour de l' Évêque, ☎ 04 66 84 50 57. Ein ausgezeichnetes Lokal mit hervorragender französischer und provenzalischer Küche. ❍❍

! Der amerikanische Künstler James Turrell ließ 1200 Halogenlichtquellen installieren und 90 km Kabel verlegen, um Pfeiler, Rundbögen und Nischen des **Pont du Gard** entsprechend zur Wirkung zu bringen.

Ausflug zum ***Pont du Gard

Zu Beginn des 1. Jhs. n. Chr. ließ Agrippa, der Schwiegersohn von Kaiser Augustus, eine rund 50 km lange Wasserleitung von den Cevennen bis nach Nîmes errichten. Ihr außergewöhnlichster Abschnitt ist der Pont du Gard, ein Aquädukt aus bis zu sechs Tonnen schweren Quadern, die ohne Mörtel zusammengefügt wurden. In drei übereinander gestellten Arkadenreihen schlägt die Brücke einen Bogen über den Gard. Trotz der gewaltigen Dimensionen von 275 m Länge und 50 m Höhe ist sie wohlproportioniert.

Die Cevennen

Sie hieß Modestine und hatte hübsche, flauschige Ohren. Vor über 120 Jahren trug die Eselin dem berühmten Verfasser des Abenteuerromans »Die Schatzinsel«, Robert Louis Stevenson, das Reisegepäck über die einsamen Bergflanken, von denen nachts das Geheul der Wölfe widerhallte. Kenner behaupten, die Cevennen hätten sich seit damals nicht sonderlich verändert – für etwas härter gesottene Aktivurlauber eine warme Empfehlung.

Schon seit Jahren gilt der strukturschwache Landstrich Stadtflüchtlingen, Zivilisationsmuffeln und Aussteigern als willkommenes Rückzugsgebiet, in dem ganze Dörfer leer stehen, weil Arbeitsplätze rar geworden sind. Wildromantische Täler, tiefe Schluchten, reizende Dörfer mit bodenständigen Menschen und steppenartige Plateaus bilden eine atemberaubende Szenerie weit abseits jeglicher Stadthektik.

*Corniche des Cevennes

Die Panoramastraße zieht sich in schwungvollen Windungen von **St-Jean-du-Gard ❶,** das sich als Ausgangspunkt für Touren in die Mittelgebirgslandschaft anbietet, zum knapp 600 m hohen Col de St-Pierre hinauf. Von hier reicht der Blick über die Berglandschaft bis zum Mont Lozère im Norden.

Kaum zu glauben, dass die reizvolle Strecke zu Beginn des 18. Jhs. als Militärstraße entstand. Als mit dem Edikt von Nîmes die Hugenotten 1629 ihre politischen Sonderrechte verloren und Louis XIV faktisch das Verbot der Religionsausübung durchsetzte, flohen viele von ihnen ins Ausland. Die so genannten Kamisarden, die in Frankreich blieben,

Die Cevennen sind vom Rhône-Tal bei Nîmes oder Avignon am leichtesten über Alès zu erreichen.

! Der **Chemin Robert-Louis-Stevenson** liegt am östlichen Rand der Cevennen und erstreckt sich von Le Monastier-sur-Gazeille (Haute-Loire) in elf Tagesetappen bis nach St-Jean-du-Gard (Gard). Infos im Internet: users.skynet.be/sky42224/Che-RSL.html.

Beliebt sind Ausflüge mit dem historischen Zug **Train à Vapeur des Cévennes (TVC)** von St-Jean-du-Gard bis Anduze. Gare du TVC, St-Jean-du-Gard, ☏ 04 66 85 13 17.

zogen sich größtenteils in die Cevennen zurück. Doch selbst in dieser abgelegenen Region sahen sie sich vom absolutistischen Staat im Cevennen-Krieg 1702 bis 1705 verfolgt. Der Sonnenkönig ließ diese Straße bauen, um seine Truppen gegen die versteckten Protestanten aufmarschieren lassen zu können.

Saftige Wiesen, Buchenhaine, Kastanienwäldchen und Winzlingsdörfer wie **Le Pompidou** und **L'Hospitalet** liegen an der Straße, die sich zum über 1000 m hohen Col des Faïsses hinaufzieht. Naturkulissen wie raue, von Felsen übersäte Heidelandschaften, ein kleiner Park mit Dinosaurierspuren bei **St-Laurent-de-Trèves** und das malerische Tarnon-Tal am Fuß der Steilhänge der Causse Méjean machen die Fahrt nach Florac zu einem Vergnügen.

Le Moulin de Corbès, in Corbès südöstlich von St-Jean-du-Gard, ☏ 04 66 61 61 83. Köstlichkeiten von Lachs und Dorade sowie Fleischgerichte. ❍❍

*Florac ❷

Seit der Cevennen-Tourismus boomt, hat sich die Ortschaft in ein für Wanderer, Wildwasserkanuten und Autourlauber günstig gelegenes Ziel verwandelt. Mitten durch den Ortskern sucht sich ein an der **Source des Pêcheurs** entspringender Bach seinen Weg in den größeren Tarnon. Er schwingt sich um Häuserreihen und springt über mehrere Barrieren, an denen er sich geräuschvoll und fotogen zugleich in Erinnerung bringt und für mächtige Forellen offensichtlich ein wahres Paradies bildet. Nach den Religionskriegen wieder aufgebaut, bildet das **Château de Florac** einen Anlaufpunkt für Besucher, die sich mit nützlichen Informationen über den Cevennen-Nationalpark versorgen wollen.

Das Schloss von Florac

Hotels

- **Grand Hôtel du Parc,** 47, av. Jean-Monestier, ☏ 04 66 45 03 05, FAX 04 66 45 11 81, E-Mail: grand-hotel-du-parc@wanadoo.fr. Hotel mit schönem Garten, Pool und gutem Restaurant am Parkrand. ❍❍
- **La Lozerette,** Cocures-Florac, ☏ 04 66 45 06 04, FAX 04 66 45 12 93. Kleines Hotel mit schmuckem Restaurant. ❍❍

Restaurant

- **La Source du Pêcher,** 1, rue de Remuret, ☏ 04 66 45 03 01. Die Spezialität des Hauses sind köstliche fangfrische Forellen. ❍

Centre d'Information du Parc National des Cévennes, Château de Florac, 48400 Florac, ☏ 04 66 49 53 01, FAX 04 66 49 53 02.

Cévennes Evasion, 5, pl. Boyer, ☏ 04 66 45 18 31. Zentrum mit Profis, die Kanuten und Mountainbiker begleiten bzw. beraten.

190

Fantastische **Gorges du Tarn

Von Florac bis nach Rozier hat der Tarn auf ca. 80 km Länge sein Bett fast 600 m tief in den Fels eingegraben und dabei an den Flanken der Schlucht seltsame Skulpturen aus hellgrauem Stein aus dem Grund modelliert, die an erstarrte Fabeltiere oder an geheimnisvolle Schlossruinen erinnern. Bis nach Ispanac fließt der Tarn nach Norden und schlägt dann einen Bogen nach Südwesten.

*Castelbouc ❸

Nach Blajoux führt eine Stichstraße direkt an den Fluss nach Castelbouc, dessen Hand voll Steinhäuser sich unter einem gewaltigen Felsen mit den Ruinen einer Burg auf der Spitze verstecken. Beim Gang durch das fast menschenleere Dorf kommt man sich vor wie in eine längst vergangene Zeit versetzt. Nur wo die Fensterläden frisch gestrichen und die Vorgärten nicht vom Unkraut überwuchert sind, kann man saisonale Einwohner vermuten.

Einen noch tolleren Eindruck macht Castelbouc von der hoch gelegenen Durchgangsstraße aus.

*Ste-Enimie ❹

Im Unterschied zu Castelbouc ist Ste-Enimie eine richtige Ortschaft mit allem Drum und Dran. Der Flecken wurde nach einer merowingischen Prinzessin benannt, die durch eine örtliche Quelle von Lepra geheilt worden sein soll. Die engen Gassen ziehen sich in einer Biegung des Tarn steil den Hang hinauf. Böschungsmauern und Terrassen lassen erkennen, wie mühevoll die Menschen über Jahrhunderte hinweg ihre winzigen Gärten anlegten, um ein paar Rebstöcke, Mandel-, Nuss- oder Kirschbäume großzuziehen. Am Flussufer zeigt eine kleine Touristenmeile mit Restaurants und Geschäften, auf welche Weise die Einwohner im Zeitalter des Strukturwandels ihre Brötchen verdienen.

Office du Tourisme für die Tarn-Schlucht in Ispanac, ☎ 04 66 48 53 44, Fax 04 66 44 20 89, E-Mail: otsi-gorgesdutarn@wanadoo.fr.

! Wie gefährlich der Tarn ansteigen kann, zeigt eine Hochwassermarkierung nahe dem Weihwasserbecken in der Kirche von Ste-Enimie.

La Caverne, Route Florac, Ste-Enimie, ☎ 04 66 48 53 90. Selbst in den ländlichen Cevennen braucht man auf hippe Musik und einen immer rappelvollen Tanzboden nicht zu verzichten. 🕓 März–Okt. nur Sa/So, Juli/Aug. tgl. ab 20 Uhr.

Hotel-Restaurants

◆ **Deux Sources,** an der Durchgangsstraße, ☎ 04 66 48 53 87, FAX 04 66 48 57 69. Alle Zimmer sind zum Fluss hin gelegen und mit Dusche oder Bad. Die Küche bietet die bodenständigen Gerichte der Cevennen. ❍❍

◆ **Auberge du Moulin,** Rue de la Combe, ☎ 04 66 48 53 08. Wildgerichte, Geflügel und frische Forellen aus dem Tarn. Das Haus verfügt über ein paar schlicht eingerichtete Zimmer. ❍

Faszinierde Felsformationen beiderseits der Gorges du Tarn

*St-Chély-du-Tarn ❺

Am Ortsrand überspannt eine Steinbrücke die Schlucht zwischen Durchgangsstraße und Dorf und öffnet den Blick sowohl auf den grandiosen Talkessel als auch auf die steingraue Gemeinde mit einem alten Backhaus, einer romanischen Kirche und einem Seitenbach, der sein Wasser je nach Wetterlage in einem kleineren oder größeren Wasserfall in den Tarn schüttet.

*La Malène ❻

Das Örtchen ist groß genug, um eine Pause einzulegen oder zu übernachten. Auch die Attraktivität von La Malène lässt nichts zu wünschen übrig. Auf der Südseite der Schlucht führt eine schmale Straße bergan, von der man den wahrhaft spektakulären Ausblick auf die Häuser am Fuß einer Felswand genießen kann.

Syndicat d'Initiative, an der Durchgangsstraße, Centre des Gorges du Tarn, 48210 La Malène, ☎ 04 66 48 50 77.

Von *La Malène nach *Millau

Zwei Möglichkeiten gibt es, um von La Malène die Fahrt fortzusetzen. Entweder man folgt direkt dem

Lauf des Tarn durch die Schlucht oder man wählt den längeren Weg über die Hochfläche, stattet dem wunderbaren Aussichtspunkt ****Point Sublime** eine Stippvisite ab und erreicht in Les Vignes wieder die Talsohle der Gorges du Tarn. Von dort geht es weiter nach **Le Rozier** am Fuß der Steilwände zu den Grands Causses de Sauveterre, Causse Noire und Causse Méjean, wo Tarn und Jonte zusammenfließen. Auf der restlichen Strecke bis nach **Millau ❼**, einem historischen Töpferzentrum, öffnet sich die Schlucht immer mehr.

Spektakulär ist die Lage von La Malène

Hotels

◆ **International,** 1, pl. Tine, Millau, ☎ 05 65 59 29 00, FAX 05 65 59 29 01. Nicht mehr ganz neues Hotel, aber mit akzeptablem Interieur. Satellitenfernsehen, Klimaanlage und ein Restaurant bieten ausreichend Komfort. ❍

◆ **Des Causses,** 56, av. Jean-Jaurès, Millau, ☎ 05 65 60 03 19, FAX 05 65 60 86 90. Kleines Logis de France mit renovierten Zimmern. ❍

Restaurant

◆ **Terrasse,** 15, rue St-Martin, Millau, ☎ 05 65 60 74 89. Traditionelle Menüs in einem Lokal im Herzen der Stadt. ❍

Von *Millau nach Ganges

Der letzte Abschnitt der Cevennen-Tour folgt von Millau dem ***Canyon de la Dourbie** bis in die Ortschaft ***Cantobre,** das auf einem Felshöcker zwischen gewaltigen Steinblöcken liegt, sodass man aus einiger Entfernung kaum zwischen Häusern und gewachsenem Fels unterscheiden kann. Über Trèves geht es in der Dourbie-Schlucht durch den Parc National des Cévennes ins Wintersportzentrum **L'Espérou** auf einer Höhe von 1230 m. Noch einige Meter höher liegt der ***Col du Minier** mit einem an klaren Tagen bis zur Mittelmeerküste reichenden Blick.

Die Route endet in **Ganges ❽**, einem ehemaligen Zentrum der Seidenweberei. Die Altstadt besteht aus einem Labyrinth enger Passagen und Gassen, und der Freitagsmarkt vermittelt mit Weinen und Oliven aus den Départements Hérault und Gard, Honig, Konfitüren und Esskastanien aus den Cevennen sowie Obst, Gemüse, Fleisch, Wurst und Backwaren aus Ganges ein sympathisches, appetitanregendes Bild des Landstrichs.

Hotels

◆ **Poste,** 8, plan de l'Ormeau, Ganges, ☎ 04 67 73 85 88. Kleines Hotel im Ortskern, beliebt bei Radtouristen. ❍

◆ **Auberge les Norias,** 254, av. des Deux Ponts, Ganges, ☎ 04 67 73 55 90. Renovierte, ruhige Unterkunft mit einer Küche von beachtlichem Standard. ❍

Abenteuer Wandern

Von Le Rozier führen mehrere Wanderwege über die Hochplateaus **Causse Méjean** bzw. **Causse Noire,** wo man die Devise »Natur pur« wörtlich nehmen kann. Eine empfehlenswerte Alternative führt vom Ort Richtung Rocher du Capluc, einem Punkt am äußersten südwestlichen Ende des Méjean-Plateaus.

Vom Weiler Capluc geht es weiter auf dem Sentier Jacques-Brunet über den 877 m hohen Col de Francbouteille zum Fernwanderweg GR 6 A. Am Col de Cassagnes wählt man den Richtung Osten führenden Weg ins Dorf Cassagnes und geht von dort südlich Richtung Belvédère du Vertige, um über Capluc nach Le Rozier zurückzukehren.

Der nördliche Golfe du Lion

Der nördliche Golfe du Lion ist über die Rhône-Tal-Autobahn bzw. über die von Monaco und Marseille führenden Schnellverbindungen leicht erreichbar.

Office du Tourisme de La Grande-Motte, Allée des parcs, 34280 La Grande-Motte, ☎ 04 67 56 42 00, FAX 04 67 29 03 45, E-Mail: infos@ot-lagrandemotte.fr.

CASINO MIT TANZ
Im Casino de la Grande-Motte rollen nicht nur Roulettekugeln. Wer tanzen will, hat die Wahl zwischen der Diskothek **Wiiiiz** und dem Tanzlokal **Rumba** (Oldiemusik).

Der Küstenstreifen zwischen westlicher Camargue und Bassin de Thau an der Languedoc-Küste geriet in den 1960er-Jahren zum Experimentierfeld. Kapitalkräftige Investoren ließen den bis dahin der Natur vorbehaltenen Sandstreifen am nördlichen Golf von Lion zwecks touristischer Erschließung trockenlegen. Die Region um die Großstadt Montpellier wurde damit um einige Badeplätze direkt am Meer und um einige kleine Seen reicher, die während der Bauarbeiten entstanden.

La Grande-Motte ❶

Der in nur wenigen Jahren aus dem Boden gestampfte Badeort ist ein Sinnbild der 1960er-Jahre. Nirgendwo an der Languedoc-Küste feierte die Betonarchitektur damals so Aufsehen erregende Triumphe wie in diesem Retorten-Ferienzentrum. Apartmenthäuser und Hotels in Pyramidenform, entworfen vom Architekten Jean Balladur, zeugen heute noch von den Anstrengungen der damaligen Stadtplaner, dem ursprünglich sumpfigen, von Stechmücken verseuchten Küstensaum ein neues Gesicht zu verschaffen. Manche behaupten, die Rechnung sei aufgegangen. Immerhin strömen in den französischen Sommerferien regelmäßig über 100 000 Erholungssuchende nach La Grande-Motte, das außerhalb der Saison nur 6000 ständige Einwohner besitzt.

Über die optische Attraktivität der Pyramidenbauten lässt sich streiten. Unumstritten ist jedoch, dass der Kunstort trotz seiner Betonarchitektur mit über

270 Gärten und Parkanlagen überraschend viel Grün bietet. Der 6 km lange Sandstrand ist ein überzeugender Beweis dafür, dass beim Bau von La Grande-Motte die gesamte Natur unter die Räder der Baubagger geriet.

Hotels

◆ **Hôtel Mercure,** 140, rue du Port, ☏ 04 67 56 90 81, FAX 04 67 56 92 29, E-Mail: H1230@accor-hotels.com. Am Meer gelegene Unterkunft mit Schwimmbad und Restaurant. ❍❍❍

◆ **Azur,** Presqu'Ile du Port, ☏ 04 67 56 56 00, FAX 04 67 29 81 26. 20 Zimmer im Louis-XV-Stil und Apartments für bis zu fünf Personen. Zum Strand sind es nur 50 m. ❍❍

◆ **St-Clair,** Pl. des Cosmonautes, ☏ 04 67 56 57 77, FAX 04 67 56 28 49. Spartanisch eingerichtete Zimmer, aber ausreichend für all jene Badefans, die ihren Urlaub nicht ausschließlich im Hotel verbringen möchten. ❍

La Grande-Motte ist bekannt für seine Pyramidenhäuser

Restaurants

◆ **Alexandre,** Pl. de la Capitainerie, ☏ 04 67 56 63 63. Schickes Restaurant mit exquisiten Fischgerichten, Muscheln, Austern – Blick aufs Meer inbegriffen. ❍❍❍

◆ **Cuisine du Marché,** 89, av. du Casino, ☏ 04 67 29 90 11. Jakobsmuscheln mit Mandeln oder Seezunge gehören zu den Spezialitäten. ❍

In der Nachbarschaft von La Grande-Motte besitzt ***Palavas-les-Flots** eine neue Attraktion: ein Drehrestaurant in 45 m Höhe auf dem »Leuchtturm des Mittelmeeres«. ❍❍

Graulhet
Réalment
Tibarrié
Belmont-s.-Rance
Fayet
Ceilhes-et-Rocoz
Montrdon-Labessonnie
Vlane
Lautrec
Fabre
Lacaune
St-Amans-de-Mounis
St-Paul-Cap-deJoux
Roquecourbe
Brassac
La Salvetat-sur-Agout
Bédarieux
Castres
Noailhac
Anglès
Olargues
Tarassac
Faugère
Soual
P. N. Rég. du Haut-Languedoc
Labruguière
Mazamet
St-Pons-de-Thomières
Roquebrun
Dourgne
Courniou
Cessenon
Revel
Montagne Noire
Rieussec
St-Chinian
Les Martys
Citou
Béziers
Saissac
St-Papoul
Caunes-Minervois
Aigues-Vives
Capestang
Castelnaudary
Ouveillan
Villegailherte
Peyriac-Minervois
Homps
Pezens
Coutsan
Canal du Midi
Carcassonne
Fleury
Narbonne
Narbonne Plage
Fanjeaux
Montréal
Capendu
Lézignan-Corbières
Abbage de Fontfroide
Belvèze-du-Razès
Fabrezan
Villefloure
Lagrasse
Gruissan Plage
St-Hilaire
Limoux
Talairan
Corbières
Portel-des-Corbières
Durban-Corbières
Port-la-Nouvelle
Félines-Termenès
Chalabre
Valmigère
Espéraza
Laroque-de-Fa
Couiza
Leucate Plage
Puivert
Fitou
Chateau de Peyrepertuse
Tuchan
Quillan
Vingrau
Port-Leucate
Cucugnan
Chateau de Quéribus
Espezel
Salses-le-Château
Belcaire
Maury
Le Barcarès
Axat
St-Paul-de-Fenouillet
Estagel
Rivesaltes
Escouloubre
Usson-les-Bains
Souria
St-Esteve
Canet-Plage
Mosset
Perpignan
Vinca
Millas
St-Cyprien Plage
Thuir
Formiguères
Prades
Bages
Les Angles
Argelès Plage
Olette
Collioure
St-Marsal
Port-Vendres
Font-Romeu
Mont-Louis
Arles-s.-Tech
Ceret
Chaîne des Albères
Banyuls-sur-Mer
Saillagouse
Mantet
La Jonquera
SPANIEN
Maçanet de Cabreneys
Espolla
Setcases
Coustouges
N112
N126
622
624
118
61
119
623
117
908
610
9
N9
116
N114
81
N116
115
7

Golfe du Lion und Languedoc-Roussillon

Nightlife

Canécao Club,
Quai Honneur,
☎ 04 67 56 75 77.
Disko mit verschiedenen Soundrichtungen.

La Féline,
Av. Jean-Bene,
☎ 04 67 29 18 44.
Populärer Diskotreff fürs trendige Jungvolk.

Le Parc Aquatique,
Espace Grand Bleu,
La plaines des jeux,
☎ 04 67 56 28 23.
Wasserpark mit riesigen Rutschen.

Sylgil Marine, 51, allée Flamants-Roses,
☎ 04 67 56 11 47.
Vermietung von vielerlei Wassersportgeräten.

*Sète ❷

Der Beiname »Venedig des Languedoc« ist zwar weit hergeholt, dennoch ist der zweitgrößte Handels- und Fischereihafen Frankreichs am Mittelmeer stolz auf seine ganz eigene Atmosphäre. Immerhin ziehen sich mehrere Kanäle mitten durch das Stadtzentrum. Auf den Kais trocknen Berge von Fischernetzen in der Sonne, Fischer entladen den Fang von sturmerprobten Kuttern. An der Steilküste nicht weit vom Vieux Port entfernt wurde in der Festungsanlage St-Pierre von 1710 das **Théâtre de la Mer** eingerichtet, in dem Jahr für Jahr unter freiem Himmel Veranstaltungen stattfinden.

Service
Tourisme de Sète, 60, grand rue Mario-Roustan, 34200 Sète, ☎ 04 67 74 71 71, FAX 04 67 46 17 54, Internet: www.sete.org.

Canal Royal in Sète

Das **Musée Paul Valéry** widmet sich Themen wie etwa der Stadtgeschichte, der in Sète entstandenen Künstlergruppe Figuration libre und dem namengebenden Paul Valéry (Rue F.-Desnoyer, 🕓 Juli/Aug. tgl. 10–12 und 14–18 Uhr, sonst gleiche Zeiten, aber Di Ruhetag). Der in Séte geborenen Dichter fand auf dem **Cimetière Marin** an der Flanke des Mont St-Clair seine letzte Ruhestätte. Ein zweiter großer Sohn der Stadt war Chansonnier George Brassens, dem der **Espace Brassens** seine Ausstellungen zu Leben und Werk widmet (Bd Camille-Blanc, 🕓 Juni–Sept. tgl. außer Mo 10–12 und 14–19, sonst bis 18 Uhr).

!

Der ***Canal Royal** stellt eine Verbindung von Sète bis zum Bassin de Thau her. Von den Brücken kann man das Kommen und Gehen der Fischerboote, Jachten und Jollen wunderbar beobachten.

Hotels

◆ **Le Grand Hôtel,** 17, quai de lattre de Tassigny, ☎ 04 67 74 71 77, FAX 04 67 74 29 27. Zimmer unterschiedlicher Kategorien. ❍–❍❍❍

◆ **Hôtel Azur,** 60, quai de Bosc, ☏ 04 67 74 95 90, FAX 04 67 74 93 90. Mittelklassehotel mit Frühstücksbuffet. Garage vorhanden. ❍❍

Restaurants

◆ **Le Marie Jean,** 26, quai Durand, ☏ 04 67 46 02 01. Leckere regionale Fischspezialitäten. ❍❍

◆ **La Palangrotte,** 1, rampe P.-Valéry, ☏ 04 67 74 80 35. In dem gemütlichen Restaurant kommen hauptsächlich Fisch und Meeresfrüchte auf den Tisch. ❍❍

Aufgewecktes **Montpellier ❸

Mit 230 000 Einwohnern zählt die 12 km vom Meer entfernte Hauptstadt der Region Languedoc-Roussillon seit über 30 Jahren zu den am schnellsten wachsenden Ballungsgebieten in Frankreich. Den Boom verdankt die regionale Metropole u. a. den neuen Technologiezentren und den aus dem universitären Umfeld erwachsenen Forschungseinrichtungen in Bereichen wie Medizin, Pharmazie und Landwirtschaft. Ein Viertel der städtischen Gesamtbevölkerung ist an örtlichen Universitäten eingeschrieben. Zu den berühmtesten Lehreinrichtungen gehört die medizinische Fakultät, in welcher das **Musée Atger** Werke bekannter europäischer Maler ausstellt (2, rue de l'Ecole-de-Médecine, ◷ Mo, Mi und Fr 13.30–17.45 Uhr).

Die Altstadt

Baulich erlebte die Stadt im 17. und 18. Jh. eine Blütezeit, als Adelige und königliche Beamte vornehme Stadtpaläste erbauen ließen. Im alten Stadtkern sind prächtige Residenzen mit kunstvoll gestalteten Fassaden heute noch in zahlreichen Straßen zu bewun-

Jetski, an der Plage du Castellas Richtung Marseillan-Plage (RN 112), bei Sète, Vermietung von Jetskiern.

Sète Croisières, Quai Maximin Licciardi, Sète, ☏ 04 67 46 00 10. Unterschiedliche Ausflüge mit dem Glasbodenboot, zum Etang de Thau oder zum Hochseeangeln.

Centre Balnéaire Raoul Fonquerne, Canal des Quiles, Av. Jean-Monnet, Sète, ☏ 04 67 53 94 54. Großer Wasserpark mit Rutschen.

Im **Casino de Sète** (La Corniche, Pl. Edouard-Herriot) dröhnen die Spielautomaten, rollen die Roulettekugeln und klacken die Black-Jack-Karten.

201

dern wie etwa in der Rue de l'Argenterie, der Rue des Trésoriers-de-la-Bourse und an der Place St-Ravy.

Office du Tourisme de Montpellier, 30, allée Jean-de-Latte-de-Tassigen, 34000 Montpellier, ☎ 04 67 60 60 60, FAX 04 67 60 60 61, E-Mail: office.tourisme@mlrt.fr. **Comité Régional du Tourisme,** 20, rue de la République, 34000 Montpellier, ☎ 04 67 22 81 00, FAX 04 67 58 06 10, E-Mail: contact.crtlr@cnusc.fr.

Flugzeug: Der Aéroport International Montpellier-Mediterranée, ☎ 04 67 20 85 00, liegt ca. 8 km von der Stadt entfernt. **Bahn:** Gare SNCF, ☎ 08 36 35 35 35. Der TGV braucht vier Stunden bis Paris. **Bus:** Gare Routière, ☎ 04 67 92 01 43.

**Promenade du Peyrou

Der lang gezogene, von Baumreihen flankierte Platz entstand 1688 nach den Plänen des Architekten Charles d'Aviler auf dem höchstgelegenen Punkt der Stadt. Am **Château d'Eau,** einem barocken Wasserschlösschen, endet der Mitte des 18. Jhs. begonnene Aquädukt St-Clément, dessen Wasser auf drei Stadtbrunnen verteilt wurde. Die **Reiterstatue** auf der Promenade als auch der **Triumphbogen** an der stadteinwärts führenden Avenue Foch wurden zu Ehren von Louis XIV errichtet.

Cathédrale St-Pierre

Die Kathedrale entstand ursprünglich als Kapelle für ein Benediktinerkloster und überlebte als einziger Sakralbau der Stadt die Zeit der Glaubenskriege. Vor der Vorhalle stehen zwei auffällige Türme, welche das um die Mitte des 17. Jhs. neu gestaltete Portal flankieren. Größter Schatz der Kirche ist ihre Originalität, denn trotz diverser baulichen Veränderungen, ist sie immer noch ein schönes Beispiel für ein Sakralarchitektur des 14. Jhs.

Tour de Pins und Jardin des Plantes

Ganz in der Nähe von St-Pierre verlief früher die Stadtbefestigung, von welcher die **Tour de Pins** am Boulevard Henri IV ein Überbleibsel ist. Dieser König ließ Ende des 16. Jhs. mit dem **Jardin des Plantes** einen Garten anlegen, in dem Studenten medizinische Kräuter kennen lernen konnten. Noch heute gedeihen hier die unterschiedlichsten Pflanzen und Bäume, darunter eine ca. 400 Jahre alte Steineiche.

*Place de la Comédie

Wenn auch am Rand des alten Stadtkerns gelegen, bildet der Platz mit der 1888 fertig gestellten **Opéra**

Comédie und der **Fontaine des Trois Grâces** doch das eigentliche Zentrum. Der aus dem 18. Jh. stammende, aber erst 1986 mit Marmorplatten ausgelegte Platz ist mit seinen vielen Terrassenlokalen bis zum späten Abend das pulsierende Herz der Stadt.

**Musée Fabre

Das in einem ehemaligen Jesuitenkloster beheimatete Kunstmuseum zeigt Gemälde aus dem 16. bis 20. Jh. aus Frankreich, Italien, Spanien, England und den Niederlanden sowie Skulpturen und Fayencen u. a. aus Montpellier und Moustiers-Ste-Marie (39, bd Bonne-Nouvelle, ☏ 04 67 14 83 00, 🕓 Di bis Fr 9–17.30 Uhr, Sa/So 9.30–17 Uhr, jeweils 12–14 Uhr sind die interessantesten Säle geschl.).

Antigone: Hôtel de la Région

*Quartier Antigone

Einen völlig anderen Charakter als die Altstadt besitzt der in den 1980er-Jahren entstandene Stadtteil Antigone. Er zieht sich einer zentralen Achse zwischen Hôtel de Région und Le Polygone entlang und entspricht mit 1800 m exakt der Länge der Champs-Elysées in Paris. Der spanische Stararchitekt Ricardo Bofill drückte diesem aus Wohnungen, Büros und öffentlichen Einrichtungen bestehenden Stadtviertel seinen Stempel so deutlich sicht-

BUSINESS CENTER
PARFUMERIE
FEMINITES
Tuborg
EXPOSITION de PEINTURE

33
RICHE
GRAND CAFE RICHE
GRAND CAFE RICHE
Société Bordelaise
Société Bordelaise

bar auf, dass das an antiken Vorbildern ausgerichtete Arrangement im Grunde genommen niemand emotional unbeteiligt lässt. Die einen loben die klare Linienführung der Anlage, die anderen kritisieren den Komplex als pompös und abweisend. Eines ist jedoch unbestreitbar: Die gewaltigen Gebäudeteile mit ihren monumentalen Fassaden wirken absolutistisch und lassen den Menschen zum Zwerg schrumpfen.

Hotels

- **Métropole,** 3, rue du Clos-René, ☎ 04 67 58 11 22, FAX 04 67 92 13 02. Mitten im Zentrum bietet das Haus allen Komfort, mit gutem Restaurant. ❍❍❍
- **Palais,** 3, rue du Palais, ☎ 04 67 60 47 38, FAX 04 67 60 40 23. Kein großer Luxus, dafür ideal gelegen und ruhig. ❍❍
- **Hôtel Edouard VII,** 10, rue Aristide-Ollivier, ☎ 04 67 58 42 13, FAX 04 67 58 93 66. Stadthotel mit Standardausstattung, rund um die Uhr geöffnet. Ideal für Gäste, die abends viel unterwegs sind. ❍❍
- **Les Fauvettes,** 8, rue Bonnard, ☎ 04 67 63 17 60, FAX 04 67 63 09 09. Kleines Hotel mit familiärer Atmosphäre. ❍
- **Les Arceaux,** 33 bd des Arceaux, ☎ 04 67 92 03 03, FAX 04 67 92 05 09. Zimmer mit Dusche oder Bad in einer freundlichen Unterkunft. ❍

Restaurants

- **Le Chandelier,** La Coupole, 267, rue Léon-Blum, ☎ 04 67 15 34 38. Außergewöhnliche Atmosphäre im Antigone-Viertel und raffinierte Spezialitäten wie Jakobsmuscheln mit Vanille und Ingwer oder gegrillter Tintenfisch mit Thymian. ❍❍❍
- **Jardin des Sens,** 11, av. St-Lazare, ☎ 04 99 58 38 38. Raffinierte Kreationen, begleitet von den besten Weinen aus dem Languedoc. ❍❍❍

! Nordöstlich der Place de la Comédie bildet die **Esplanade Charles-de-Gaulle** mit ihren Parkanlagen und Wasserspielen einen erholsamen grünen Flecken zum Ausruhen. **Opéra de Montpellier,** 11, bd Victor-Hugo, ☎ 04 67 60 19 99 (Kartenreservierung), E-Mail: booking@opera-montpellier.com, Internet: www.opera-montpellier.com. Festliche Abende lassen sich in der **Opéra Comédie** und in der **Opéra Berlioz** verbringen, die auch spezielle Operninszenierungen für Kinder und Jugendliche im Programm haben.

◂◂ *Montpellier Place de la Comédie* 206

◆ **La Maison de la Lozère,** 27, rue de l'Aiguillerie, ☎ 04 67 66 46 36. Traditionelle französische Küche in gotischem Gewölbe. ❍❍

◆ **Le Pou qui pleure,** 3, rue de la Croix d'Or, ☎ 04 67 66 18 04. Gutes Preis-Leistungs-Verhältnis und viele Einheimische. ❍

◆ **Petit Jardin,** 20, rue Rousseau, ☎ 04 67 60 78 78. Gute regionale Küche. Im Sommer wird im kleinen Garten serviert. ❍

Nightlife, Unterhaltung

◆ **Le Resto'phone,** 321, rue du Mas St-Pierre, ☎ 04 67 47 32 61. Mix aus Restaurant und Disko mit DJ. Wer einen Flirt eröffnen möchte, muss nur zum Tischtelefon greifen. 🕓 Ab 18 Uhr.

◆ **Liberty Station,** 110, av. du Pont-Juvenal, ☎ 04 67 15 03 03. Der Komplex besteht aus einem Restaurant und einer Disko, in der jeden Abend ein anderer Event wie z. B. Karaoke stattfindet. 🕓 18 Uhr bis in die Puppen.

◆ **Le Nautilus,** 23, quai des Tanneurs, ☎ 04 67 79 27 46, E-Mail: nautilus@ovea.net, Internet: www.ovea.net/nautilus. Internet-Café für die Frau bzw. den Mann von Welt, da neben PCs und Druckern auch mit Scannern ausgerüstet. 🕓 Tgl. außer So 10–1 Uhr.

◆ **Opéras de Montpellier,** 11, bd Victor-Hugo, ☎ 04 67 60 19 99. Festliche Abende versprechen die Opéra Comédie und Opéra Berlioz, die auch Operninszenierungen für Kinder und Jugendliche im Programm haben.

!

Le Mikvé
Das älteste, Ende des 12. Jhs. erbaute jüdische Bad Europas kann man im Rahmen einer Führung des Office du Tourisme besichtigen.

Galeries Lafayette, Centre Commercial Le Polygone. Eine gute Adresse für Mode, Parfum und Lederwaren.

Bassin de Thau

Auf der 14 km langen Strecke zwischen Sète und Marseillan-Plage verläuft die Küstenstraße RN 112 zusammen mit einer Eisenbahntrasse auf einer etwa 1 km schmalen Sandbank zwischen dem Meer auf der einen und dem Bassin de Thau auf der anderen Seite. Früher bestand eine Verbindung vom Bassin ins Meer, die jedoch schon vor längerer Zeit versandete. Trotzdem ist das Wasser im See noch leicht salzig, was der Muschel- und Austernzucht zugute kommt. Außer den Fischern nutzen auch Windsurfer den sehr sauberen und im Sommer warmen See. Allerdings schränkt das im Spätsommer sprießende Seegras den Sport ziemlich ein.

Sand und Meer: Languedoc-Roussillon

An der Mittelmeerküste taugt die Autobahn A 9 nur als Schnellverbindung. Wer schöne Badeplätze oder Campinganlagen sucht, wählt besser die Küstenstraßen möglichst nahe am Wasser und macht von dort Abstecher in die größeren Städte im Hinterland.

Die Languedoc-Roussillon-Küste teilt sich in zwei landschaftlich sehr unterschiedliche Teile. Bis nach Argelès-sur-Mer besteht die Küste aus endlosen, flachen Sandstränden. Südlich davon zeigt sich die Côte Vermeille felsig und mit kristallklarem Wasser.

FKK-Ziel Cap d'Agde ❹

Schon im Mittelalter war das von Griechen gegründete **Agde** als »schwarze Stadt« bekannt, weil die meisten Gebäude aus dunklem Lavagestein erbaut wurden. Auf das 12. Jh. geht die einer Burg ähnelnde Wehrkirche *St-Etienne* zurück, die auf bis zu 3 m mächtigen Mauern ruht. Andere Gebäude der Altstadt blicken auf eine über 300-jährige Geschichte zurück wie das *Hôtel de Ville*, das sich über einer reizvollen Arkadenhalle im Erdgeschoss erhebt. Außerhalb der Altstadt von Agde entstanden in den vergangenen 30 Jahren Hotels, Ferienwohnungen und Apartmentsiedlungen.

Direkt am Kap macht die Basaltküste einen weitgehend naturbelassenen Eindruck. Nördlich davon bietet die flache Küste Platz für die größte Naturistenkolonie Europas.

Office du Tourisme d'Agde, Espace Molière, BP 137, 34302 Agde Cedex, ☎ 04 67 94 29 68. Fax 04 67 94 03 50, E-Mail:contact@capdagde.com, Internet: www.capagde.com.

Hotels

◆ **Capao,** Av. Corsaires, Cap d'Agde, ☎ 04 67 26 99 44, Fax 04 67 26 55 41. Hübsche Anlage mit einem Restaurant und eigenem Strandabschnitt. Alle Zimmer haben einen Balkon. ❍❍❍

- **Eve,** Impasse Saissan, Cap d'Agde, ☏ 04 67 26 71 70, Fax 04 67 26 08 65. FKK-Hotel beim alten Hafen mit Schwimmbad, Sauna, Solarium und Satelliten-TV. ❍❍❍
- **Hôtel Araur,** 1, av. de Vias, Agde, ☏ 04 67 94 97 77. Ruhiges Hotel nur einen kurzen Spaziergang vom Ortszentrum entfernt. Für klimatisierte Zimmer bezahlt man einen Aufschlag. ❍

Restaurants

- **La Tamarissière,** 21, quai Theophile-Cornu, Agde, ☏ 04 67 94 20 87. Schönes, am Kanal gelegenes Hotel-Restaurant mit ebenso wunderschönem Garten. Die Küche serviert schmackhafte regionale Spezialitäten. ❍❍
- **L'Escalier,** Pl. du Barbeque, Cap d'Agde, ☏ 04 67 26 55 42. Simmungsvolles Openair-Restaurant am Hafen. Man sitzt im Schatten von Platanen auf behauenen Steinen und isst an schweren Steintischen frische Austern oder Muscheln zum gut gekühlten Weißwein. ❍

Im Hinterland

*Béziers ❺

Auf dem Weg vom Meer zum 10 km entfernten Städtchen im Hinterland durchfährt man riesige Weinfelder und schon bald schiebt sich die weithin sichtbare gotische ***Cathédrale St-Nazaire** auf dem Felsvorsprung ins Blickfeld. Der Kreuzgang entstand Ende des 14. Jhs., ebenso wie der ***Jardin des Evêques,** von dem sich am Ziel angekommen, in umgekehrte Richtung eine fantastische Aussicht zurück auf die Umgebung bietet.

Lebendiger Mittelpunkt der Stadt ist der prachtvolle Platanenkorso ***Allées Paul-Riquet** mit seinen zahlreichen Cafés.

Centre Hélio Marin René Oltra, Quartier Naturiste, Cap d'Agde, ☏ 04 67 01 06 36, Internet: www.chm-oltra.fr.

Allein auf der Ile de Loisir befindet sich ein halbes Dutzend Diskotheken. Bei jungen Leuten und echten Techno-Freaks stehen die nächtlichen Feten im **Amnesia** hoch im Kurs, bei denen die tanzenden Gäste bis zur Hüfte im Schaum stehen und sich bunte Nebelbänke über die um einen großen Brunnen angelegte Tanzfläche legen (☏ 04 6726 06 69). Ähnlich populär ist **Le Nicavana** mit 2 Tanzflächen, 2 Bars im Freien und einem Tresen im Innern (☏ 04 67 26 82 82).

209

Zu den Schätzen des ***Musée des Beaux-Arts** zählen Werke etwa von Delacroix, Géricault, Dufy, Utrillo und Corot, sowie Keramiken und Skulpturen des lokalen Künstlers J. A. Injalbert (1845–1933). Seine ausdrucksstarken Bildhauerarbeiten zieren in Frankreich Brunnen, Gartenanlagen und Fassaden öffentlicher Gebäude wie etwa die Opéra Comédie in Montpellier. Archäologische Funde aus vorchristlicher Zeit sind im **Musée du Biterrois** zu sehen.

Musée des Beaux-Arts, 6, rue A.-Fabrégat, ☏ 04 67 49 04 66, tgl. außer Mo 8–12 und 14–18 Uhr.

Im Hinterland des Languedoc-Roussillon liegt Béziers

Restaurants

- **Le Jardin,** 37, av. Jean-Moulin, ☏ 04 67 36 41 31. Ausgezeichnete regionale Küche. ❍❍
- **Le Caveau des Halles,** 13, pl. P.-Sémard, ☏ 04 67 28 47 87. Das bei den Markthallen gelegene Lokal bietet gute regionale Küche. ❍

*Narbonne ❻

Der 7. Februar 1997 war ein denkwürdiges Datum in der Stadtgeschichte. An diesem Tag stießen Arbeiter vor dem neugotischen **Hôtel de Ville** durch Zufall auf ein Teilstück der Via Domitia, der ersten römischen Heerstraße zwischen Italien und Spanien. Die Pflastersteine mit den eindeutigen Spuren römischer Wagenräder lassen sich heute auf dem Grund einer rechteckige, ca. 1,50 m tiefen Grube auf dem Rathausplatz besichtigen.

Bahn: Gare SNCF, Av. Carnot, ☏ 08 36 35 35 35. Verbindungen in die größeren Städte der Region und nach Paris.

1838 entdeckte man unter der wuchtigen, von zwei 70 m hohen Glockentürmen überragten gotischen ****Cathédrale St-Just-et-St-Pasteur** und dem Palais des Archevêques Galerien, die vermutlich als Speicherräume genutzt wurden und punische, attische und römische Keramiken sowie farbenprächtige

Mosaike und Wandfresken aufwiesen. Durch wunderschön gestaltete Buntglasfenster dringt das Sonnenlicht in den 41 m hohen Innenraum und zaubert auf Säulen und Fußboden für Momente ein heiter-fantastisches Farbspiel. In der *Salle du Trésor* ist ein Kirchenschatz untergebracht, dessen Stücke aus Gold, Silber, Kristall und Elfenbein bestehen. Im gotischen Stil wurde im 14. Jh. der *Kreuzgang* erbaut, von dem man in die *Erzbischöflichen Gärten* mit einer Aussichtsterrasse gelangt.

Das sich anschließende ***Palais des Archevêques** besteht aus mehreren ineinander verschachtelten Bauteilen wie dem Palais Vieux aus dem 12. und dem Palais Neuf aus dem 14. Jh. sowie aus der **Tour St-Théodard** und dem **Donjon Gilles Aycelin,** dessen wehrhafte Fassade man gut vom Rathausplatz aus sieht. Von der Plattform des Turms reicht der Blick über die Dächer der Stadt bis weit in die Umgebung.

Restaurants

- **L'Os à Moelle,** 88, av. Jean-Jaurès, ☏ 04 68 33 55 72. Gut, gemütlich und bezahlbare regionale Küche. ○○
- **Brasserie L'Estagnol,** 5 bis, cours Mirabeau, ☏ 04 68 65 09 27. Solide französische Küche. ○
- **La Petite Cour,** 22, bd Gambetta, ☏ 04 68 90 48 03. Preiswerte und äußerst schmackhafte Menüs. ○

Die Badeküste

Von **Narbonne-Plage ❼** bis nach Argelès-sur-Mer erstrecken sich die Sandstrände des Roussillon, von denen die meisten ihren eigenen Charakter haben. **Gruissan-Plage ❽** lebt u. a. vom alten Ortskern von Gruissan, das am Rand der Salinen von St-Martin mit aufgehäuften Salzbergen liegt.

Office du Tourisme, Pl. Salengro, 11100 Narbonne, ☏ 04 68 65 15 60.

Lion d'Or, 39, av. P.-Sémard, ☏ 04 68 32 06 92. In der Nähe des Bahnhofs gelegen, alle Zimmer mit Bad und WC. ○○

Grandhotel La Dorade, 44, rue Jean-Jaurès, ☏ 04 68 32 65 95. Charmantes Belle-Époque-Hotel mit geräumigen Zimmern, das am grünen Canal de la Robine liegt. ○

Le Théâtre Scène Nationale de Narbonne, 2, av. Domitius, ☏ 04 68 90 90 20. Vielfältiges Programm von Bühnenstücken bis zu Shows.

211

Port Leucate ❾ und **Le Barcarès** bestehen zum größten Teil aus Strandabschnitten, die von Apartmentsiedlungen und Hotels der jüngeren Vergangenheit gesäumt werden. **Canet-Plage, St-Cyprien-Plage ❿** und vor allem **Argelès-Plage** besitzen kleine, aber gut ausgestattete Ortszentren mit Restaurants, Hotels und Kneipen, die keine Urlauberwünsche unerfüllt lassen.

!

FREIZEITKAPITÄNE AHOI!
Für Ferien auf dem Hausboot benötigt man keinen Segel- oder Motorbootschein.
Association Béziers Croisière, 3, rue Réaumur, BP 4052, 34000 Béziers Cedex, ☎ 04 67 49 08 23, 📠 04 67 49 06 23.
Péniche Carabosse, BP 2532, 34000 Béziers Cedex, ☎ 📠 04 67 11 21 62.
Les Bateaux du Soleil, 6, rue Chassefières, 34300 Agde, ☎ 04 67 94 08 79, 📠 04 67 21 28 38.

Hotels

- **Le Lido,** 50, bd de la Mer, Argelès-Plage, ☎ 04 68 81 10 32, 📠 04 68 81 10 98. Direkt am Meer, mit eigenem Sandstrand und netten Zimmern. ❍❍
- **Plage des Pins,** Allée des Pins, Argelès-Plage, ☎ 04 68 81 09 05, 📠 04 68 81 12 10. Gutes Strandhotel mit Swimmingpool. ❍❍
- **Maritime,** Bd des Albères, ☎ 04 68 81 50 00, 📠 04 68 95 96 75. Sehr gut geführtes Mittelklassehotel. ❍

Restaurants

- **Hôtel-Restaurant Le Lido,** im Hotel Le Lido (s. o.), ☎ 04 68 81 10 32. Frische Fischgerichte und delikat zubereitete Meeresfrüchte. ❍❍

Der ***Canal du Midi

Der unter dem Sonnenkönig Louis XIV tätige Wirtschaftsminister Colbert hatte die Idee, Mittelmeer und Atlantik durch einen Kanal zu verbinden. 1666 begannen 15 000 Arbeiter, die Fahrrinne nach den Plänen des Ingenieurs Pierre Paul de Riquet auszuheben. Über 60 Schleusen und mehr als 120 Brücken mussten gebaut werden, ehe zu Beginn der 1680er-Jahre die ersten Lastkähne von Pferden über Treidelpfade den Kanal entlanggezogen werden konnten. Aber erst im 19. Jh. mischte sich das Wasser der beiden Meere im Kanal, nachdem die gesamte Strecke fertig gestellt war. Heute ist der auf der UNESCO-Liste des Weltkulturerbes stehende Canal du Midi eine Touristenattraktion. 8000 Freizeitkapitäne sollen alljährlich die Wasserstraße entlangschippern.

◆ **Auberge du Bon Vivant,** 1, rte de la Mer, Argeles-Village, ☏ 04 68 81 00 54. Fantastische Spezialitäten aus der katalanischen Küche. ❍❍

Nightlife

◆ **Le Potchic,** Centre Commercial Costa Blanca, Bd de la Mer, Argelès-Plage, ☏ 04 68 81 08 86, Internet: pro.wanadoo.fr/potchic/. Aufgekratzter Gayklub mit Transvestitenshows.

◆ **Le Queops,** 5, allée Jules-Aroles, Argelès-Plage, ☏ 04 68 95 87 72. Beliebte Disko, in der ab Mitternacht die Post abgeht.

Le Castillet in Perpignan

Perpignan ⑪

Die Hauptstadt des Languedoc-Roussillon präsentiert sich bescheiden und einladend. Von der im 14. Jh. errichteten Stadtbefestigung ist an der Place de la Victoire mit ****Le Castillet*** nur noch ein aus roten Ziegeln errichtetes Torkastell übrig. Im Innern ist mit der **Casa Païral** ein Volkskundemuseum eingerichtet, das sich mit Kunst und Brauchtum Kataloniens beschäftigt (🕓 Mitte Juni bis Mitte Sept.
Mo, Mi–Sa 9.30–19 Uhr, So 9.30–17.30 Uhr, sonst 9–18 Uhr, So bis 17 Uhr). Die ***Cathédrale St-Jean** wird von Kunstkennern als ein schönes Beispiel der Languedoc-Gotik geschätzt. Genau in diesem Baustil präsentiert sich auch die unnachahmliche ****Loge de Mer.** In dem ehemaligen Seehandelsgericht war zeitweise auch die Börse untergebracht. Das Gebäude wurde Ende des 14. Jhs. erbaut und später vergrößert. Es ist nur von außen zu besichtigen.

ⓘ **Office Municipal du Tourisme,** Pl. Armand-Lanoux, 66000 Perpignan, ☏ 04 68 66 30 30, FAX 04 68 66 30 26, Internet: www.little-france.tm.fr/perpignan.

Palais des Rois de Majorque, Rue des Archers, ☏ 04 68 34 48 29, Juni–Sept. tgl. 10–18 Uhr, sonst 9–17 Uhr.

Flugzeug: Der Aéroport Perpignan-Rivesaltes liegt ca. 6 km vom Stadtzentrum entfernt (Flughafeninfo: ☏ 04 68 52 60 70). In die Stadt gelangt mit dem Taxi. **Bahn:** Gare SNCF, ☏ 08 36 35 35 35. Perpignan liegt an der Hauptstrecke Paris – Barcelona. **Bus:** Gare Routière, Av. Leclerc, ☏ 04 68 35 29 02. Busse fahren in die nähere und weitere Umgebung.

Auf einem Hügel ließ Jakob I. von Aragón die Zitadelle ***Palais des Rois de Majorque** erbauen, um von der neuen Hauptstadt Perpignan aus das Königreich von Mallorca (1276–1344) zu regieren. Die Residenz ist von den mächtigen Mauern einer vieleckigen Zitadelle geschützt. Im Innenhof des Palastes finden regelmäßig Kulturveranstaltungen statt, während die Räume für Ausstellungen genutzt werden.

Hotels

◆ **Villa Duflot,** 109, av. V.-Dalbiiez, ☏ 04 68 56 67 67, FAX 04 68 56 54 05, Internet: www.little-france.com/villa.duflot. Ruhiges Hotel inmitten eines Parks. Alle Räume sind komfortabel und mit Balkon oder Terrasse ausgestattet. ❍❍❍

◆ **Park Hotel,** 18, bd J.-Bourrat, ☏ 04 68 35 14 14, FAX 04 68 35 48 18, Internet: www.parkhotel-fr.com. Gehobenes, komfortables Haus. ❍❍

◆ **La Cigale,** 78, bd J.-Bourrat, ☏ 04 68 50 20 14, FAX 04 68 66 90 40. Gut geführtes Hotel mit ansprechend ausgestatteten Zimmern. ❍

◆ **Hôtel Paris-Barcelone,** 1, av. de Gaulle, ☏ 04 68 34 42 60, FAX 04 68 35 28 12. Für Reisende, die per Zug eine Stippvisite machen, ideal am Bahnhof gelegen. ❍

Restaurants

◆ **Bistrot Le St-Jean,** 1, cité Bartissol, ☏ 04 68 51 22 25. Hervorragende, einfallsreiche Küche. Man kann im Hof direkt neben der Kathedrale im Freien essen. ❍❍

◆ **Café de Vienne,** Pl. F.-Arago, ☏ 04 68 34 80 00. Sowohl die Menüs als auch die Gerichte à la carte werden mit Liebe zubereitet. ❍❍

◆ **Casseroles en Folies,** 72, av. Torcatis, ☏ 04 68 52 48 03. Traditionelle Menüs wie Gänseleber, Meeresfrüchte und Ente. ❍❍

◆ **Clos des Lys,** Chemin de Fauceille Rocade Sud, ☏ 04 68 54 97 60. Gaumenfreuden mit katalanischem Touch. ❍

**Côte Vermeille

Südfrankreichs schönstes Ende lockt mit einer rauen und zugleich romantischen Landschaft, hinter der die Pyrenäen-Ausläufer steil ansteigen. Viele kleine Buchten an der zerklüfteten Küste schützen hier die so malerische Häfen wie **Collioure ⓬**, zu dem sich damals so berühmte Maler wie Braque, Derain und Matisse hingezogen fühlten, und dort den Fauvismus begründeten. Durch das Hafenstädtchen verläuft der *Chemin du Fauvisme*. Anhand der reproduzierten Bilder dieser Maler lässt sich heute vor Ort die originale Situation mit der küstlerischen Umsetzung des Motivs vergleichen. Der alte Hafen des Ortes wird auf der einen Seite von den mächtigen Mauern des *Château Royal*, auf der anderen von der *Eglise Notre-Dame-des-Anges* geschützt, deren Kirchturm früher einmal als Leuchtturm diente und heute das Wahrzeichen der überaus malerischen Ortschaft ist.

Hinter **Port Vendres** mit seinem kommerziellen Hafen und Frankreichs südlichstem Badeort **Banyuls-sur-Mer** steigen die Rebterrassen an, durch die mit der **Route des Crêtes** (D 86) ein einzigartiger Panoramaweg zur 652 m hoch gelegenen **Tour Madeloc** führt, von der man einen wunderbaren Blick über die gesamte Côte Vermeille hat.

Am alten Hafen von Collioure

Hostellerie des Templiers, 12, quai de l'Amirauté, Collioure, ☏ 04 68 98 31 10. In dem Hotel-Restaurant übernachteten und speisten Berühmtheiten wie Matisse, Dalí, Picasso und Dufy. Ihre Bilder hängen heute im Restaurant. ❍❍

215

***Carcassonne – mehr als nur Filmkulisse

Wie eine Filmkulisse erheben sich die alten Festungsmauern von Carcassonne in den Himmel. Der Vergleich ist nicht aus der Luft gegriffen. Kinogänger, die sich an den Abenteuerfilm »Robin Hood« mit Kevin Costner in der Hauptrolle erinnern, erkennen die eine oder andere Kulisse vielleicht wieder. Hinter der mächtigen Zugbrücke umfängt die Besucher tiefstes Mittelalter – und die moderne Souvenirindustrie.

Die Cité ist für den Autoverkehr gesperrt. Mehrere Parkplätze befinden sich unterhalb der Festung, die nur zu Fuß erkundet werden kann.

Rückblick

Das Schicksal der Stadt war über 2500 Jahre durch die geografische Lage bestimmt. Zwischen Mitteleuropa und der Iberischen Halbinsel einerseits sowie zwischen Atlantik und Mittelmeer andererseits gelegen, spielte sie schon immer eine strategische Rolle. Schon zur Zeit der Kelten war die Gegend besiedelt. Danach beherrschten 500 Jahre lang die Römer das Gebiet, ehe Westgoten, Sarazenen und Franken ihnen nachfolgten. Bereits unter den Römern war die Siedlung von einer Ringmauer umgeben. Im durch Unruhen geprägten 12. Jh. ließen die Vicomtes von Trencavel die Befestigungen verstärken und die Burg von Carcassonne zu einem bedeutenden militärischen Zentrum ausbauen.

i Office du Tourisme, 15, bd Camille-Pelletan, BP 842, 11012 Carcassonne, ☏ 04 68 10 24 30, Fax 04 68 10 24 38, Internet: www.fr/carcassonne/. Pläne und Infos über die Cité bekommt man im **Office du Tourisme** an der Porte Narbonnaise, La Cité, ⏲ nur im Sommer.

Ein Jahrhundert später ging die Blütezeit der Cité von Carcassonne zu Ende. Wieder aufgebaut, galt sie im Mittelalter als uneinnehmbare Festung. Dennoch begann der Stern der Bastion im 17. Jh. zu sinken, als neue Artilleriegeschosse erfunden wurden. Erst im

19. Jh. lenkte der französische Schriftsteller Prosper Mérimée (1803–1870) mit seiner Novelle »Carmen« den Blick der Öffentlichkeit auf die romantische Burg, die zwischen 1844 und 1910 wieder aufgebaut wurde.

***La Cité

Der unverwechselbare Reiz der Cité liegt darin, dass neben den ca. 3 km langen doppelten Mauerringen samt ihren 52 Türmen auch die innerhalb der Befestigung liegende Innenstadt fast vollständig im ursprünglichen mittelalterlichen Stil erhalten ist. Auf dem Gelände zwischen den Ringen fanden in friedlichen Zeiten Turniere und Reiterspiele statt.

Bilderbuchfestung Carcassonne

Burg in der Burg

Zwei 30 m hohe Türme aus dem 13. Jh. flankieren den Haupteingang, die **Porte Narbonnaise,** über deren Zugbrücke Jahr für Jahr zwei Millionen Besucher ins Innere gelangen.

Das verteidigungstechnische Epizentrum der Cité ist das ***Château Comtal,** eine auf gallorömischen Fundamenten stehende Burg der Vizegrafen von Trencavel, die durch eine zusätzliche Ringmauer sowie einen Graben und die **Tour de Guèt** geschützt wird. Der Wachturm ist der höchste der gesamten Anlage. Erste Station der Besichtigung könnte das **Musée Lapidaire** mit religiöser Kunst, Steinskulpturen aus dem Mittelalter, Sarkophagen, Stelen aus

!

Über der Porte Narbonnaise erkennt man Öffnungen, durch die heißes Öl, brennende Flüssigkeiten und Felsbrocken auf Angreifer geworfen werden konnten.

der Zeit der Merowinger und kunstvoll gestalteten Kapitellen sein. Zwei an der Westmauer der Cité liegende Türme erinnern an die düstersten Zeiten von Carcassonne, als der gnadenlose Gregor IX. (1227–1241) die Inquisition im Namen des Papstes zu seine Hauptaufgabe machte, um die häretischen Glaubenslehren der Katharer mit Stumpf und Stiel auszumerzen. In der **Tour de la Justice** (»Turm der Gerechtigkeit«) sollen damals die Archive der Inquisition untergebracht gewesen sein, während in der **Tour de l'Inquisition** die geschundenen Opfer die grausamen Befragungen der Inquisitoren über sich ergehen lassen mussten.

Musée Lapidaire: tgl.: Juni–Sept. 9–19 Uhr, April–Mai 9.30–12.30 und 14–18 Uhr, Okt. 9.30–18 Uhr, Nov./Dez. 9.30 bis 17 Uhr, Jan./Febr. 10–12.30 und 14–17 Uhr.

St-Nazaire-et-St-Celse

Am südlichen Ende der Cité weist die vom 11. bis zum 14. Jh. erbaute Basilika unterschiedliche Baustile auf. Die Kirche besitzt eine ganze Reihe von Buntglasfenstern, die zu den schönsten in Südfrankreich gehören, zahlreiche Statuen, Grabmäler, darunter das von Bischof Pierre de Rochefort aus dem 14. Jh., und den Grabstein von Simon de Montfort, der Carcassonne während der Albigenserkriege belagerte. Der Kreuzgang wurde während der Französischen Revolution vollkommen zerstört. An seiner Stelle steht heute ein **Freilichttheater,** in dem während der Sommermonate das »Spectacle médiéval« mit klassischer Musik und Theater stattfindet (Informationen im Office du Tourisme).

Hotels

- **Hôtel de la Cité,** Pl. d'Eglise, ☎ 04 68 71 98 71, FAX 04 68 71 50 15. Stilvolles burgähnliches Luxushotel mit Restaurant. ❍❍❍
- **Montségur,** 27, allée d'Léna, ☎ 04 68 25 31 41, FAX 04 68 47 13 22, E-Mail: hotel.montsegur@wanadoo.fr. In allen 20 Zimmern fühlt man sich wohl. Im Restaurant wird vorzüglich gekocht. ❍❍

Im kargen Land der Katharer

Languedoc-Roussillon besitzt nicht nur eine lange Küste am westlichen Mittelmeer, sondern auch ein Hinterland mit den größten Weinkulturen Frankreichs. Der grüne Rebenteppich reicht bis ins benachbarte Midi-Pyrénées hinüber. Im geschichtsträchtigen Vorland der Pyrenäen kommen jene auf ihre Kosten, die hin und wieder zu Fuß gehen oder aufs Mountainbike umsteigen wollen.

Das Land der Katharer erstreckt sich zwischen Narbonne und Perpignan im Hinterland der Mittelmeerküste. Von Perpignan aus sind mehrere Katharerburgen relativ leicht zu erreichen. Allerdings ließen die Wirren der Glaubenskämpfe von ihnen meist nur Ruinen übrig.

Die Geschichte der Katharer

Im alten Okzitanien, dem südlichen Frankreich, entwickelte sich im Mittelalter eine blühende Kultur, die sich im höfischen Rittertum, in der Dichtung der Troubadoure, aber auch in einem toleranten Nebeneinander ausdrückte. Teil dieser Kultur war der Katharismus, einer religiösen Erneuerungsbewegung, die seit dem 12. Jh. immer größeren Zulauf bekam. Ihre Anhänger begannen sich *cathari* (»die Reinen«) zu nennen. Eine andere Bezeichnung für sie war Albigenser nach der Stadt Albi, in der viele Katharer lebten. Sie weigerten sich, das Kreuz anzubeten und lehnten Sakramente wie Taufe und Kommunion ebenso rigoros ab wie die hierarchisch strukturierte römische Kirche mit ihrem korrupten Papsttum.

Die Bewegung wuchs bis zum Beginn des 13. Jhs. so stark, dass die geistlichen Führer des römischen Katholizismus einen Verlust ihrer Autorität und Macht befürchteten. Ein willkommener Anlass, um gegen die Katharer vorzugehen, war die Ermordung des päpstlichen Legaten im Languedoc, Pierre de Castelnau, im Januar 1208. Papst Innozenz III. machte für den Anschlag die religiösen Erneuerer verantwortlich und rief zum Kreuzzug gegen die Häretiker auf, womit die so genannten Albigenserkriege (1209–1229) begannen. Am Ende stand nicht nur die Ausmerzung des Katharismus, sondern die Zerstörung der gesamten okzitanischen Kultur und die Ermordung Zehntausender unschuldiger Menschen.

Um zum **Château de Quéribus** zu gelangen, folgt man der Straße D 117 bis nach Maury und biegt nach Norden auf die D 19 ab. Unterhalb der Festung liegt ein Parkplatz. Ein 15-minütiger Aufstieg führt zur Burg.

*Château de Quéribus ⑬

Die im 11. Jh. auf einer 728 m hohen Bergspitze erbaute Festung bildete das letzte Widerstandsnest der Katharer, das 1255 von den Truppen des französischen Königs eingenommen wurde. Trotzdem spielte die in eine königliche Festung umgewandelte Burg weiterhin eine wichtige strategische Rolle, ehe der Pyrenäen-Vertrag 1659 eine endgültige Grenze zwischen Frankreich und Spanien festlegte. Mehrere Räume der Bastion sind noch soweit intakt, dass man sich vorstellen kann, wie die Anlage früher einmal aussah. Ein z. T. erhaltener Saal mit Kreuzgewölbe zeigt, wie kunstvoll die Baumeister des Mittelalters selbst in so entlegenen Gegenden ihre Arbeit erledigten. Von den Zinnen von Quéribus reicht der grandiose Blick über die Berg- und Hügellandschaft.

Château de Quéribus, ☎ 04 68 45 03 69, April–Okt. 10–18 Uhr, im Hochsommer bis 20 Uhr. **Château de Peyrepertuse,** ☎ 04 68 45 03 26, Juli/Aug. 9–20 Uhr, April–Juni und Sept. 10–19 Uhr, sonst 10–17 Uhr.

Hotel-Restaurant

◆ **Auberge du Vigneron,** 2, rue A. Mir, ☎ 04 68 45 03 00. Landgasthof im Dorf Cucignan. ❍

*Château de Peyrepertuse ⑭

Die Festungsanlage thront auf dem 790 m hohen Bergrücken hoch über dem Dorf Duilhac. Aus der

Entfernung sind die wehrhaften Mauern von den darunter liegenden Kalkfelsen kaum auszumachen. Der Name der Burg tauchte erstmals im 9. Jh. auf. 200 Jahre später ließen die Könige von Aragón die Anlage ausbauen und traten sie 1240 fast widerstandlos an Louis IX ab. Wenige Jahre später entstand weiter westlich aus verteidigungsstrategischen Überlegungen heraus das Château St-Georges. Ebenso wie Quéribus verlor dann auch Peyrepertuse mit dem Pyrenäen-Vertrag seine Funktion.

Hotel-Restaurants

- **Auberge de Peyrepertuse,** in Rouffiac-des-Corbières, ☎ 04 68 45 40 40. Restaurant und Unterkunft befinden sich in getrennten Gebäuden. ❍
- **Auberge du Vieux Moulin,** Duilhac-sous-Peyrepertuse, ☎ 04 68 45 02 17. In der familiär geführten ehemaligen Ölmühle werden einfache Zimmer und eine gute Verpflegung angeboten. ❍

Steiler Anstieg hinauf zum Schloss von Quéribus

*Château de Puivert ⑮

Schon von weitem ist der 35 m hohe Burgkern zu erkennen, der im 11. und 12. Jh. ein Kulminationspunkt okzitanischer Kultur war. Auf kultivierten Festen gaben Dichter und Troubadoure ihre Gedichte und Lieder zum Besten. In die Fußstapfen der damaligen Künstler treten heute Schauspieler und Musiker, die bei sommerlichen Temperaturen im **Freilichttheater** auf der Bühne stehen.

Château de Puivert: April–Sept. 8–20 Uhr, sonst 10–17 Uhr.

Château de Montségur

Auf einem 1200 m hohen, kahlen Felsbuckel erheben sich die Ruinen, deren Geschichte zum traurigsten Kapitel der Karthargeschichte gehört. Auf diese einige Kilometer östlich der Aude-Grenze im Département Ariège liegende, 1204 erbaute Fluchtburg retteten sich während der Albigenserkriege katharische Priester, Ritter, Troubadoure, Bürger und Bauern.

Office du Tourisme, 26130 Montségur, ☏ 05 63 01 03 03, FAX 05 63 03 03 03.

▲ *Der Sentier Cathare verläuft durch dichte Rebkulturen* ▶▶ *In den Alpes-de-Haute-Provence*

1243 begann ein Kreuzfahrerheer mit der Belagerung der Festung. Soldaten aus der Festung Montségur, die von den Einwohnern der Stadt Aviognet zu Hilfe gerufen worden waren, hatten ein Dutzend katholische Inquisitoren umgebracht, die unter der Bevölkerung gewütet hatten. Als Vergeltung befahl das Konzil von Béziers die Zerstörung der Burg. Eine 3000 Mann starke Truppe belagerte Montségur ein Jahr lang, dann erlahmte der Widerstand der Verteidiger. Im März 1244 ergab man sich. Da keiner der ca. 200 Katharer seinem Glauben abschwörte, wurden alle auf dem Scheiterhaufen verbrannt.

Heute führt ein steiler Trampelpfad hinauf zu der beeindruckenden Ruinenanlage. Für den Weg benötigt man gut eine halbe Stunde.

Château de Montségur, ☏ FAX 05 61 01 06 94, ganzjährig, Führungen Juli–Sept. tgl. 10–16 Uhr.

Hotel

◆ **Hôtel Costes,** Montségur, ☏ 05 61 01 10 24, FAX 05 61 03 06 28. Hotel mit neun einfach eingerichteten Zimmern. Mitte Nov. bis Mitte März geschl. ❍

Der Sentier Cathare

Von den Sandstränden des Mittelmeeres bis in die Vorberge der Pyrenäen zieht sich der 221 km lange »Pfad der Katharer«. An der Strecke zwischen Port-la-Nouvelle südlich von Narbonne bis nach Foix im Tal der Ariège liegen zwar zahlreiche historische Burgen wie Peyrepertuse, Puivert und Montségur, trotzdem handelt es sich bei diesem Weg um keine historische Route, sondern einen touristischen Wanderpfad durch unterschiedliche Landschaften und ländlich-sympathische Dörfer.

Die abwechslungsreiche Strecke verläuft von der Küste über Durban, Tuchan, Padern und Burgarach nach Quillan, wo die immensen Rebkulturen enden und Ortschaften wie **Espezel, Comus** und **Roquefixade** höher liegen als die Dörfer auf dem östlichen Abschnitt.

Der gesamte Sentier Cathare ist in insgesamt zwölf Tagesetappen aufgeteilt, wobei die Teilstrecken zwischen 13 und 28 km lang sind. Außer zu Fuß lässt sich der Katharerweg auch mit dem Mountainbike bzw. auf einzelnen Abschnitten im Pferdesattel bewältigen.

Comité Départemental du Tourisme de l'Aude, 11855 Carcassonne Cedex 09, ☎ 04 68 11 66 00, Fax 04 68 11 66 01, Internet: www.cathares.org/le-sentier-cathare.html. **Comité Départemental de Cyclotourisme,** c/o Jean-Claude Reze, 10, rue du Luxembourg, 11100 Narbonne, ☎ Fax 04 68 41 15 80, E-Mail: jean-claude.reze@wanadoo.fr.

Modern und vollkommen

Nach der offiziellen Version ging der Katharismus 1321 mit der Verbrennung des letzten Anhängers durch die Inquisition zu Ende. Auch 1330 wird als Jahreszahl genannt, als Inquisitor Jacques Fournier die letzten Religionsmitglieder, die sich selbst als »cathari« (die »Reinen« oder »Vollkommenen«) bezeichneten, in der Höhle von Lombrives (Département Ariège) einmauern ließ. Danach tauchte der Begriff Katharer erst wieder im 19. Jh. auf, als sich kleinere Gruppen in der Tradition ihrer berühmten Vorfahren sahen. Ende des 19. Jhs. wurde im südlichen Frankreich eine neokatharische Kirche ins Leben gerufen, und in der kleinen Gemeinde Arques im Département Aude residierte bis zu seinem Tod im Jahr 1978 sogar ein »katharischer Papst«. In jüngerer Vergangenheit gab es im südlichen Frankreich und in den USA zahlreiche esoterische Gruppen, die als Gralswächter der religiösen Bewegung auftraten.

Anreise

Mit dem Flugzeug

Die beiden größten internationalen Flughäfen der Region sind Nizza (Internet: www.nice.aeroport.fr) und Marseille (Internet: www.marseille.aeroport.fr/). Sie werden sowohl von innerfranzösischen als auch von internationalen Gesellschaften bedient.
Air France (Internet: www.airfrance.de) fliegt mehrmals täglich von Frankfurt/Main nach Marseille, die Lufthansa (Internet: www.lufthansa.com) pendelt mehrmals in der Woche zwischen Frankfurt/Main und Nizza.

Mit der Bahn

Von Deutschland, Österreich und der Schweiz ist das südliche Frankreich per Bahn leicht erreichbar. Von Köln und Frankfurt/Main laufen die Hauptverbindungen über Lyon nach Avignon und von dort weiter entweder Richtung Marseille und Côte d'Azur oder Richtung Narbonne bzw. Perpignan. Von Österreich und der Schweiz führt der nächste Weg über Italien und Monaco an die Côte d'Azur.
Bahnreisen nach Frankreich können über Reisebüros und DB-Verkaufsstellen reserviert werden. Informationen über das französische SNCF-Netz findet man im Internet unter http://voyages.sncf.fr.

TGV und Autoreisezüge
Innerhalb Frankreichs gewährleisten die auf den Hauptstrecken verkehrenden TGV-Züge die schnellsten Verbindungen (Reservierung obligatorisch). Von Berlin, Hamburg oder München gibt es Autoreisezüge nach Avignon, Narbonne oder Fréjus (Auskünfte bei der DB oder im Internet unter www.autoreisezug.de).

Ermäßigungen
Das Angebot preisreduzierter Reisen innerhalb Europas inklusive Frankreichs ist kaum zu überblicken. Unter der Internetadresse www.europeonrail.com findet man zahlreiche Angebote.
Auch unter der Internetadresse www.bahn.de kann man versuchen, einen Überblick über den Tarifdschungel zu bekommen und Rosinen wie etwa das **Railplus**-Angebot herauszupicken, d. h. BahnCard-Inhaber bekommen in 25 europäischen Ländern 25 % Ermäßigung auf den normalen Fahrpreis.

Mit dem Bus

Fernbusse fahren von Berlin, Hamburg, München und Nürnberg nach Montpellier, Nîmes, Nizza und Marseille (Gullivers Reisen GmbH Berlin, Hardenbergplatz 14, 10623 Berlin, ☎ 0 30 31 10 21 10, FAX 3 11 02 10, E-Mail: citycenter@gullivers.de).
Von München gibt es wöchentliche Verbindungen über Innsbruck, Bozen und die italienische Riviera nach Menton, Nizza, Cannes, St-Raphaël und Ste-Maxime (Busreisen-Reisebüro Ettenhuber GmBH, Frauenstr. 36, 80469 München, ☎ 0 89/2 16 33 60, FAX 21 63 36 50).

Mit dem Auto

Autobahnen *(Autoroutes)* sind in Frankreich außer in der Umgebung von Großstädten gebührenpflichtig. Die Gebühren können an den Zahlstellen *(péages)* bar oder bei größeren Beträgen per Kreditkarte entrichtet werden. Für Wohnwagen wird eine Extragebühr fällig. Der Hauptreiseverkehr findet Ende Juli/Anfang August sowie Ende August/Anfang September statt. Es empfiehlt sich, diese Zeiten zu meiden.

Unterwegs in Südfrankreich

Mit dem Flugzeug

Außer den beiden internationalen Airports in Marseille und Nizza gibt es viele kleinere Flughäfen wie etwa Cannes, Montpellier, Perpignan und Béziers, die in der Regel nur von französischen Gesellschaften angeflogen werden.

Mit der Bahn

Gute Bahnverbindungen sind in Südfrankreich auf die Hauptreisekorridore wie das Rhône-Tal, die westliche Mittelmeerküste und die Côte d'Azur beschränkt. In anderen interessanten Reisegegenden wie Ardèche-Schlucht, Cevennen, Haute Provence und im Küstenhinterland des Languedoc-Roussillon ist man weitgehend auf andere Transportmittel angewiesen.

Praktisch sind die in zahlreichen Badeorten verkehrenden **Touristenbahnen,** die entweder lokal eingesetzt werden oder sogar mehrere Orte miteinander verbinden wie z. B. an der Corniche de l'Estérel.

Sondertarife

Zwischen Juli und September gibt es an der Côte d'Azur die preisgünstige **Carte Isabelle,** mit der man einen Tag lang in allen Zügen fahren kann (pro Tag 60 FF).
Die Vergünstigung gilt nicht für den Hochgeschwindigkeitszug TGV.
Noch billiger ist die **Carte Bermuda** (30 FF), die täglich zwischen 11 und 19.30 Uhr in allen Züge entlang der Küste für die zweite Klasse benutzt werden kann.

Mit dem Bus

Zwischen den größeren Städten der Region bestehen regelmäßige Busverbindungen. Reisen in abgeschiedenere Landesteile können mit dem Bus zu einem zeitaufwändigen Unternehmen werden, weil kleine Orte etwa in den Alpes Maritimes häufig nur einmal pro Tag oder sogar nur wenige Male pro Woche angefahren werden.

Mit dem Auto

Fast genauso schnell wie auf der Autobahn kommt man auf den sehr gut, teils zweispurig ausgebauten Landstraßen voran – man spart die Autobahngebühren und sieht mehr von der Gegend.

Tanken

Bleifreies Benzin ist an grünen Zapfsäulen durch die Aufschrift »sans plomb« gekennzeichnet. Am günstigsten ist der Sprit in der Regel an den Tankstellen von Supermärkten.

Verkehrsregeln

Wer den Führerschein noch kein ganzes Jahr besitzt, darf grundsätzlich nicht schneller als 90 km/h fahren. Höchstgeschwindigkeiten: 60 km/h in geschlossenen Ortschaften, 90 km/h außerhalb von Ortschaften, 110 km/h auf Straßen mit zwei Fahrspuren in jeder Richtung sowie 130 km/h auf Autobahnen (110 km/h bei nasser Fahrbahn).
Zu schnelles Fahren und andere Verstöße gegen die Straßenverkehrsordnung werden umgehend mit deftigen Bußgeldern von bis zu umgerechnet 900 DM geahndet. Alkoholtests sind keine Seltenheit, die Promillegrenze liegt bei 0,5.

Bei Pannen

Auf Autobahnen kann die Pannenhilfe über Notrufsäulen angefordert werden. Der deutschsprachige Pannendienst des ADAC ist unter ☎ 04 72 17 12 22 erreichbar.

Unterkunft

Hotelverzeichnisse erhält man beim Französischen Fremdenverkehrsamt (Maison de la France; S. 230) oder in den Offices du Tourisme vor Ort. Reservierungszentralen im Internet:

- www.hotel-france.com.
- www.frenchhotels.com/map.html.

Die Klassifizierung unterscheidet fünf Kategorien, die an der Anzahl der Sterne auf einem sechseckigen, blauen Schild mit dem weißen Buchstaben H zu erkennen ist.

Schlösser und Herrenhäuser

Umgebaute Schlösser und Herrenhäuser liegen meist etwas abseits der Durchgangsstraßen. Die einfachsten Zimmer in diesen Nobelherbergen bekommt man kaum unter 600 bis 800 FF – auf einer nach oben offenen Skala. Informationen erhält man bei:

- **Châteaux & Hotels de France,**
12, rue Auber, 75009 Paris,
E-Mail: chatotel@chateauxhotels.com,
Internet: www.chateauxhotels.com.
- **Grandes Etapes Françaises,**
140, rue de Belleville, 75020 Paris,
E-Mail: contact@chateaux-hotels.com,
Internet: www.chateaux-hotels.com.
- **Relais et Châteaux,**
15, rue Galvani, 75017 Paris,
Internet: www.relaischateaux.fr.
- **Reservierungszentrale:**
☎ (01 80) 5 33 34 31.

Logis de France

Zu dieser Vereinigung gehören Hotels mit Restaurants im Landgasthof-Stil in allen unteren und mittleren Preiskategorien zwischen ca. 180 und 500 FF. Informationen bei: Logis de France, 83, av. d'Italie, 75013 Paris,
☎ 01 45 84 70 00, FAX 01 45 83 59 66,
Internet: www.logis-de-france.fr.

Budget-Unterkünfte

In fast allen größeren Städten liegen an Autobahnausfahrten oder in Industriegebieten gepflegte Billighotels mit Zimmern bis zu drei Personen, darunter **Etap** und **Première Classe** (ca. 150–200 FF) und **Formule 1** (ca. 140 FF; mit Etagenduschen und -WCs). Eine Broschüre solcher Übernachtungsmöglichkeiten gibt es bei: ETAP Hotels Deutschland, Postfach 80 05 46, 81605 München, ☎ (01 80) 5 25 25 12, FAX 52 21 73, Internet: www.etap-hotel.de.

Ferienwohnungen und -häuser

Eine ausgezeichnete Informationsquelle für die zahlreichen Feriendomizile ist das Internet mit seinen einschlägigen Suchmaschinen, in denen man am besten nach Regionen (Côte d'Azur, Provence, Languedoc-Roussillon) vorgeht.
Beim größten Anbieter für Ferienimmobilien in Frankreich kann man sowohl ein Hotelzimmer als auch eine Ferienwohnung oder ein Haus vorbestellen.

- **Pierre & Vacances Tourisme GmbH,** Kurfürstenstr. 10, 76137 Karlsruhe, ☎ (07 21) 93 19 50, FAX 9 31 95 10, E-Mail: info@pierre-et-vacances.de.

Jugendherbergen

Mit dem internationalen Jugendherbergsausweis (vorher besorgen im Heimatland z. B. über Internet unter www.djh.de oder bei DJH Service GmbH, Bismarckstr. 8, 32756 Detmold, ☎ 0 52 31/74 010, FAX 74 01 74) kommt man bei Herbergen folgender Organisationen unter:

- **Fédération Unie des Auberges de Jeunesse,** 27, rue Pajol, 75018 Paris, ☎ 01 44 89 87 27, FAX 01 44 89 87 10, Internet: www.fuaj.org.
- **Ligue Francaise pour les Auberges de la Jeunesse,** 38, bd Raspail, 75007 Paris.

Camping

- **Fédération française de camping-caravaning,** 78, rue de Rivoli, 75004 Paris, ☎ 01 42 72 84 08. Informationen über Campingplätze, auch mit Caravanvermietung.
- **Ministère de la Jeunesse et des Sports,** 78, rue Olivier-de-Serres, 75015 Paris, ☎ 01 40 45 90 00. Hier kann man die Broschüre »Camper en France« bestellen.
- **ADAC:** Zu empfehlen ist die jährlich aktualisierte Ausgabe des ADAC-Campingführers.

Praktische Hinweise von A–Z

Ärztliche Versorgung

Für EU-Angehörige empfiehlt es sich, bei ihrer Krankenkasse vor Abreise das Formular E 111 zu besorgen, mit dem sie entstandene Kosten zurückerstattet bekommen. Besser abgesichert ist man mit einer privaten Krankenversicherung, vor allem auch im Fall einer Rückholaktion.

Diplomatische Vertretungen in Frankreich

◆ Deutsche Botschaft:
13–15, av. Franklin-D.-Roosevelt, 75008 Paris,
☎ 01 53 83 45 00, FAX 01 43 59 74 18,
E-Mail: ambassade@amb-allemagne.fr.

◆ Österreichische Botschaft:
6, rue Fabert, 75007 Paris,
☎ 01 40 63 30 63, FAX 01 45 55 63 65,
E-Mail: ambaut@worldnet.fr.

◆ Schweizer Botschaft:
142, rue de Grenelle, 75007 Paris,
☎ 01 49 55 67 00, FAX 01 45 55 67 67,
E-Mail: vertretung@par.rep.admin.ch.

Einreise

EU-Mitglieder benötigen bei einem Aufenthalt bis zu drei Monaten keinen Reisepass. Trotzdem ist empfehlenswert, einen Personalausweis bei sich zu haben. Kinder ohne eigenen Ausweis sollten im Pass der Eltern eingetragen sein. Schweizer Bürger müssen weiterhin einen gültigen Reispass vorweisen können.

Elektrizität

Fast überall beträgt die Netzspannung 220 V, selten – in sehr einsam gelegenen Dörfern – noch 110 V, wofür sich ein Adapter empfiehlt.

Feiertage

Neujahr, Ostermontag, 1. Mai, 8. Mai (Waffenstillstand 1945), Christi Himmelfahrt, Pfingstmontag, 14. Juli (Nationalfeiertag), 15. August, 1. November, 11. November (Waffenstillstand 1918), 25. Dezember (Weihnachten).

Fotografieren

Filmmaterial ist im Vergleich zu den Preisen in Deutschland und Österreich in Frankreich um einiges teurer. In Museen und Schlössern ist Fotografieren oft nur ohne Stativ und Blitz gestattet und/oder muss bezahlt werden.

Geld und Währung

Währungseinheit ist der französische Franc (FF), der in 100 Centimes unterteilt ist. Infos über die Wechselkurse erhält man im Internet: www.evz.de/pub/geld-index.html.

Geldwechsel

Der Umtauschkurs ist in Frankreich etwas günstiger, wobei unterschiedliche Provisionen fürs Wechseln berechnet werden.
Kostenlos ist der Umtausch (bis zu 1000 Euro) bei der nationalen Notenbank (Banque National), z. B. in Aix-en-Provence, Arles, Cannes, Carcassonne, Hyères, Millau, Montpellier, Narbonne, Nizza, Nîmes, Orange, Perpignan und Toulon.

Schecks und Kreditkarten
Reiseschecks werden in Banken und einigen wenigen Postämtern größerer Städte akzeptiert, Eurocheques haben fast überall ausgedient. Mit Scheck- oder Kreditkarten kann fast überall bezahlt oder Geld von Automaten abgehoben werden. Bei Verlust oder Diebstahl sollte man die Karte sofort sperren lassen:

- **Eurocard-Mastercard,** ☎ 01 45 67 84 84;
- **Visa,** ☎ 01 42 77 11 90;
- **Diner's Club,** ☎ 01 47 62 75 75;
- **American Express,** ☎ 01 47 77 72 00.

Haustiere

Hunde und Katzen müssen bei der Einreise mindestens drei Monate alt, durch eine Tätowierung bzw. einen Mikrochip identifizierbar und gegen Tollwut geimpft sein.

Informationen

Zur Vorbereitung eines Frankreich-Urlaubs bietet sich die Internetadresse www.frankreich-info.de an oder die hervorragende Infoquelle www.maison-de-la-france.com.

Im Heimatland
Persönliche Anfragen beantwortet die jeweilige **Maison de la France:**

- 60325 Frankfurt/Main, Westendstr. 47, ☎ (01 90) 57 00 25, FAX 75 21 87, E-Mail: maison_de_la_france@t-online.de, Internet: www.maison-de-la-france.com.
- 1040 Wien, Argentinierstr. 41 a, ☎ (01) 15 03 28 90, FAX 15 03 28 71, E-Mail: info@maison-de-la-france, Internet: www.maison-de-la-france.at.
- 8033 Zürich, Löwengasse 59, ☎ (01) 2 11 30 85, FAX 2 12 16 44, E-Mail:tourismefrance@bluewin.ch.

In Südfrankreich

- **Comité Régional du Tourisme Riviéra-Côte d'Azur,** BP 602, 06011 Nice Cedex 1, ☎ 04 93 37 78 78, FAX 04 93 86 01 06, Internet: www.crt-riviera.fr.
- **Comité Régional du Tourisme Provence-Alpes-Côte d'Azur,** 14, rue St-Barbe, 13231 Marseille Cedex 01, ☎ 04 91 39 38 00, FAX 04 91 56 66 61, Internet: www.cr-paca.fr.
- **Comité Régional du Tourisme du Languedoc-Roussillon,** 20, rue de la République, 34000 Montpellier, ☎ 04 67 22 81 00, FAX 04 67 58 06 10, Internet: www.cr-languedocroussillon.fr/tourisme.
- **Comité Régional du Tourisme Rhône-Alpes,** 104, route de Paris, 9260 Charbonnières, ☎ 04 72 59 21 59, FAX 04 72 59 21 60, Internet: www.rhonealpes-tourisme.com.
- **Comité Départemental du Tourisme des Alpes de Haute Provence,** 19, rue du Dr-Honnorat, BP 170, 04005 Digne-les-Bains, ☎ 04 92 31 57 29, FAX 04 92 32 24 94, Internet: www.alpes-haute-provence.com.
- **Comité Départemental du Tourisme du Vaucluse,** 12, rue Collège de la Croix, BP 147, 84008 Avignon Cedex 01, ☎ 04 90 80 47 00, FAX 04 90 86 86 08, Internet: www.provenceguide.com.

◆ **Comité Départemental du Tourisme du Var,** 1, bd Foch, BP 99, 83003 Draguignan Cedex, ☏ 04 94 50 55 59, Fax 04 94 50 55 52, Internet: www.provenceguide.com.

Kriminalität

Autoaufbrüche und Diebstähle sind in den touristischen Zentren leider keine Ausnahmefälle. Auch am helllichten Tag werden Autos in Sekundenschnelle ausgeräumt. Grundsätzlich sollte man keine Wertgegenstände im Auto lassen. Neuere und teurere Autos bringt man über Nacht besser in einer geschlossenen Garage oder in einem bewachten Parkhaus unter. In Wohnmobilen außerhalb von dafür vorgesehenen Plätzen zu übernachten, ist riskant.

Notruf

◆ Krankenwagen, Notarzt (SAMU): ☏ 15.
◆ Polizei: ☏ 17.
◆ Feuerwehr: ☏ 18.

Öffnungszeiten

In Frankreich gibt es kein striktes Ladenschlussgesetz. Auf Obst- und Gemüsemärkten, in Bäckereien, Metzgereien und Läden in Badeorten kann man während der Reisesaison oft auch sonntagvormittags einkaufen.
◆ **Banken:** 9–12 und 14–16 Uhr. Sa und manchmal auch Mo geschlossen.
◆ **Geschäfte:** Normale Öffnungszeiten sind Mo–Sa 9–12 und 14–19 Uhr. Große städtische Supermärkte haben zum Teil längere Öffnungszeiten, bleiben dafür am Mo bis um die Mittagszeit geschlossen.
◆ **Museen:** In der Hauptreisezeit im Juli und August haben die meisten Museen durchgehend geöffnet. In der Nebensaison leisten sie sich fast grundsätzlich eine Mittagspause zwischen 12 und 14 Uhr. Mo oder Di sind häufig Ruhetage.

Telefonieren

Telefonkarten *(Télécartes)* mit 50 bzw. 120 Einheiten (49 bzw. 97,50 FF) gibt es bei der Post oder Tabakläden. Der Billigtarif für Ferngespräche gilt von 19 bis 8 Uhr, am Wochenende von Sa 12 Uhr bis Mo 8 Uhr sowie an Feiertagen. In den Mobilnetzen ist das Telefonieren mit D- und E-Netz-Geräten (Dual-Band-Handies) möglich.
In Frankreich gibt es einheitlich zehnstellige Telefonnummern mit einer Null am Anfang. Ruft man aus dem Ausland an, entfällt nach der Landesvorwahl 00 33 die Null.
Vorwahlen: Deutschland 00 49; Österreich 00 43; Schweiz 00 41.

Zoll

EU-Mitglieder dürfen für den privaten Gebrauch bis zu 800 Zigaretten, 10 Liter Spirituosen und 90 Liter Wein aus Frankreich mitbringen. Schweizer können Waren bis zu einem Gesamtwert von 200 sfr sowie 200 Zigaretten, 1 Liter Spirituosen und 2 Liter Wein mit nach Hause nehmen.

Mini-Dolmetscher Französisch

Allgemeines

Guten Tag.	Bonjour. [bõ**~~sch~~ur**]
Hallo!	Salut! [ßa**lü**]
Wie geht's?	Ça va? [ßa **wa**]
Danke, gut.	Bien, merci. [bjẽ mär**ßi**]
Ich heiße ...	Je m'appelle ... [~~sch~~ö ma**päll**]
Auf Wiedersehen.	Au revoir. [o rö**woar**]
Morgen	matin [ma**tẽ**]
Nachmittag	après-midi [aprämi**di**]
Abend	soir [ßoar]
Nacht	nuit [nüi]
morgen	demain [dö**mẽ**]
heute	aujourd'hui [o~~sch~~ur**düi**]
gestern	hier [jär]
Sprechen Sie Deutsch?	Parlez-vous allemand? [par**le** wu al**mã**]
Wie bitte?	Pardon? [par**dõ**]
Ich verstehe nicht.	Je ne comprends pas. [~~sch~~ö nö kõ**prã** pa]
Sagen Sie es bitte nochmals.	Pourriez-vous répéter, s'il vous plaît? [pur**je** wu repe**te** ßil wu **plä**]
..., bitte.	..., s'il vous plaît. [ßil wu **plä**]
danke	merci [mär**ßi**]
Keine Ursache.	De rien. [dö **rjẽ**]
was / wer / welcher	quoi / qui / quel [koa / ki / käll]
wo / wohin	où [u]
wie / wie viel	comment / combien [ko**mã** / kõ**bjẽ**]
wann / wie lange	quand / combien de temps [kã / kõ**bjẽ** dö **tã**]
warum	pourquoi [pur**koa**]
Wie heißt das?	Comment ça s'appelle? [ko**mã** ßa ßa**päll**]
Wo ist ...?	Où est ...? [u ä]
Können Sie mir helfen?	Pouvez-vous m'aider? [pu**we** wu mä**de**]
ja	oui [ui]
nein	non [nõ]
Entschuldigen Sie.	Excusez-moi. [äksküse **moa**]
Das macht nichts.	Ça ne fait rien. [ßa nö fä **rjẽ**]

Sightseeing

Gibt es hier eine Touristen-information?	Est-ce qu'il y a une information touristique ici? [äskil**ja** ün ẽforma**ßjõ** turis**tik** i**ßi**]
Haben Sie einen Stadtplan / ein Hotel-verzeichnis?	Avez-vous un plan de la ville / une liste des hôtels? [a**we** wus ẽ plã dö la wil / ün list des‿o**täll**]
Wann ist das Museum / die Kirche / die Ausstellung geöffnet?	Quelles sont les heures d'ouverture du musée / de l'église / de l'exposition? [käl ßõ les‿ör duwär**tür** dü mü**se** / dö **leglihs** / dö läksposi**ßjõ**]
geschlossen	fermé [fär**me**]

Shopping

Wo gibt es ...?	Où est-ce qu'il y a ...? [u äskil**ja**]
Wie viel kostet das?	Ça coûte combien? [ßa kut kõ**bjẽ**]
Das ist zu teuer.	C'est trop cher. [ßä tro **schär**]
Das gefällt mir. / Das gefällt mir nicht.	Ça me plaît. / Ça ne me plaît pas. [ßa mö **plä** / ßa nö mö plä **pa**]
Gibt es das in einer anderen Farbe / Größe?	Ça existe dans une autre couleur / taille? [ßa äk**sist** dãs‿ün **o**trö ku**lör** / taj]
Ich nehme es.	Je le prends. [~~sch~~ö lö prã]
Wo ist eine Bank?	Où est-ce qu'il y a une banque ici? [u äskil**ja** ün bãk i**ßi**]
Ich suche einen Geldautomaten.	Je cherche une billetterie. [~~sch~~ö schärsch ün bijätö**ri**]
Geben Sie mir 100 g Käse.	Donnez-moi cent grammes de fromage. [do**ne moa** ßã gram dö fro**ma~~sch~~**]
Haben Sie deutsche Zeitungen?	Avez-vous des journaux allemands? [a**we** wus de **~~sch~~urno** al**mã**]
Wo kann ich telefonieren / eine Telefonkarte kaufen?	Où est-ce que je peux téléphoner / acheter une télécarte? [u äskö ~~sch~~ö pöh telefo**ne** / asch**te** ün tele**kart**]

Notfälle

Ich brauche einen Arzt / Zahnarzt.	J'ai besoin d'un médecin / dentiste. [~~sch~~e bö**soẽ** dẽ med**sẽ** / dã**tist**]
Rufen Sie bitte einen Kran-kenwagen / die Polizei.	Appelez une ambulance / la police, s'il vous plaît. [a**ple** ün ãbü**lãs** / la po**lis** ßil wu **plä**]

Wir hatten einen Unfall.	On a eu un accident. [õ‿na ü ẽn‿akßi**dã**]
Wo ist das nächste Polizeirevier?	Où est le poste de police le plus proche? [u ä lö post dö po**lis** lö plü **prosch**]
Ich bin bestohlen worden.	On m'a volé. [õ‿ma wo**le**]
Mein Auto ist aufgebrochen worden.	On a fracturé ma voiture. [õn‿a fraktü**re** ma woa**tür**]

Essen und Trinken

Die Speisekarte, bitte.	La carte, s'il vous plaît. [la **kart** ßil wu **plä**]
Brot	pain [pẽ]
Kaffee	café [ka**fe**]
Tee	thé [te]
mit Milch / Zucker	au lait / sucre [o lä / **ßü**krə]
Orangensaft	jus d'orange [~~sch~~ü do**rã~~sch~~**]
Suppe	soupe [ßup]
Fisch	poisson [poa**ssõ**]
Meeresfrüchte	fruits de mer [früi dö **mär**]
Fleisch	viande [wjãd]
Geflügel	volaille [wo**laj**]
Beilage	garniture [garni**tür**]
vegetarische Gerichte	cuisine végétarienne [küi**sin** we~~sch~~etar**jänn**]
Eier	œufs [öh]
Salat	salade [ßa**lad**]
Dessert	dessert [de**ssär**]
Obst	fruits [**früi**]
Eis	glace [glass]
Wein	vin [wẽ]
weiß / rot / rosé	blanc / rouge / rosé [blã / ru~~sch~~ / ro**se**]
Bier	bière [bjär]
Aperitif	apéritif [aperi**tif**]
Wasser	eau [o]
Mineralwasser	eau minérale [o mine**ral**]
mit Kohlensäure / ohne Kohlensäure	gazeuse / non gazeuse [ga**sös** / nõ ga**sös**]
Limonade	limonade [limo**nad**]
Frühstück	petit déjeuner [pöti de~~sch~~**öne**]
Mittagessen	déjeuner [de~~sch~~ö**ne**]
Abendessen	dîner [di**ne**]
eine Kleinigkeit	un petit quelque chose [ẽ pö**ti** källkə **schohs**]
Ich möchte bezahlen.	L'addition, s'il vous plaît. [ladi**ßjõ** ßil wu **plä**]
Es war sehr gut. / Es war nicht so gut.	C'était très bon. / Ce n'était pas si bon. [ße**tä** trä **bõ** / ßö ne**tä** pa ßi **bõ**]

Im Hotel

Ich suche ein gutes Hotel / ein nicht zu teures Hotel.	Je cherche un bon hôtel / un hôtel pas trop cher. [~~sch~~ö schärsch ẽ bõn‿o**täll** / ẽn‿o**täll** pa tro **schär**]
Ich habe ein Zimmer reserviert.	J'ai réservé une chambre. [~~sch~~e resär**we** ün **schãbr**]
Ich suche ein Zimmer für ... Personen.	Je cherche une chambre pour ... personnes. [~~sch~~ö schärsch ün schãbr pur ... pär**ßonn**]
Ich bleibe / Wir bleiben ... Tage.	Je reste / Nous restons ... jours. [~~sch~~e rest / nures**tõ** ... ~~sch~~ur]
Mit Dusche und Toilette.	Avec douche et toilette. [a**wäk** dusch e toa**lätt**]
Mit Balkon / Blick aufs Meer.	Avec balcon / vue sur la mer. [a**wäk** bal**kõ** / wü ßür la **mär**]
Wie viel kostet das Zimmer pro Nacht?	Quel est le prix de la chambre par nuit? [käll‿ä lö pri dö la **schãbr** par **nüi**]
Mit Frühstück?	Avec petit déjeuner? [a**wäk** pöti de~~sch~~**öne**]
Kann ich das Zimmer sehen?	Est-ce que je peux voir la chambre? [äskö ~~sch~~ö pöh **woar** la **schãbr**]
Haben Sie ein anderes Zimmer?	Est-ce que vous avez une autre chambre? [**äs**kö wus‿**awe** ün otrə **schãbr**]
Das Zimmer gefällt mir / gefällt mir nicht.	La chambre me plaît / ne me plaît pas. [la schãbr mö **plä** / nö mö plä **pa**]
Kann ich mit Kreditkarte bezahlen?	Est-ce que je peux payer avec une carte de crédit? [**äs**kö ~~sch~~ö pöh **pä**je a**wäk** ün kart dö kre**di**]
Wo kann ich parken?	Où est-ce que je peux laisser ma voiture? [u **äs**kö ~~sch~~ö pöh lä**sse** ma woa**tür**]
Können Sie das Gepäck in mein Zimmer bringen?	Pourriez-vous apporter mes bagages dans la chambre? [pur**je** wu apor**te** me ba**ga~~sch~~** dã la **schãbr**]
Ich habe meinen Zimmerschlüssel verloren.	J'ai perdu la clé de ma chambre. [~~sch~~e per**dü** la kle dö ma **schãbr**]
Ich brauche noch eine Decke.	J'ai besoin d'une autre couverture. [~~sch~~e bö**soẽ** dün **o**trö kuvertür]

Ihre *AVIS*-Mietstationen in Südfrankreich:

Aix-en-Provence
Tel. 04 42 21 64 16
Mo–Fr 8–19 Uhr
Sa 8–12, 14–19 Uhr

Arles
Tel. 04 90 96 82 42
Mo–Fr 8.30–11.30,
15–18.30 Uhr
Sa 10.45–11.15 Uhr

Avignon
Aéroport de
Caumont
Rte de Marseille
Tel. 04 90 87 17 75
Mo–Fr 8.30–11.30,
14.30–23 Uhr
Sa 10.45–11.15 Uhr
So 18.45–19.15,
22.30–22.45 Uhr

Avignon
Tel. 04 90 27 96 10
Mo–Sa 8–22 Uhr
So 9–22 Uhr

Cannes
Tel. 04 93 39 26 38
Mo–Fr 7.15–11.15,
14–18 Uhr
Sa 7.15–11.15,
14.30–17.30

Cannes Downtown
69, La Croisette
Tel. 04 93 94 15 86
Mo–Sa 8–12.30,
14–18 Uhr
So 9–12,
16–18 Uhr

Carcasonne
Tel. 04 68 25 05 84
Mo–Fr 8.30–12,
14–18.30 Uhr
Sa 8.30–12 Uhr

Marseille
Aéroport Marseille-
Provence
Tel. 04 42 14 21 67
Fax 04 42 14 21 63
Mo–Fr 6.30–23.30 Uhr
Sa 7–23 Uhr
So 7–23.30 Uhr

Marseille
Gare SNCF St-Charles
Tel. 04 91 64 71 00
Mo–Fr 6–22 Uhr
Sa 7–20 Uhr
So 8–13,
14–18 Uhr

Montpellier
Aéroport de Fréjorgues
Tel. 04 67 20 14 95
Mo–Fr 7–23 Uhr
Sa 8–23 Uhr
So 9–23 Uhr

Montpellier
Tel. 04 67 92 92 00
Mo–Fr 8–13.30,
14–19 Uhr
Sa 8–13.15,
14–18 Uhr
So 12–18 Uhr

Nîmes
Aéroport de
Nîmes-Garons
Tel. 04 66 70 49 26
Mo–Fr 8–11.30,
14.30–23 Uhr
Sa 9.30–10.30,
18.30–19 Uhr
So 9–10.30,
15–23.30 Uhr

Nîmes
Tel. 04 66 29 66 36
Mo–Fr 9–12.30,
13.30–18 Uhr
Sa 10–12.30,
13.30–17 Uhr

Nizza
Aéroport Nice
Côte d'Azur
Tel. 04 93 21 36 33
Fax 04 93 21 45 13
Mo–So 6–24 Uhr

Orange
Tel. 04 90 34 11 00
Mo–Fr 8–12,
14–19 Uhr
Sa 8–12,
14–18 Uhr

Register

Orts- und Sachregister

Personenregister

Bildnachweis

Alle Fotos Catch the Day/Manfred Braunger außer Archiv für Kunst und Geschichte, Berlin: 54; Herzig Fotodesign: 14, 61, 178, 186; Volkmar Janicke: 197, 217; Marlis Kappelhoff: 13, 49, 62, 103, 159, 161, 177, 185; Hartmut Krinitz: 1(2), 23, 25, 32, 35, 47, 86, 113, 132, 135, 145, 149, 151, 153, 155, 169, 171, 172, 181, 193, 224, Umschlag Rückseite (1); La Biosthétique für Biosthetik-Coiffeure: 96; laif/Celentano: 115; laif/Gerhard Heidorn: 76; laif/Hartmut Krinitz: 129, 157; laif/Anna Neumann: 107; laif/Heiko Specht: 175, 204/205, 210; Martin Thomas: 2, 5, 38, 41, 42, 64, 69, 75, 81, 88/89, 111, 117, 121, 131, 163; Titelbild: Stone/Steven Rothfeld

Zeichenerklärung und Impressum

Das Polyglott-Sternchensystem erleichtert Ihnen die Auswahl der Sehenswürdigkeiten und die Zusammenstellung Ihrer Reiseroute:

*** eine eigene Reise wert
** einen Umweg wert
* sehr sehenswert

Öffnungszeiten
Telefonnummer
Faxnummer

M Metro
S Schnellbahn
U U-Bahn

Alle Informationen stammen aus zuverlässigen Quellen und wurden sorgfältig geprüft. Für ihre Vollständigkeit und Richtigkeit können wir jedoch keine Haftung übernehmen.

Ergänzende Anregungen bitten wir zu richten an:
Polyglott-Verlag, Redaktion,
Postfach 40 11 20, 80711 München.
E-Mail: redaktion@polyglott.de

Polyglott im Internet:
www.polyglott.de,
im Shell GeoStar unter www.ShellGeoStar.com,
in Beyoo unter www.beyoo.com,
im Travel Channel unter www.travelchannel.de

Herausgeber: Polyglott-Redaktion
Autor: Manfred Braunger
Lektorat: Mareile Vaupel
Bildredaktion: Christiane Reiß
Layout: Ute Weber, Geretsried
Karten und Pläne: Sybille Rachfall, Gundula Hövelmann, Theiss Heidolph
Umschlag: Greenstuff, Iris und Jochen Grün, München
Satz: Carmen Marchwinski, München

Erste Auflage 2001

Printed in Germany
Gedruckt auf chlorfrei gebleichtem Papier

ISBN 3-493-60442-4